跨越世紀的
亞洲觀光

明治・大正・昭和
日本旅遊手冊中的世界

旅行ガイドブックから読み解く
明治・大正・昭和 日本人のアジア観光

小牟田哲彥
komuta tetsuhiko

陳嫺若 譯

遨遊在旅遊手冊中的想像與時間旅行

工頭堅／《旅飯》創辦人、「出發吧！鐵三角」節目主持人

「早在正式成為一個旅人之前，我便已經時常沉浸在想像的旅行中。」這是收到並閱讀著《跨越世紀的亞洲觀光》之臺灣版譯文書稿時，心中最初浮現的一句話。

回到這句話發生的情境，那是在少年時期，臺灣剛剛開放出國觀光的年代，透過類似楊乃藩先生的《環游見聞》之類的純文字遊記、或父親工作的旅行社取得的觀光局手冊、又或從日文書專賣店購得之自助旅行指南、乃至鐵道時刻表與外國地圖等，常常將它們攤開，做著一些不知何時才可實現的旅行計畫。

當如今已旅行過世界許多國家，甚至將旅遊作為我的主要工作時，那遙遠的回憶早已不再時常想起，然而一旦喚醒，卻十分懷念那「想像旅行」的單純快樂。

又我常說，旅行（至少）有兩種，一種是空間的旅行，另一種是時間的旅行。在沒有疫

情的時期，從甲地到乙地的的空間旅行並不困難，只要動身，便可實現；但「時間的旅行」，並不容易。我當然不是說，如科幻片中用各種方式或工具「穿越」的奇想，而是在旅行中，體會到彷彿時光凍結的角落或剎那；好比說，在古巴的老城區或鄉間，或日本某些古都與老街，當你將少數屬於現代的事物忽略或隱去，那便像是身處在某個過往時代的面影中……。

而這本《跨越世紀的亞洲觀光》，既喚醒了「想像旅行」的樂趣，又體現了「時間旅行」之特質。

我曾為作者的前一本作品《大日本帝國時期的海外鐵道：從臺灣、朝鮮、滿洲、樺太到南洋群島》寫過推薦，當時有這麼一段話：

> 「如果我們暫時放下以往所謂侵略、殖民或戰爭等定論，單純以一個時空旅人的眼光來看，則一九四五年之前，亦即本書提到的『大日本帝國』時代，對於鐵道旅行者來說，已然可以提供多元豐富、充滿發現樂趣之旅程。
>
> 因為在當時，日本實際控制的區域，除了本土，尚包括臺灣、朝鮮半島、關東州（大連）、滿洲（中國東北地區）、樺太（庫頁島）南部，甚至在遙遠的南太平

洋小島上，……有了軌道，許多原本偏遠的地方，就有抵達的可能。」

在該書中，作者選定的旅行範圍，還僅僅是日本實施統治的地區，換句話說是當時的「國內」；而這本著作，一方面將旅行之目的地延伸到「國外」（亞洲），另一方面，又納入「戰後」的旅遊方式與觀點之變遷。對於我這樣在乎「歷史感」的旅行者而言，在閱讀中，隨處撿拾歷史進程之對映，又是額外的趣味。

例如：第一章中的〈日本人不論到哪兒都開發溫泉〉，相信許多臺灣的讀者必然會心一笑、感同身受；但〈臺灣有鴉片的販賣處〉一節，則可能對於歷史不熟悉的讀者，會感到驚訝，甚至「毀三觀」。而在〈從滿洲國跨境到中華民國〉篇章中，更可讀到「日本前往滿洲國和中華民國不需要護照」，這般奠基於特殊歷史背景的描述，這是以往閱讀沉重的歷史書籍，不曾見到的細節與面向。

至於在第二章的「戰後」階段，除了以對照的角度去理解日本人心態的轉變之外，對我更有個人的特殊意義：因我父親，便是在一九七〇年代前後，擔任日語導遊，接待許多來臺觀光的日本旅客。過往只能從他的回憶，去試圖構築當時的情景，而今從這本書中，便有了可供參照的資訊；例如：寫到日本人可在漢字文化圈以「筆談」方式旅行，更是令我們產生相當的共鳴。

對於一些受到傳統歷史教育的讀者，或許在本書的某些名詞或書寫角度上，讀起來會覺得有點「違和感」；但倘若能拋棄成見，理解作者是以一個日本人的觀點，去探尋「曾經有過的旅行與生活方式」之初心，則必然能獲得非常豐富與精彩的閱讀體驗。

日本觀光旅遊手冊中的歷史記憶與臺灣

洪致文／國立臺灣師範大學地理學系教授

這本小牟田哲彥的新作《跨越世紀的亞洲觀光》，是作者繼前一本《大日本帝國時期的海外鐵道》在臺灣翻譯出版後的另一本續作。這本書的範圍更加地擴大，以跨越世紀的亞洲觀光，來看日本人旅遊手冊中的亞洲世界。

這本書主要分成兩大部分，第一部分是以大日本帝國時代的亞洲旅行為主軸，探討在二戰前日本人的亞洲旅行樣貌，以及當時亞洲各國對於日本人而言，感覺有趣的一些特色，而第二部分則是以戰後日本人的亞洲旅行，來討論一九六四年東京奧運前夕的開放出國觀光，所看到的亞洲各國各種面貌。整體而言，這本書的篇幅上，戰前的部分占了大約三分之二，而戰後則是三分之一，很顯然地這或許是對於我們現代人來說，那些已經成為歷史的戰前旅行點滴，應該是讀者覺得比較新奇有趣的地方吧！但老實說，戰後的這些日本人亞洲旅行面貌，則是我們這一輩或許還曾經親身經歷的過程，因此讀來也頗有參與感呢。

在這本書的內容當中，不管是兩個部分中的哪一部分，作者都花了相當多的篇幅在處理中國的旅行狀況，當然這也包含戰前的滿洲國部分。書中作者也清楚地介紹了戰後臺灣與中國的關係，以及牽動著日本對臺灣與中國的不同態度與轉變。不過，作者也許比較不知道的是，在臺海兩岸資訊隔絕的那個時代，透過日本的旅遊書籍介紹，還曾經是臺灣民間一窺中國內部情況的一個管道呢！

對於大部分的臺灣人來講，這本書有趣的地方，或許是能夠從日本的這些觀光旅遊介紹當中，來回頭看臺灣的觀光發展。臺灣在二戰後最初的觀光主要客群，曾經是在遠東地區渡假的美軍，不過這樣的情況在一九六〇年代初期東京奧運舉辦之前，日本開放國民海外旅遊後而有了改變。一九六〇年代是臺灣觀光發展一個很重要的時期，當時臺灣曾經為了吸引那些歐美來參加東京奧運的觀光客順道來訪，而大肆興建各種的觀光旅館，並且厚植觀光事業的發展。這樣的時代氛圍，當然也反映在一九六〇年代初期，臺灣甚至還開始開行了「觀光號」的高級豪華列車，甚至這列火車還以法文歡迎之意的BIENVENUE來命名。

這些觀光的基礎建設，雖然著眼的是藉由東京奧運而來的歐美觀光客，不過透過這些觀光基礎建設以及宣傳，在這段期間之後來臺灣的日本觀光客則是逐漸增多，畢竟臺灣對於日本人而言，是一個語言能通、旅行環境也相對友善、距離日本又近的一個海外國家。因此，從一九六〇年代中期開始，一直到一九七〇年代中日斷交（或者稱之為臺日斷交也行）之前，可以說是臺日之間觀光的一個黃金期。而我相信這樣子的一個狀況，應該也是肇因於二次大戰結束後，臺灣與日本民間，能夠自由往來被限制了將近二十年之後，終於能解禁的結果。在我自己理解的家族歷史以及很多老前輩的回憶當中，都可以聽到一九六〇到一九七〇年代間，這些懷念、想念臺灣的日本人，大約就是在離開臺灣二十幾年後，第一次在這段期間能夠重新透過觀光的名義，再次回來臺灣走走看看的機會。

一直以來，我對於外國的觀光旅遊手冊，到底是如何介紹臺灣的這個課題感到興趣。而很幸運地，在我大學時期就認識了一位臺灣的鐵道攝影界奇人古仁榮先生。他的本業其實就是在旅行社工作，從一九六〇年代中期開始就接待了許許多多的日本人觀光客。而他的客戶當中，也包含了那些編輯這些旅遊手冊的日本出版社編輯部人員。因此，以前常常聽到他是如何帶這些觀光旅遊手冊編輯人員在臺灣各地取材，然後將這些可能日本人有興趣的特色，經過包裝寫入新一年度的旅遊介紹當中的過程。所以，其實這些所謂日本人眼光中的海外旅行，或許某種程度也是藉由在地「知日者」的推薦，而變成了一種讓日本人來觀光消費的方式吧。

在作者的這本書中，其實也有提到如今的網路世代，這樣的紙本觀光旅遊手冊是不是會逐漸式微而消失呢？不可否認的，現在網路上有非常非常多的資訊是可以輕易地尋找到。在COVID-19疫情之前，隨著廉價航空的興起，我身邊有很多的朋友是一天到晚出國旅行的。我就有認識的日本人是所謂的「哈臺族」，幾乎每個月都來臺灣。因為他們認為，買廉價航空的機票到臺灣加上旅費，比在日本國內旅行還便宜呢。至於我自己，最高紀錄也曾一年到訪日本六次。這些次數頻繁的旅行，靠的都是網路即時的觀光旅遊訊息，甚至有時候某些期間限定的節目在網路上一宣布，大家就就訂機票出發了呢！這些，當然就不是紙本觀光旅行手冊所能達到的效果。但是反過來說，如果要快速地全面性理解一個旅遊地的狀況，我相信一本經過良好編輯、資訊完整，而且訊息相當新的觀光旅遊手冊，確實還是有它存在的價值跟意義。而日本出版業在這些觀光旅遊手冊編輯上的嚴謹與資料詳盡程度，或許也跟日本人做事的細心有關。因此最近幾年來，這些日本的觀光旅遊手冊，也有不少透過翻譯成中文後在臺灣出版的呢！

然而，我在最後想說的是，也許年輕一輩比較不知道的，是本書中所介紹的那些昭和時代日本海外觀光旅遊書籍，曾經在戰後大約半個世紀間，是臺灣老一輩日語世代出國觀光旅行時的重要參考指南。臺灣的這些日語世代從小受日文教育，因此對於日語的閱讀能力並不會太差，而臺灣在開放觀光以後，他們也有機會到外國去旅行。但在那個沒有網路的時代，臺灣並有沒有太多中文的旅遊書可以參考，因此他們如果要到外國去旅行（大多數跟團為主），大概就是前往像是永漢書局、或者鴻儒堂這樣專門販售日文書的書店，去尋找那些不同國家的日語觀光旅遊手冊帶回家來研究跟參考（在那個時代，臺灣可還沒有紀伊國屋或者是淳久堂的存在）。其實，到二十幾年前，我自己第一次到美國、甚至去歐洲或者東南亞的旅行，也都還是藉由日本的這些外國觀光手冊介紹來獲取基礎的旅行資訊。所以說，如果用這個角度來看的話，日本的觀光旅遊手冊影響的範圍跟族群，可能還不完全是日本人，還有許多昭和時代的臺灣日語世代讀者呢！而這也是身在臺灣的我們，要研究臺灣人的海外觀光旅行時，所不能不仔細去探討的課題了。

目錄
CONTENTS

PART 2 戰後日本人的亞洲旅行

繁體中文版序

本書為二〇一九年由草思社發行的日文原書，翻譯成繁體中文的版本，這是繼臺灣二〇二〇年六月由臺灣商務印書館出版的《大日本帝國時期的海外鐵道》（日文原書名為《大日本帝国の海外鉄道》）之後，我的第二本翻譯作品。

前作《大日本帝國時期的海外鐵道》的前提，是假設第二次世界大戰前的日本人，都是搭乘火車觀光旅行。因此，該書鎖定的是「大日本帝國時期」，也就是日本在第二次世界大戰戰敗以前的時期。而且，目標地區也是以當時存在於日本列島外的日本國外領土和特殊權益地。

相對地，本書則不限火車，而著眼於一般民眾觀光旅行的形態，以船舶、飛機等所有公共交通工具為目標。關注的時期也擴大到第二次世界大戰以後，分析對象大約是二十世紀這一百年。本書標題中的「明治」、「大正」、「昭和」都是近代日本的年號，與日本人可以以觀光目的，到日本列島之外旅行的時期大致重疊（值得一提的是大正元年正好是中華民國元年，同為西元一九一二年）。

如同日文原書名「日本人的亞洲觀光」（日本人のアジア観光），原本這本書是為日本人而寫的，但是，本書中的第二次世界大戰前旅行樣貌（第一章），與戰後的旅行樣貌（第二章），都就這兩個時期的臺灣和中國大陸旅行著墨甚多，所以我猜想也許臺灣的各位讀者也許會有興趣展書一讀吧。

此外，我也預料到臺灣的讀者閱讀第一章和第二章記述的感受，應該與日本讀者完全相異，看法也不會相同。

第一章提到二十世紀前半日本人的東亞旅行樣貌，也適用於當時是日本國民的臺灣人。本書所寫的狀況也是當時臺灣人的旅行樣貌，臺灣島內旅行自不待言，也介紹了臺灣到中國大陸旅行時護照的需求與否、跨越國境的環境、公共交通工具的便利性等。

另一方面，旅遊手冊上的旅行目的地「中國」，明治時代是在清王朝的統治之下，但到了大正年以後是中華民國，也就是現在統治臺灣的政府。早在九十年到一百年前，現在的臺灣政府是以中國大陸（當時臺灣除外）代表政府的身分，與日本方面（包含當時臺灣）取得協議，對戰前日本人與中國人相互來往，採取不需要簽證，也不需要護照的方式，或發行日本列島與中國大陸、臺灣的大範圍折扣周遊車票（東亞遊覽券），給予觀光旅客方便。

而記述第二次世界大戰後旅行樣貌的第二章，臺灣人不再是日本旅遊手冊的使用者，在這章當中，臺灣讀者關心的重點，從第一章陡然一變，關注的是戰後的日本旅遊手冊如何介紹臺灣。

尤其是這一章裡臺灣讀者最有興趣的，恐怕是一九七〇年代，日本旅遊手冊裡有關臺灣與中國記述的演變吧。戰後的日本，政府已不再干涉旅遊手冊的記述，撰寫者應該可以自由書寫最新的旅行資訊。但實際上當時臺灣和中國大陸的旅遊手冊，雖然多數日本旅客應該都閱讀過，但從字裡行間還是看得出旅行資訊之外的種種社會顧慮。這種獨特的記述，肯定在一般日本人的心中，在形成對臺灣和中國的印象上發揮了一定的效果。

本來，旅遊手冊終究只是一種工具，在實際觀光旅行前，提供有用的事前資訊。即使是現代，我們可以從網路或社群媒體得到豐富資訊，預備知識與現場所見所感有所不同，卻是古今皆然。透過實際體驗品味其中的不同，也是到異文化圈觀光旅行的魅力。如果能經由這本書，讓臺灣的讀者們也能了解我們住在日本列島或臺灣的先人，自百餘年前就能理解它的魅力，我將甚感欣慰。

令和四年（二〇二二）二月　作者

PART

1

大日本帝國時代的亞洲旅行

圖一　大正 15 年滿鐵鮮滿案內所發行的《朝鮮滿洲旅行導覽》（朝鮮滿洲旅行案內，收藏：中村俊一朗）。

昭和初期前的亞洲旅行樣貌

江戶時代也有旅遊手冊

從近代以前開始，日本人就是個喜愛旅行的民族。

不論東西方，在領主握有土地統治權的社會裡，住在該地的人民很難有移動到其他土地的自由。在日本，江戶時代以前別說是一般庶民，即使是統治階級的武士，都沒有移動的自由。德川家康統一日本全國，開啟江戶幕府之後，商人旅行時需要役所或寺社發行的通行證明，武士的話，也只被允許得到所屬藩許可的公務旅行。福澤諭吉在《福翁自傳》中詳盡記載了明治維新之前，他從故鄉中津藩到大阪、長崎，或是搭乘咸臨丸去美國的經歷。但是每次旅行都是在藩命下前往，絕無在沒有他人許可下的個人旅行。巡遊各國，寫下《奧之細道》（おくのほそ道）的松尾芭蕉是相當特殊的例子，這也是認為他曾是忍者，又或是幕府的密探這個說法出現的原因。

但是，自江戶時代中期以後，庶民生活日漸寬裕，因此用前往伊勢神宮等寺社參拜、到溫泉療養等理由，獲得旅行許可的案例漸漸增加。尤其是伊勢神宮供奉的是皇祖神，[1]所以前往伊勢參拜的旅行，都會無條件放行。

而且，商家的下人、孩子即使未獲店主、父母的同意擅自離家，也會被默認為到伊勢神宮參拜（逃家參拜）。甚至還有沿街向住戶乞討，進行零元旅行，稱之為信心之旅。從《東海道中膝栗毛》的主角彌次喜多道中的舉止，很容易想像得出伊勢參拜的實情，等同於遊山玩水的個人旅行。

於是，由於公私各種遠地旅行的人數增加後，以旅行為題材的書籍也大量問市。儘管從平安時代開始，就不斷有《土佐日記》之類，作者撰述旅行足跡的遊記可閱讀，但是第一次出現記載宿場間距離、住宿費、渡河方法等基礎資訊，和名勝指引、名產介紹等實用書，所謂的「道中記」，據說是在江戶時代中期。這些書縮小尺寸，以便旅行中隨身攜帶，與現代的旅遊手冊具有相同的功能。「旅客增加，就發行更多旅遊手冊」的社會循環（？），可以

---

1 譯註：以天皇祖先為神，一般來說指的是天照大神。

說始於江戶時代。

擴及東亞的旅行範圍

愛好旅行的日本人將旅行範圍擴展到日本列島以外，不像在日本國內旅行，只要一步一步走，基本上都能到得了，但是出國的話絕不可缺少通往外國，任何人只要付錢都能使用的公共交通工具。而在飛機出現前，前往國外的交通工具，只有船。

安政六年（一八五九年），於日本與中國大陸之間定期客船首次通航，不再像貿易船或軍艦，只有特定職業身分的人才能搭乘，只要辦好一定手續，一般人也能上船。由於培里（Matthew Perry）黑船來航，江戶幕府決定打開國門，與美國簽訂《日美和親條約》，是在嘉永七年（一八五四年），所以是只有短短五年後的事。當時不是日本的公司，而是英國的半島東方輪船公司（Peninsular and Oriental Steam Navigation Company），[2]開設了上海－長崎之間的旅客航線。

當時，海運公司投入最尖端的蒸汽船，每兩星期開航一次，行程兩天一夜的定期航班。後來，法國、美國以及日本的船公司，都陸續加入中日之間的旅客航線，奠定了日本人可以離開日本列島，到亞洲大陸旅行的地利環境。

只是，從中日航線是由英國的公司最先開啟就可以知道，旅客航線開設之初，主要是方便上海的西洋人，到長崎或雲仙旅行遊覽時使用。到了明治初期，中國的富裕商人和清朝官員以商務或視察的名義，前往日本旅行的案例漸漸增加。往來中日的船公司互相競爭的結果，旅客票價大幅降低，不論是歐美、日本、中國旅客都增加。而根據明治初期的船客名單，可以猜測中日連絡船的旅客，以中國人占絕大多數。

那麼，日本的觀光客，又是從何時開始得以出國，到中國大陸等亞洲鄰近諸國去的呢？我想，應該大概是在明治後期，也就是進入二十世紀左右開始。明治中期以後約四分之一個世紀，日本貿易規模急速的擴大，按進出口金額計算約達二十倍，一年進出口成長率平均達一〇%，大大領先了當時世界貿易年成長率的四%。尤其是亞洲圈內貿易規模的擴大更加顯著，日本的貿易成果在亞洲區內所占的比例，在明治十六年（一八八三年）出口額為四．二%，進口額為六．三%，但到了大正二年（一九一三年），出口額為二四．一%，進口額為三〇．五%，有了飛躍性的增長。貿易規模擴大的範圍雖是在商務方面，但日本人的活動範圍應也有了相應的擴大。

---

2 譯註：在香港設立公司時將中文名改為「鐵行輪船公司」。

而且，日本打贏了日俄戰爭，在中國大陸擁有特殊的權益，將朝鮮併吞使之成為屬國，所以很多日本人移居到這些特殊權益地區或新領土上。於是，如此形成的外地日本人社群，與日本列島內之間的日本人，相互來往機會必然也會大增。而且，也與日本大型船隻、鐵路等近代性公共交通工具發達，一般日本人比從前更輕易地能在國內，甚至日本列島之外旅行的時期正好重疊。

於是，以這些增加的一般旅客為對象，記載中國大陸或朝鮮等當地情況和旅行注意事項等，設定作為實用書使用的書籍，也就是現代所謂的旅遊手冊開始問市。配合需要旅行資訊者增加的社會狀況，這個旅遊手冊出現、發達的潮流，與江戶時代道中記出現的現象十分相似。

八十年前日本人具備的空間意識

仔細分析這時出現的亞洲方面旅遊手冊，不但有當時具體的旅行態勢，也能隱約看見第二次世界大戰前，日本人一般具備的生活感、對旅行的意識，或者是對亞洲等國外的認知，甚至空間意識。

我想從大正八年（一九一九年）發行的旅遊手冊《朝鮮滿洲支那導覽》（朝鮮滿洲支那

98　路(12)　奉天

路途 12 奉天 Feng-tien

附撫順

【到著】奉天には滿鐵の奉天驛 Feng-tien(C8)、京奉鐵路の瀋陽 Shen-yang (H4)、及皇姑屯 Huang-ku-tun (A4)三車站あり。皇姑屯は郊外西方に偏在せるを以て、一部支那人の外一般旅客に要なし。瀋陽驛は京奉線の極端驛にして小西邊門外に位置し、比較的城市に近ければ、同線よりする支那旅客の多く乘降する處たり。滿鐵奉天驛は前記兩車站と三角形線路を以て交はる城西の一角に在りて、滿鐵本支線の諸列車は勿論、京奉線主要列車とも相互連絡の便あり。且城内との往復亦至便なるを以て内外旅客の乘降最も多し。【手荷物】奉天驛構内には其の運搬夫あり、賃金每個三錢。其の他同驛構内には左記の諸設備あり。【兩替店】各國貨幣の兩替を爲す——滿鐵附屬地にては邦貨通用すれども、城内其の他支那人との取引には支那貨幣を要す。【構内食堂】ヤマト・ホテル經營の食堂あり、洋食の需に應ず。其他食料品鐵道呼賣商人、自動電話（市内一通話五錢）等あり。

【馬車、人力車】馬車には洋式、支那式の二種あり。洋式馬車は彈條附の幌馬車なれど、支那馬車は彈條なき轎車にして、支那人の外一般の乘用に適せず。人力車は驛前其他到處辻待のものあり。輓夫は皆支那苦力なり。以上各種の賃金割合左の如し。

區間＼種別		洋式馬車	支那轎車	人力車
自滿鐵奉天車站	附屬地内	円 .三〇	円 .一五	円 .〇七
	十間房迄	.四〇	.二〇	.一〇
	大小西邊門迄	.六〇	.三〇	.一五
	大小西門迄	.八〇	.四〇	.二〇
	城内四平街迄	一.〇〇	.五〇	.三〇
	東門外迄	一.三〇	.七〇	.三五
待賃一時間に付		.一〇	.一〇	.〇五
借切	半日	二.五〇	一.五〇	一.〇〇
	一日	三.五〇	二.〇〇	一.五〇

以上孰れも夜間、雨雪の際は一割增、暴風雨雪時二割增とす。

【馬車鐵道】奉天驛前より小西門迄每日頻回往復便あり。日支合辨なる瀋陽馬車鐵道公司の經營に係り、運賃規定左の如し。奉天驛、舊奉天驛、十間房、小西邊門の三區間每區銅元三個。小西邊門小西門間銅元四個。通計十三仙也。

旅館 ヤマト・ホテル（A8）滿鐵會社の經營に係り、奉天驛樓上に在り。宿泊料は歐式にして、室料二圓五〇以上各等差あり。食事料朝食一圓、晝食一圓五〇、晩餐

圖 2　大正 8 年鐵道院發行的《朝鮮滿洲支那導覽》中的奉天（後來的瀋陽）導覽頁。以文言體詳細介紹從奉天車站到市內交通和匯兌狀況等。

案內，圖2）裡舉個例子。這是政府單位鐵道院（後來的鐵道省，戰後改為國鐵。為現在JR集團的前身）發行的書籍，可能顧慮到會在長期旅行攜帶，所以採用可裝入口袋的迷你版，而且用了硬皮精裝，包裝得十分結實。

首先，從書的標題來看，現代日本人也許會吐槽。「朝鮮」、「滿洲」、「支那」三地並列，將意指中國的「支那」與滿洲分開介紹。如果不是第二次世界大戰結束前，在學校裡對地理課教育照單全收的世代，恐怕很難從感覺上掌握這個理由。

看到這本《朝鮮滿洲支那導覽》目次裡列舉的地名可知，以萬里長城為界，北側稱為滿洲，南側稱為支那。這個區分是根據「中國大陸東北部稱為滿洲，乃是有別於中國本體之地區」的看法。

但這種空間意識並不是日本人固有的概念，中國大陸自古以來就有這種區別地區的概念，像是粗略將南北區分為「華北」、「華中」、「華南」，就清楚地顯示這一點。原本的「華北」概略是指鄰近萬里長城的南側（相當於現在的北京市、天津市及河北省、山西省、山東省、河南省地區）。但是如果只將現在中華人民共和國的實際統治地區，作為地理知識的前提，這個名稱即使有點不自然，但也不算奇怪。中華人民共和國的領土如果吻合「中華」的傳統世界觀的話，明明「北部」應該包含了整個滿洲才對，但為什麼滿洲沒有包含在「華北」裡面呢？

如果能理解「中華」世界原本就是指萬里長城南側的意思，這個疑問就能冰消瓦解了。萬里長城是漢族歷代王朝建設、維持的「防波堤」，用來防禦異族。也就是說，對踞守中國大陸中央以南的多數派民族——漢族來說，傳統的觀念是將萬里長城的外側視為非屬自己生活圈的另一個世界。不如說，滿洲族建立的清王朝，將滿洲納入治下，在

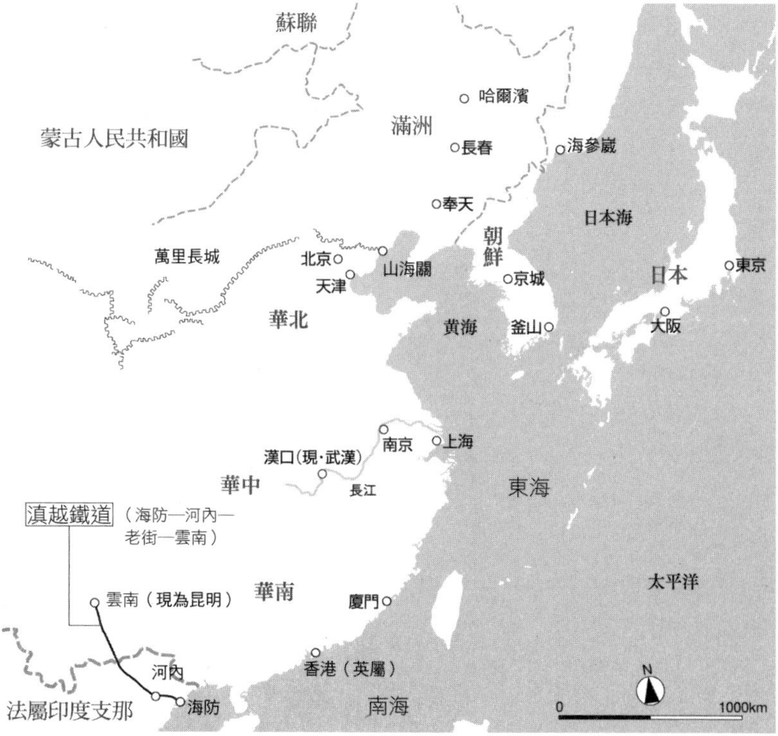

圖 3　滿洲．華北．華中．華南的區分地圖（昭和初期）。

悠久的中國大陸王朝歷史上是個例外。

話雖如此，《朝鮮滿洲支那導覽》出版的大正八年，距離辛亥革命已過去了七年，取代清朝的中華民國也將滿洲納入自己的領土，而昭和初期誕生的滿洲國尚未現其蹤影的年代。那個時期，如果中國內部按地區分類把華北和滿洲分開也就罷了，但是用了「支那」這個只是取代清朝的中國大陸代表政權或是表示該地領土的詞語，又用了「滿洲」這個指涉其領土一部分的詞，作為相同等級比較的地理概念，在道理上很難說得過去。

旅遊手冊之所以區分這種用詞，依我的推測，會不會是因為日本在日俄戰爭後，得到自俄國轉讓租借權的遼東半島南部（關東州），和獲得營業權益而設立的南滿洲鐵路（滿鐵）等，於滿洲有很大範圍的地區和鐵路路線，都可以如同國內般自由旅行了，撰寫者考慮到滿洲是個特殊地區，與萬里長城以南的旅行狀況大為迥異的實態。

而且，當時在中國大陸，中華民國政府並未能實際統治它所主張領土權的中國全土，各地都有武裝集團，也就是軍閥統治各個地區，形成群雄割據，在各自的勢力範圍內隨心所欲統治的狀態。名留昭和初期日本史的張作霖和張學良，也都是大正後期到昭和初期，實質統治滿洲的有力軍閥。

如果用現代來看，也許它有點像二〇〇一年美國爆發多起恐怖事件時的阿富汗。雖然首都由中央政權把持，對外保有一個完整國家的形態，但是地方都市卻受到各地部族首領主宰，中央政府的權力鞭長莫及。大正八年當時的滿洲，也是這種地區之一，它不接受定都北京的中華民國政府統治，張作霖所率領的奉天派軍閥是實質的統治者。

實質統治者不同的話，該地區的旅行條件必然會產生差異。因此，旅遊手冊的編輯方針，將支那主體，也就是中華民國政府實際統治、萬里長城以南的中國本土，與地方軍閥為實質統治者主宰的滿洲分開來介紹，按照一般日本讀者的地理感覺，並沒有那麼不自然。

附帶一提，這本書提到中國本土時統一以「支那」來稱呼。日本政府於大正二年（一九一三年）承認中華民國政府取代清朝建立的國家，但是由於「支那」或「China」的稱呼源自於「秦」，「支那」和「China」同為地理性名詞，所以日本國內的公文使用「支那」代替「清國」的舊稱，按慣例繼續使用支那或支那共和國的稱呼。一般對日本人來說，「中國」這個地名，自古以來指的是廣島、山口等的中國地方。用不同於「中國」的名稱來稱呼大海對面的外國，在與日本國內的地方名稱識別上，有其必要性。

所以，大正八年，政府機構鐵道院編纂的旅遊手冊，將中華民國標明為支那，是因為遵從當時公函的結果，也因為讀者都是日本人，應該能毫無違和感地接受吧。不過，在中華民國的要求下，昭和五年（一九三〇年）後開始，這個日本國內的慣例遭到修改，日本的公函原則上使用「中華民國」的國號。

「可以旅行的中國」還受到限制

看看這本《朝鮮滿洲支那導覽》目次列舉的地名，中國大陸內的地名幾乎只限鐵路沿線的都市或港口。對一般的旅客而言，火車是當時近乎唯一的近代化公共交通工具，沒有鐵路經過的地方很難到達，這可能是上述狀況的主要原因。雖然有汽車，但是若是馬路闢建不完整，也無法長途移動。一九〇三年（明治三十六年）萊特（Wright）兄弟才剛剛完成了飛機的動力飛行，載運旅客的定期航空班機必須等到第一次世界大戰後才會出現。

除了鐵路之外，可以用於長途移動的公共交通工具就是船。不只是海岸沿線，在大陸的中部和南部，自古利用長江等大河往來的交通就很發達，所以即使鐵路不發達也可以旅行。《朝鮮滿洲支那導覽》的〈支那之部〉中，有個小項目「揚子江沿岸」混在大陸東部沿岸地區或主要鐵路沿線，詳述大型汽船定期運航在長江的主流和支流，交通至為方便。並且介紹三千噸到四千噸的大型客船從上海沿著長江而上，到達漢口（今武漢），約需要八十小時（下行約六十小時），幾乎每天都有航班，「搭乘感頗為舒適」。當時，漢口在長江沿岸劃定了英國、俄羅斯、法國、德國及日本的租界，內陸水運與鐵路交錯，發展成交通要衝。

鐵路或水運無法到達的中國內陸地區，不只是一般民眾難以帶著出遊的心情前往。而且那段時期也並不像現代這樣，清楚知道古蹟在哪裡。井上靖在昭和三十三年（一九五八年）於短篇小說〈樓蘭〉裡描寫的樓蘭遺跡，距離瑞典探險家斯文・赫定（Sven Hedin）和英國奧萊爾・斯坦因（Aurel Stein）探險隊實地探勘，才不過短短十年。日本大谷光瑞探險隊造訪樓蘭、敦煌，正好是《朝鮮滿洲支那導覽》發行前後。至於西安的秦始皇陵，是在戰後的一九七四年才發現，這個時期還在土中長眠，尚未醒來。簡單的說，這個時期的中國內陸地方，主要是探險的地區，而非觀光旅行之地，因此，旅遊手冊的記述量也寥寥無幾。

這個傾向在進入昭和之後也沒什麼改變。昭和十三年（一九三八年），《朝鮮滿洲支那導覽》發行的十九年後出版的《旅程與費用概算》（旅程と費用概算），夾在這本全國旅遊手冊中的「滿・鮮・中國交通略圖」中，鐵路網發達的地方，是以朝鮮和滿洲為中心，而中華民國實際行使治權的地區，看得到天津、青島、上海等港灣都市，此外還有搭火車可到達的北京、濟南、南京等的都市名。但終點是現在陝西省的省會西安，或是內蒙古的包頭，可說是鐵路可以到達的西方盡頭。

從日本前往中國的旅遊手冊中會附上這樣的地圖，表示當時日本人作為一般旅客，可以自由前往這個地區旅行。而且也表示當時的日本人一聽到支那或中國大陸這兩個地名，腦中浮現的印象大概就是這個範圍。以結論來說，這張「滿・鮮・中國交通略圖」可以說展現了昭和初期普遍日本人對中國這個外國，或東亞這個地區，所抱持的一般空間意識的一部分。

但是，這張地圖從一開始就把上海以南的大陸地圖視為範圍外，沒有標示出來。相反地，大正八年的《朝鮮滿洲支那導覽》，雖然只有沿岸都市，但是連廈門、香港等南方都市都有介紹。此外，比西安更內陸的雲南省雲南（今昆明）也包含在旅行地區內。這是因為當時法國修建了滇越鐵路這條國際鐵路（參照本書第87頁圖17的內容），可從雲南通往當時法屬印度支那（現在越南）的河內，與面對南海的港灣都市海防，如果是從海防轉乘旅客列車的話，只消四天就能到達雲南的關係。因此，該書不僅是「朝鮮滿洲支那」的旅遊手冊，也詳述跨越中國南部國境，到現在越南首都河內、海防等，法屬印度支那的鐵路沿線都市的旅遊指南。

即使是現代的旅遊手冊，中國版的旅遊手冊絕不會因為可以搭乘國際列車到達，就用多頁篇幅介紹越南境內的鐵路沿線各都市。宣稱介紹「支那」的旅遊手冊，卻包含了這樣的記述，其背景肯定是因為旅客若要去雲南省，事實上就必須搭乘滇越鐵路，經由越南前往，因此需要這方面的旅行資訊吧。但是，不僅僅是這個緣故，對大正中期的日本人來說，中國南方地區與法屬印度支那之間，基本上差別的意義不大。也許他們可能連根據人為的國境線，形式上區分地區的意識都很稀薄。

主要行程是戰跡巡禮

當然，儘管旅遊手冊中有寫，但是對大多數生活水準平均的日本人來說，按著書的內容來趟亞洲之旅還是不太容易。只是既然有針對一般民眾提供了具實用性的旅遊手冊，所以便形成了可以去亞洲觀光旅行的社會環境，反正只要有錢，不論哪個日本人都能前往一遊。

於是，我很想從當時旅遊手冊的記述，解讀一下明治、大正時期到昭和初期間，一般人的亞洲旅行是個什麼樣貌。

到了明治中期，新型的公共交通工具——鐵路普及到全國各地，於是搭乘火車的新型旅行形式「鐵路旅行」開始出現，鐵路旅行的旅遊手冊也隨之出版。在介紹地區擴展到日本列島之外，也就是稱為「外地」的海外領土、權益地，或者純粹的外國時，這些手冊主要都是由鐵路事業單位製作、出版。因為除了經營鐵路的機構本身，幾乎沒有任何單位具備收集與日本島內同等級的旅行資訊，而且發表的綜合能力。

同理也可以套在營運客船的船公司上，因為客船是出入日本列島時，不可或缺的交通工具。因此，如同前述《朝鮮滿洲支那導覽》是由鐵道院編纂，明治到大正時代發行、針對日本列島之外地區所撰寫的旅行資訊書，製作主體都是鐵路事業單位或相關團體，以及船公司。不像現代的海外旅遊手冊，都是由純粹民間出版社離開日本，走遍山邊海角，到處採訪編寫而成。

尤其，鐵路事業單位出版的旅遊手冊，比較容易推測當時日本旅客用什麼樣的視線欣賞當地的文物、風土和人群，以及有興趣的傾向。而船公司的旅遊手冊畢竟還是比較偏重位於沿岸地區的港口資訊。船公司版的手冊在外國入港手續等實踐性旅行資訊也許比較出色，但是至於名勝古蹟的資訊，鐵路版的比較值得一讀。

外地的鐵路事業單位第一次發行的正式鐵路旅遊手冊，是明治四十一年（一九〇八年）的《韓國鐵路線路導覽》（韓国鉄道線路案内，圖4）。發行處為「統監府鐵道管理局」。當時的大韓帝國雖為外國，但是由於明治三十八年（一九〇五年）成為日本的屬國，所以，日本在當地設置統監府，作為統治機關。韓國國內的國營鐵路，全都由隸屬於統監府的鐵道管理局管轄。因此，該鐵道管理局製作的官方刊物，也就是這本沿線導覽也用日文書寫。明治四十四年（一九一一年）日韓合併後，朝鮮總督府鐵道局（鮮鐵）出版了該書的修訂版《朝鮮鐵路線路導覽》（朝鮮鉄道線路案內）。

本書一如「線路導覽」之名，將貫穿朝鮮半島南北的京釜線（釜山—西大門〔位於現在首爾市內的車站〕）和京義線（龍山—新義州間）兩路線，分別開一章，細數各路線車站的所在地方沿革、附近「勝地」（名勝地）導覽，並且列舉車站周邊的旅館、餐廳。修訂版《朝鮮鐵路線路導覽》的部分，則更充實每個車站的描述，除了車站與附近勝地介紹，更增加了地區人口、從車站搭人力車時到主要地點的費用標準等，另外還詳述車站附近的旅館、餐廳資訊、所在地、住宿費。不只是地區介紹，實用的旅行資訊也比《韓國鐵路線路導覽》

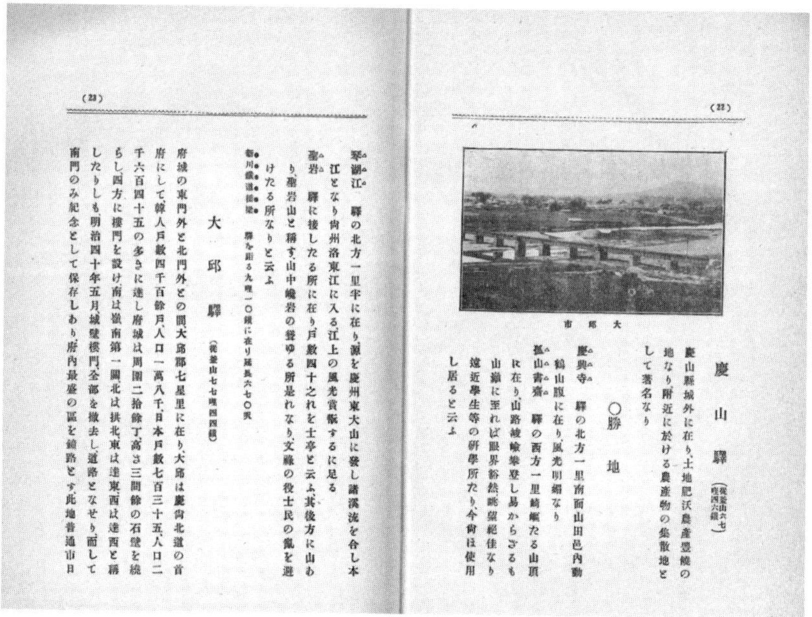
（22）

大邱市

慶山驛（從釜山六七哩四六鎖）

慶山縣城外に在り、土地肥沃農產豐饒の地なり附近に於ける農產物の集散地として著名なり

○勝地

慶興寺　驛の北方一里南面山田邑內鶴山腹に在り風光明媚なり

孤山書齋　驛の西方一里崎嶇たる山頂に在り、山路嶮峻攀登し易からざるも山巔に至れば眼界豁然眺望絕佳なり遠近學生等の硏學所たり、今尙ほ使用し居ると云ふ

（23）

琴湖江　驛の北方一里半に在り、源を慶州東大山に發し諸溪流を合し本江となり尙州洛東江に入る江上の風光賞翫するに足る

聖岩　驛に接したる所に在り戶數四十之れを士亭と云ふ其後方に山あり聖岩山と稱す、山中巉岩の聳ゆる所是れなり、文祿の役士民の亂を避けたる所なりと云ふ

新川鐵道橋梁　驛を距る九哩一〇鎖に在り延長六七〇呎

大邱驛（從釜山七七哩四四鎖）

府城の東門外と北門外との間大邱郡七星里に在り、大邱は慶尙北道の首府にして韓人戶數四千百餘戶人口一萬八千、日本戶數七百三十五人口二千六百四十五の多きに達し府城は周圍二拾餘丁高さ三間餘の石壁を繞らし四方に樓門を設け南は嶺南第一關北は拱北東は達東西は達西と稱したりしも、明治四十年五月城壁樓門全部を撤去し道路となせり而して南門のみ紀念として保存しあり、府內最盛の區を鍾路とす此地普通市日

圖 4　明治 41 年，韓國統監府鐵道管理局發行的《韓國鐵路線路導覽》。解說每站、每條路線附近的名勝等。

大幅增加，是《朝鮮鐵路線路導覽》最大的特色。

而且，與《韓國鐵路線路導覽》相比，《朝鮮鐵路線路導覽》整體增加了日本旅客更加有興趣的日本相關史跡介紹量。例如：現在成為北韓首都大門的「平壤站」，頁面一翻開最先就看到這一節：

「小西行長據守此城，大敗明軍。於日清之役，我軍包圍之，將敵驅至遼東敗亡，爾後歷經十六星霜，雖曾一度險遭露軍蹂躪，幸免於難。於此進入新時代之興隆期。」

短短句子中，提到了豐臣秀喜出兵朝鮮時，小西行長曾揮遠至此地，在甲午戰爭中日軍在這裡打敗清軍，進而還介紹日俄戰爭時的事蹟。「勝地」部分，介紹分布在市區的高麗王朝和李氏朝鮮時代的古蹟，詳述「日清之役」中成為什麼樣的戰場。當時在甲午戰爭中，原田重吉一等兵攀爬平壤城的玄武門城牆，殺入敵陣，從城中開大門迎自軍進城的故事，讓平壤這個地方聲名大噪。

現在位於韓國京釜線沿線的成歡一地，是吹號手木口小平戰死之地，他「即使死了，號角也沒離開嘴邊」的故事登載在舊式小學的修身課本中。成歡站位於現在首爾南方八十公里處，於日俄戰爭中的明治三十八年（一九〇五年）一月開站。以下是成歡站通車六年後出版的《韓國鐵路線路導覽》裡「成歡站」的介紹。

「成歡，於日清戰爭初期一舉殲滅敵壘、留下我民族光榮戰蹟的歷史，世人皆還記憶猶新之時，於距離驛站十數步之遙處，已覓得當時之殘壘，試立於丘上，安城川蜿蜒如長蛇，流經水澤之間。岡陵如波濤起伏，向西而去，與牙山、屯浦之地連綿。丘後的窪地有點點茅舍，那是成歡的古驛站，敵軍之牙營。鬱鬱松林後的村落，為我軍率先據守迫近敵軍之處，山河草木俱為回顧當

圖 5　位於成歡的松崎上尉紀念碑（引自《日本地理大系 第 12 卷 朝鮮篇》）。此地因吹號手木口小平戰死而聞名。

年之料也。」

後半的「勝地」則在介紹「清軍布置砲陣，死守之處」的月峰山、「松崎上尉戰死之地」的安城渡、「甲午之役中以清軍登陸地點聞名」的牙山灣，還有「為百濟慰禮城址，邑為文祿之戰黑田長政擊潰明大軍之古戰場」的稷山等文章中，勉勉強強提到在朝鮮古史占有一席之地的百濟二字（而且該文中對文祿之戰的說明更為詳盡），其他全部列舉的是甲午戰爭的相關地點。若與前述成歡的介紹一同閱讀，成歡好像光是因為與日本的關係，就登上歷史的主要舞臺了。

插句題外話，甲午戰爭剛結束時，大家都認定了「斷氣時還在吹號角」的吹號手是一等兵白神源次郎，但是戰爭結束一年後，官方改正為「其實不是白神，而是二等兵木口小平」。但是吹號手白神源次郎的名字已深入人心，日本全國都認為他是英雄。所以，經過了很長的時間，直到大正初期，大眾才漸漸知道木口小平這個人。本書可能是在那段過渡時期出版吧，書上並沒有昭和初期旅遊手冊標明的吹號手木口小平的名字，只介紹木口所屬中隊的中隊長松崎直臣上尉。

這樣的描寫並不只限於平壤或成歡，亦出現在全書各個角落。名勝古蹟的解說文中頻頻出現豐臣秀吉出兵朝鮮、甲午戰爭，以及偶爾提及的日俄戰爭相關敘述。現代韓國、北韓的旅遊手冊，即使打開同一個地方的頁面，也幾乎沒有登載這類說明。

這可以說是日本統治時代，有關朝鮮半島的旅遊手冊的一大特色。從明治末期到進入昭和，日本於第二次世界大戰敗戰之前，大日本帝國的朝鮮半島觀光旅行，主要形式就是坐火車參觀豐臣秀吉出兵朝鮮、甲午戰爭、日俄戰爭等的戰地遺跡，也被視為標準行程。不只是朝鮮，日俄戰爭後，在經由《樸茨茅斯條約》（Treaty of Portsmouth）獲得權益而利用滿鐵周遊的滿洲，對日本觀光客而言，日俄戰爭的戰地遺跡也成為主要的觀光行程。

《朝鮮鐵路線路導覽》的前身，《韓國鐵路線路導覽》發行於明治四十一年四月，此時距離日俄戰爭結束才過了兩年半。大多數日本人不是自己實際被徵兵參與甲午戰爭或日俄戰爭，就是周遭有從軍經驗者，其中，親朋好友戰死的例子也絕不罕見。對全體日本國民來說，這兩場戰爭是非常真實的、直接或間接地透過親身體驗而認識的戰爭。

而且，與多數現代日本人對日本近代戰爭的觀感最大的不同之處在於，不論是甲午戰爭或日俄戰爭，日本人都是獲勝方。

現代日本人接觸近代以後的戰爭史跡時，平均的印象大都是感受到悲慘、傷痛，學習到必須將這樣悲哀、痛苦的戰爭事實流傳後世，絕對不可再重蹈戰爭覆轍的教訓吧，最典型的例子就是參觀沖繩的戰地遺跡或廣島、長崎的原爆資料館。大半戰爭相關史跡針對參觀者的解說，重點都放在讓千萬人了解：「戰爭是一場悲劇，絕對不可以發生」，是個絕對不變的真理。

但是，明治末年到昭和二十年（一九四五年）時的大日本帝國時代卻並非如此。正如司馬遼太郎在《坂上之雲》（坂の上の雲）中描述的，甲午戰爭與日俄戰爭是日本以國運為賭注的世紀最關鍵戰役，是日本歷史上頭一遭徵召一般庶民遠赴外國的戰地，全國總動員參加的切身戰役。因為這兩場戰爭得勝，在日本人來看，相關戰爭史跡是個可以產生「贏了、贏了」的念頭，沉浸在非常痛快情緒中的地方。當然，家人親戚等有人戰死的話，雖然很難單純的喜悅，但是從官方來說，整個社會醞釀著兩場戰爭理應定位為痛快成功體驗的氛圍。

如果會覺得「簡直荒誕可笑」，那也只不過是用現代一般日本人的價值觀去看當時的狀況罷了。不論怎麼樣淒慘的戰役，打勝仗對倖存者而言都是**愉快的**——你可以輕易批評這種想法思慮不周，但是在另一方面，它卻也是戰爭這種現象所具有的冷酷現實。英雄帶來勝利的故事，其誕生的戰場被視為聖地，這種現象古今中外都一樣。韓戰爆發，自己領土淪為戰場的現代韓國和北韓，或者是在國共內戰時打敗國民黨軍的鄰國中國，都有不少這種彰顯我國、禮讚型的戰跡觀光地（在中國，參觀中國共產革命相關史跡的觀光旅行，叫作「紅色旅遊」，中國政府推薦國民參加，列為國策）。而這類地點在日本統治韓國的當時，朝鮮半島上四處可見。

當民眾以各種形式參與國民總動員戰的一員之身分，到處走訪這些勝利的痕跡時，這趟旅行不會是「學習戰爭悲慘」的黑暗印象，而會充分感到日本軍英勇、沉浸在勝戰餘韻的正面印象。從充斥旅遊手冊戰地遺跡解說的字裡行間中，可以隱約發現這種氣氛。豐臣秀吉出兵朝鮮的解說，與甲午、日俄兩戰爭同樣詳細，但它明顯不是勝仗，所以與秀吉相關的史跡巡禮，並不是親身體驗勝利感。但是，這也是勝者對近期戰爭勝利的自信表現吧。

觀光旅行的正當名義

像這樣的戰跡巡禮不只是朝鮮，滿洲也很多。滿洲是日俄戰爭勝利，日本自俄羅斯得到的特殊權益地，所以到處都看得到日俄戰爭的相關史跡。進入昭和時代，滿洲國成立之後，九一八事變（滿洲事變）的爆發地柳條湖等九一八事變相關史跡也急速增加。

滿洲國政府為了幫從日本內地到滿洲的視察團體斡旋，或是調查現場狀況，設置了滿洲事情指南所。這個團體發行了口袋版的小型指南《滿洲戰蹟巡禮》（滿洲戦蹟巡礼，三省堂，昭和十四年〔一九三九年〕），是一本收集了鄰近滿鐵沿線各車站的日俄戰爭和九一八事變戰跡地的小冊子。卷頭的序文很清楚地強調：「本篇以一巡禮者的身分造訪滿洲的聖戰遺跡，親身將當時的感動永遠傳給後世」。正文裡，像是奉天（今瀋陽）車站的介紹文，一開頭也以這樣雄壯的一節展開。

「滿洲第一大都市奉天，立於渾河擁抱的無涯沃野上，曾是日俄戰役中兩軍一決雌雄、屍山血河之地。此外，它也是滿洲事變發生地，永遠應在我光輝戰史上大書特書的紀念聖域。身處事變之後的秋天，應將成為懷念當時，拄杖來此之民眾的路標吧。」

既然書名叫做「戰蹟巡禮」，當然介紹的名勝古蹟都是與甲午、日俄戰爭，以及九一八事變相關的古戰場或紀念碑，也有不少從現代來看，若非相當程度的戰史迷絕不會知道的區域戰爭史跡。像是在北滿洲與蘇聯衝突的張鼓峰事件（昭和十三年〔一九三八年〕夏天於滿洲國東南部蘇滿邊境發生的日蘇軍事衝突）、與所謂的馬賊集團（清末到滿洲國時代，於滿洲各地活動的騎馬集團，從馬賊成長為軍閥的張作霖便是其中一例）之間的小對立，都占了不少篇幅。依個人的推測，這是因為出版的滿洲國政府，說得更直白一點，是扶植滿洲國政府的日本政府，希望觀光旅客「在這些場所應該用這樣的視角觀光」。

只是，本書並不是免費發放的導覽手冊，而是定價一日圓販售，全文共一百九十六頁的旅遊手冊（篇幅相近的岩波文庫，當時只要四十錢）。也就是說，不只是當時的政權希望國民閱讀而已，而是書籍的編印者從一開始便預測到，在日本全國有一定數量的人願意自己掏錢，購買這本滿載戰地遺跡資訊的旅遊手冊。

雖然可從中觀察到當時日本旅客喜歡到這些地方觀光，但是其背後可以想得到的，並非日本人是否有著好戰的嗜好，而是社會整體存在著「有了戰跡巡禮這個光明正大的理由，觀光旅行就容易多了」的氣氛。如同江戶時代外出目的是伊勢參拜的話，就能自由出行，江戶時代出生，到了明治大正時代成為社會中堅的日本人，以及昭和初期繼承他們觀念的下一代，也傳承了不容許毫無條件，就在眾目睽睽下「以單純玩耍的目的去旅行」，而需要某種正當名義才能去旅行的感覺。

尤其是，當真實想法與外在的乖離愈大時，這種「正當名義」的有無就變得更重要了。最典型的例子是昭和一〇年代（一九三五年至一九四四年），昭和十二年（一九三七年）盧溝橋事件爆發之後，鐵路運輸漸漸轉變為戰時體制。鐵道省經營的國有鐵路增開了通勤電車與長途急行列車班次的同時，昭和十五年（一九四〇年）卻實施急行列車降速和廢止觀光線列車等政策，試圖抑制觀光旅行。同年十月鐵道省編纂的《時間表》（現在的時刻表），刊載了修訂過的列車時刻表，而且封面赫然出現「廢止遊樂旅行」等字樣。雖然很可能純粹是為了優先戰時運輸的目的，但是，「軍隊在戰地前線拚命作戰時，還有閒情逸致出外旅遊未免太不知輕重」的氛圍開始籠罩著整個社會。

《旅》月刊（日本旅行文化協會〔後與Japan Tourist Bureau合併〕發行）昭和九年（一九三四年）七月號刊登了反對這種氣氛的專欄。標題是「旅行真的是悠閒的事嗎？」撰文者是該號總編輯三好善一：

「（前略）當有人說『好久沒去旅行了啊』時，一定有人回嗆：『旅行？哼，你在說什麼夢話？旅行可是那種小資族的消遣呀。你好好想想，現在是沉溺於那種消遣的時代嗎？我就說嘛，像你這種人，對時代一點認知都沒有。』

這並不單純是筆者的創作，畢竟時代既是左翼的，也是右翼的，與我們的好惡無關。可能由於這個緣故吧，筆者屢屢看到有人攻擊旅行本身就是有閒階級的消遣，或者只是小市民自我陶醉的場面。

連旅行一事都被人從這個層面拿來作文章，甚至對嘴上偶然提到這種樂趣的人，採取責難的口吻，理應理解卻無意理解之傾向，可謂極至矣。」

三好總編輯後來自問：「旅行真如彼等部分人士所云，只是有錢有閒，或是小資族的悠哉樂事嗎？」他隨即答道：「不！我斷然否定。」然後滔滔不絕地申張他的論據（小資〔プチ・ブル〕，即日語裡小資產階級〔プチ・ブルジョワジー，Petite bourgeoisie〕的簡稱，在這裡是指「有成就者」、「枉顧社會全體之利益的個人主義者」，有看不起對方的意思）。「旅行的行為在當代的日本社會中有其意義」，他主張其意義，也就是光明正大旅行的理由，在於接觸自然的旅行，有宗教性的意義。但是他並沒有對世人批評「有閒」——也就是當自己有可以自由運用的時間，就把那時間花在滿足自己的遊興上——提出反駁，而是同意「行為必須伴隨義務」的前提。

但是，整個社會醞釀出這種氣氛的同時，拜在軍需產業發達之賜，卻出現了因軍需景氣得利的人紛紛前往觀光區，或在溫泉鄉叫上藝妓鬧事等現象。甚至愈來愈多人為了到附近的溫泉區，大手筆買下長距離用途的高額快車票，以至原本的長途旅客搭不上快速列車的事態。

當時還是初中生的旅行作家宮脇俊三回顧當時的環境說：「簡言之，只要遵奉國策前去洗滌心靈，或者是參拜伊勢神宮，為皇軍祈求武運長久等檯面上的理由，即使實際上是遊山玩水，官方也會大筆一揮的放行。」（《增補版　時刻表昭和史》角川書店，平成九年〔一九九七年〕）。只要能獲得允准，對心底想玩樂旅行喘口氣的國民而言，聖地化的戰地遺跡、寺社佛院、對健康具有效能的溫泉等，也許都是用點小聰明就能妥善運用的好去處。

昭和十五年十月《時間表》的班次修定號，除了「廢止遊樂旅行」的標語外，在封底也刊登了招攬去伊勢神宮、橿原神宮、熱田神宮「聖地參拜」的旅行廣告。書末連續刊登了「去朝鮮　往大陸的最快捷徑」的鮮鐵廣告、招攬「去當地看看大陸國策！」，並列舉從日本內地出發的往返、周遊火車票折扣率的滿鐵廣告，和描繪穿著旗袍的女子「姑娘」，宣傳「中支那之旅」的華中鐵路廣告，以及由臺灣鐵道部刊登，包含前往溫泉區、名勝路線地圖與激發旅情的田園詩廣告。說到昭和十五年十月，正是大政翼贊會創立的月分，[3]如果連那種時期，都有「去當地看看大陸國策」的名目，不管旅行的實況如何，從日本內地到朝鮮、滿洲周遊旅行，在社會氣氛來說，依然並非不可能。

外地旅遊手冊中增加戰跡巡禮篇幅，並不只限於強化戰時體制的昭和一〇年代。從前述的《韓國鐵路線路導覽》到三年後隨日韓合併而修定的《朝鮮鐵路線路導覽》，就比前者增加了戰跡導覽，而且延續該書按路線介紹的編輯方針，鮮鐵於昭和九年（一九三四年）出版的《朝鮮旅行導覽記》（朝鮮旅行案內記）也在成歡的介紹中出現「木口吹號手」的名字，更加充實戰記的內容。

在戰記充實這一點上，昭和九年的這本《朝鮮旅行導覽記》，最耐人尋味的是其中有關秀吉出兵朝鮮的歷史解說，篇幅長得誇張。在本書按路線介紹的〈導覽篇〉前，設有介紹全朝鮮氣候、風俗、產業、教育環境等各領域的〈概說篇〉。但是「歷史」篇幅有四十八頁，其中的文祿之役、慶長之役卻占了三十一頁（甲午戰爭以後的部分，可能是因為把各地介紹挪用到各個史跡介紹，所以只剩兩頁類似年表的事實羅列）。除了正文之外，還用了一整頁刊載「文祿之役日本軍進軍路線」地圖，圖解小西行長和加藤清正等軍的行進路線（圖6）。

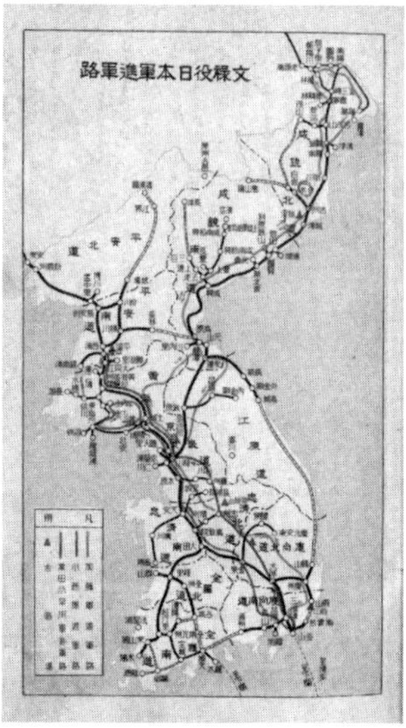

圖6　《朝鮮旅行導覽記》（昭和9年）中登載的文祿之役日本軍進軍路線解說圖。

3 譯註：大政翼贊會為存在於一九四〇年十月到一九四五年六月十三日的極右派政治組織，推動「新體制運動」，主張政治權力集中。

這本書的撰寫者也許是這個時代的專家，但是現代韓國旅行的旅遊手冊，對於秀吉出兵朝鮮時的古蹟，並沒有這麼詳盡的記述。即使如今出版經過了八十年，如果把這本書的影本帶到現場，有關秀吉的史跡巡禮部分，恐怕還是沒有其他日文旅遊手冊比這本更有用。就算日本統治時代在當地建立的紀念碑等都已拆除，曾經是日本戰國武士們奮戰古戰場的那片山河，應該仍與往昔無異。

團體旅行成為主流

昭和九年（一九三四年）出版的《朝鮮旅行導覽記》，前半〈概說篇〉有二百三十六頁，後半的〈導覽篇〉有三百〇九頁，篇幅合計為五百四十五頁。現代版韓國旅遊手冊《地球漫步法D12　韓國２０１８－２０１９年版》（地球の歩き方Ｄ12　韓国２０１８～２０１９年版，Diamond Big社，平成三十年〔二〇一八年〕）有五百四十四頁，所以從頁數來說幾乎相同，但是，與現代的旅遊手冊比起來，《朝鮮旅行導覽記》以文字為主體，照片與圖片極少，所以相對地，資訊量也許反而比較多。

但是，現代海外旅遊手冊中幾乎列為必備事項的重要訊息，這本《朝鮮旅行導覽記》裡幾乎看不到。

就與前面作為比較對象的《地球漫步法》的《韓國2018—2019年版》為例，在介紹各觀光景點的正文後面，有一章〈旅行的準備與技術〉，淺顯易懂地說明護照如何取得、簽證是否需要、貨幣和匯兌資訊、出入海關的手續等。總篇幅超過五百頁的旅遊手冊中，〈旅行的準備與技術〉這一章就占了七十八頁，所以分量感十足。

另一方面，《朝鮮旅行導覽記》裡，只有在〈概說篇〉的最後兩頁附帶「旅行注意」的項目。內容也只有四個項目，包括「旅館」：記載全朝鮮住宿資訊（對朝鮮人經營的旅館給予「到處都有，價格便宜」的評述，以及都市與鄉下的住宿費行情）；「汽車」：正文主要在介紹前往鐵路沿線之外地區可否使用共乘汽車，或都市地區有計程車等；「要塞地帶」：釜山、馬山、鎮海、元山一帶被指定為要塞地帶，相片攝影或寫生素描都需取得要塞司令部的許可證；以及朝鮮的出入境地區都需要「海關檢查」。

即使如此，這本書還是較優，在它出版的五年前，昭和四年（一九二九年）鮮鐵出版的同名《朝鮮旅行導覽記》裡，住宿資訊和車站周邊交通環境全都歸納在各站的正文裡（這一點昭和九年版也相同），完全沒有整理相當於「旅行注意」的實用資訊篇幅。明治末年出版的《韓國鐵路線路導覽》和《朝鮮鐵路線路導覽》二書也全部是地區介紹，沒有寫旅行時必要的事前準備與各項手續等。雖然朝鮮是日本的領土（在《韓國鐵路線路導覽》發行時，韓國還只是日本的屬國，並不是日本領土），但民眾通行的語言和流通的貨幣與日本內地不同，沒有離開過日本列島的日本人，用在內地完全相同的感受來旅行應該有困難。這一點，與現代國外旅行態勢沒什麼不同。

當然，當時的旅遊手冊並非全都沒有寫這類實用資訊。像本書第26頁以後介紹的大正八年（一九一九年）發行的《朝鮮滿洲支那導覽》就是其中一例。此書由四百九十四頁按地區分類的介紹正文、索引和「實用支那語」（旅行時需要用到的日語和對應的中文漢字、拼音假名與羅馬字的音標對象一覽。相當於現代的「日中旅行會話集」這類書籍）組成，書末附錄之前還有〈總說〉二十二頁，不計在正文的頁數中。與正文相比分量有點少，但是它由兩篇構成，第一篇〈交通路線〉介紹從日本內地到朝鮮和中國大陸的多種管道，第二篇是〈旅客須知事項〉，又分為「旅券」、「海關」、「旅館」、「餐廳」、「語言」、「嚮導業者」、「貨幣」、「旅費」、「周遊計畫」、「氣候及遊覽時期」、「郵政電信電話」各細項，大致網羅了現代國外旅遊手冊也登載的實用資訊。

這本書的定價日幣五圓，大正中期的大學畢業銀行員起薪從四十日圓到五十日圓左右。在大學錄取率與現代迥然不同的當時，大學畢業新鮮人本身就少，所以很難單純來做比較。不過如果以大學畢業銀行員起薪為指標的話，容易比較每個年代的具體數值，以現代大學畢業銀行員的起薪二十萬日圓來計算的話，該書的價格依現在的金錢價值來看，相當於兩萬到兩萬五千日圓。也就是說，本書除了極少部分富裕的個人之外，恐怕主要是銷售給旅行仲介業者或團體。

這種價格設定，與當時的旅行形態也不無關係。那個時代到外地去，像現代背包客這樣，選擇個人自由行這種旅行形態的人非常之少，多以團體流行為主流。赴國外觀光旅行時，個人自由行的日本人變多，不再選擇旅行社主辦的套裝旅行，是在H. I. S.等廉價機票販賣公司的社會認知度更高的一九九〇年代之後，[4]也就是昭和結束，進入平成時代時，可以說算是比較近期的事。如果去外地旅行的基本觀念就是組團同往的話，護照怎麼辦，海關檢查該如何做等事，團體的主辦者都會支援，作為專門業務的一環。所以市售的旅遊手冊，基本上並不需要這類的資訊。

鮮鐵和鐵道院等政府單位發行的旅遊手冊並沒有廣告，但是民間公司發行的鐵路時刻表，就像現代市售的時刻表一樣，廣告會集中登載在書後。從明治中期到後期，多家販賣冊

4 譯註：H. I. S.為創立於一九八〇年的國際旅行社（International Tours Co.），後於一九九〇年更名為現在的公司名稱，專門經營低價旅行。

子型鐵路時刻表的出版社，自大正四年（一九一五年）起，獲得鐵路院的特許，簽下合約後發行了月刊時刻表《公認汽車汽船旅行導覽》（公認汽車汽船旅行案內）。書末除有全國各地旅館廣告外，也夾雜了外地鐵路公司和經營前往世界各國定期船班的船公司廣告。時刻表正文內，在北海道鐵路時刻後面，也刊登了樺太、臺灣、朝鮮等外地的鐵路時刻，與日本內地的路線同樣格式。

試著翻開大正八年六月號的時刻表（圖7），正文後第一個對開頁登著大大的標題：「夏季休假與鮮滿支旅行」，鐵道院提供的廣告文躍入眼中：

「陽春已遠，新綠也對雨漸感厭煩，接下來期待的便是利用暑期休假的旅行。上山呢還是下海呢？正當各位就此時最佳的旅遊地點作種種考慮時，若能有機會一探海之彼方，朝鮮、滿洲、支那方面耳目一新的山川風物，想必會更有興趣吧。本院特此發賣左列各種車票，以利往鮮、滿、支方面旅行之各位的方便，請多多使用惠顧。

日鮮滿巡遊券（約七折，使用期限六十天）

圖 7　《公認汽車汽船旅行導覽》大正 8 年 6 月號。廣泛網羅日本內地、外地的鐵路時刻表。

特別優惠　奉天、長春間　永登浦、仁川間，車票七折
日鮮滿來回票（八折，使用期限六十天）
日鮮滿團體車票（全區二、三等五折，領隊免費）
日支單程車票（四十天內有效）┐
日支來回車票（八折，使用期限一百一十天）┘經朝鮮
日支周遊券（火車約七折，汽船約七五折，使用期限四個月）
特別優惠　永登浦、仁川間　奉天大連間　溝幫子、牛莊間　北京、張家口間　上海北站、杭州間，車票七折
您計畫旅行時，請向東京鐵道院旅客課、東京、名古屋、神戶、門司、仙臺及札幌管理局運輸課或附近火車站洽詢。」

至於大正八年六月，正是第一次世界大戰簽訂《凡爾賽條約》（Treaty of Versailles），史上首次世界大戰終於看見終結的那個月。而且，前一個月中國發生五四運動、三月時朝鮮發起三一獨立運動。前一年日本出兵西伯利亞，正是與中國相鄰的俄羅斯東部。在這種時期，政府單位的鐵道院推出推薦中國大陸方面的享樂旅行廣告，宣傳各種折扣優惠的存在。由此

可觀察到這個時期的社會氛圍，並沒有昭和初期顯現的「廢止遊樂旅行」（這份廣告的下一頁之後，刊出臺灣總督府鐵道部及滿鐵推出的吸引旅客廣告）。不如說，第一次世界大戰中，全日本都處在所謂「大戰景氣」的好景氣之下，而且還在持續中。

這份廣告將「團體車票」與針對個人的各種折扣車票並列宣傳。折扣率最大五折，也就是正規票價的半價。「領隊免費」用現代的流行來說，就是「飲酒聚餐的幹事一人免費」的優惠。而且也接受這位領隊脫離團體，在別的日程乘用列車等先到目的地，辦理旅館手續或事先準備，並不與團體一起行動。現代的話，在旅行社的導覽或廣告上，很少會將這種面向團體旅行主辦者的指南，併入面向個人旅客的指南中。但是當時尤其是前往外地的團體旅行，都是由各個不同的主辦機構組織的。

雖然自由隨意的旅行，最理想的狀態是單人或三五好友結伴旅行，但是，如同團體折扣票價設定所顯示，聚集人數參加同一行程的旅行時，旅費會比個人走同一行程要便宜，這種狀況古今不變。而且，離開日本列島到國外，是現代難以相較的鋪張旅行，自己在語言、習慣不同的地區，被當成外國人對待，是幾乎所有日本人從未有過的體驗，而各種各樣旅行實務上的繁雜手續，也與日本列島內旅行大不相同，因而，將這些雜事交給領隊代理的團體旅行，對第一次到外地或外國旅行的日本人來說，一定是極可靠的旅行模式。

而且，江戶時代各地都組織了名為「講」的集團來前往伊勢參拜，全國已廣泛建立參加這個集團去參拜的系統。所以，幕末出生，到明治和大正時代的社會主力，很習慣團體旅行的旅行模式。團進團出也比一個人的狀況，更容易樹立「視察」、「學習」等正大光明的名分。在旅行需要正當名分的時代或社會，團體旅行會比個人旅行更為一般大眾所接受吧。

團體旅行分為兩種，一種是如同公司、政府機構、各地縣鄉鎮公所一般，由既有組織的組員集合旅行，另一種是某個團體公開招募參加者，組成旅行團。現代的話，許多旅行社也都會用「全行程有領隊陪伴，〇〇人以上保證出團」的宣傳語，招募固定人數的外國旅行團，這屬於後者的模式。如果採取這種模式，個人只要付錢，就能參加團隊去旅行，即使不隸屬於與旅行目的地有特殊關係的特定集團也沒關係。

日俄戰爭結束的第二年，明治三十九年（一九〇六年）朝日新聞社主辦的「滿韓巡遊旅行會」，可以說是採取後者模式，前往朝鮮、滿洲團體旅行的先驅事例。它是包下了一艘船，從七月到八月間，周遊滿洲、韓國一個月的團體旅行。朝日新聞在報上登出廣告後獲得熱烈響應，僅僅五天，三百七十四名參加人數就額滿。

圖8是《大阪朝日新聞》在明治三十九年六月二十六日刊登的全版旅行廣告，一行人首先到神戶、吳、北九州參觀造船所、海軍工廠、製鐵所，再到朝鮮、滿洲參觀甲午戰爭、日

圖 8　明治 39 年 6 月 26 日的《大阪朝日新聞》全版刊登的滿洲、韓國周遊旅行廣告。

俄戰爭的戰地遺跡。在滿洲，除了戰地遺跡外，也參觀撫順煤礦和大豆生產等暗示可作為肥沃新興開拓地的景物。

參加這個旅行團的人，最多是從商人員，學生占第二多。畢竟能夠離開日本內地長達一個月的人，自然多是暑假中的學生。

正當此時，政府正在全國推動以修學旅行的方式，鼓勵學生到外地參觀戰地遺跡的旅行。大約與朝日新聞社實施滿韓周遊旅行的同一個時期，東京高等師範學校也規劃了三十天的中國大陸修學旅行。東京高等師範學校是全國唯一國立師範學校，培育出無數日本各地中學教師的菁英學校。正因為如此，這趟外地修學旅行，不只是單純的戰跡巡禮，也包含了植物、礦物採集等理科學習、中國史相關的史跡巡禮等豐富多元的內容，不只是文部省，連陸軍也支援這項旅行。據說從火車、船隻的使用，乃至住宿，陸軍都盡量給予方便（白幡洋三郎《旅行之建議》〔旅行ノススメ〕中公新書，平成八年〔一九九六年〕）。

不只是文部省和軍部直接支援，也可以從給學生團體優惠票制度，看得出，日本內地學生有個方便到外地旅行的環境。

滿鐵的大連管理局營業課發行過一本明信片大小的冊子，叫做《滿鮮觀光旅程》，可能是營業課發行的關係，正文六十一頁幾乎全部是鐵路優惠車票、主要都市旅館與住宿費行情、典型行程與費用介紹等實用資訊。該書在大正九年（一九二〇年）三月修訂版登出的滿鐵優惠車票種類，有關「本社滿洲線及朝鮮線」（朝鮮半島國有鐵路於大正六年到十四年〔一九一七年到一九二五年〕間，由朝鮮總督府委交滿鐵經營）的「學生優惠」，也就是學生票，記載如下：

「對本社指定之中學程度以上學校職員、學生，以及小學、普通學校、公學堂職員之旅行，在下列期間，可兌換一定折扣之票證，三等票五折。本社之折扣票證依學校申請發配，對同一官、公、私立學校（夜校除外）的職員學生組織的二十人以上團體旅行，給予四折乃至三折優惠。春期自三月九日至四月二十日，夏期自六月二十五日至九月十五日，冬期自十二月二十日至一月二十五日。」

學校放春假、暑假、寒假的時期，學生團體旅行可以獲得最大三折的優惠。與「鐵道院線」的學生票「對中學程度以上的學校職員學生以及小學教員，於夏期和冬季休假中鐵道院線三等席八折」相比，簡直是破格的折扣優惠。附帶一提，現代JR集團提供的學生優惠票是正常票價的八折，沿襲了這個時代的折扣率。

這種外地鐵路票價的學生優惠，而且學生團體優惠率之高，是戰前火車票價折扣制度的特色，應該是包含了政策性的經濟考量在內，以便讓在日本國內學校就讀的學生，能參加學校舉辦的修學旅行等到外地去。

這層考量可以從學生優惠票本身大略觀察得到。當時的學生優惠制度，不只是針對學生，也包含學校的教職員。學校的老師也和學生一樣可以使用學生優惠。

對學校和學校教職員，不分團體或個人，給予比日本內地鐵路更優厚折扣制度的原因，不外乎是考量到這些學子將肩負日本的未來，讓他們多多到外地見聞大日本帝國領土的擴大和發展，以及作為擴大源頭的戰爭舊址，在教育上具有強大的效果。再者，執政者很可能判斷，為了讓學校教師具備足夠的見識，教育現在和未來學子關於大日本帝國的發展情勢，老師親自造訪該地對國家有益。正因為如此，才由東京高等師範學校帶頭，赴外地修學旅行，從教員輩出的師範學校，漸漸推廣到全國。

針對團體旅行的治安印象

民眾偏好參加團體去外地旅行的原因，也含有消除對外地獨特治安不安的意義。「總覺得國外旅行比在日本國內旅行危險」的感覺，應該也是多數對國外旅行有興趣的現代日本人共通的心態，但是戰前對外地治安和其他的不安情緒之大，非現代所能相比。

大正末年創刊的月刊《旅》在第二次世界大戰中停刊前，經常刊登外地旅行記、體驗談和旅遊導覽等。但是當時日本人對朝鮮、滿洲、臺灣等海外領土或權益地旅行懷著強烈的憂心，這種不安散見於文章裡：

「而日俄戰爭當時出征軍人轉述的滿洲印象，至今仍留在多數國人的心底，直覺那是個單調無趣的大平原，冬季冰封大地，夏季黃塵與惡疾肆虐，除此之外別無可看之處。甚而有人想像它如同陰森的未開化之地，父子若不就此訣別，很難去得了。」（坂本政五郎，〈關於滿洲旅行〉〔滿洲旅行に就いて〕大正十三年〔一九二四年〕四月號）

「令人驚訝的是，第一，大多數人一說到滿洲還是馬上想到馬賊如何，與朝鮮的不逞鮮人同樣深植在日本人心中，[5]在某種意義上，他們已成為滿鮮的代表特

5 譯註：不逞鮮人為二十世紀初日本人對犯罪或參加反日運動的朝鮮人的稱呼。

產。前些時日，一名學生打算趁暑假期間前往鮮滿旅行，但父母不准他去『那麼恐怖』的地方，所以特來求我為其父母啟蒙。

大正已過了十三年，民眾對一般國外情況的觀念確實有進步，我以為前往鄰近的朝鮮和滿洲，也能用如同到隔壁般的輕鬆態度來往。但其實世人千百種，有著前述學生父母般觀念的人還是不在少數。」（高砂政太郎，〈鮮滿導覽雜感〉〔鮮満案内雑感〕大正十三年十二月號）

「我於今年五月初次渡臺就任交通局總長……赴任之際想像中的臺灣，那是個酷熱天地，瘧疾流行之島，亦是生蕃橫行所在。甚至友人中對我的健康十分擔憂。」（生野團六，〈想像中的臺灣與現實的臺灣〉〔想像した台湾と現実の台湾〕大正十四年（一九二五年）十二月號）

「為兼顧高齡九十老母，此夏我決意返回故國，友人們異口同聲勸告經由西伯利亞鐵路的危險，建議我走歐洲海路。」（哈里斯，〈橫跨西伯利亞　故國英倫之旅〉〔ハリス，シベリア横断　故国イギリスへの旅〕昭和五年（一九三〇年）十二月

號）

這些記述出自旅行雜誌，所以摘錄的全篇原文主旨是「前人普遍的觀念認為這些地方很危險，但是現在已無這種情形，可以安全旅行」。但是時不時能看到這些記述，從反面來說，也表示抱著這種偏見的讀者應該很多。

即使是個人旅行盛行的現代，國外旅行的新聞廣告上也看得到旅行團宣傳的文句「全程領隊同行最放心」。國內旅行的廣告很難看到類似的宣傳文，是因為國內旅行可通日語，治安也穩定，在當地溝通想法和確保安全等重點上，不像國外旅行那樣需要從旅行社保障「放心」。與現代相比，當時極度缺乏即時的當地資訊，尤其是外地旅行危險的印象已先入為主時，環境肯定有利於選擇團體旅行，不僅有精通當地旅遊環境的領隊同行，參加者間也會因為身處異地產生同舟共濟的心理。

無人聞問的橫跨西伯利亞鐵路之旅

這裡引用的《旅》月刊各篇報導中，那位英國人橫跨西伯利亞鐵路旅行記的記述「友人們異口同聲勸告經由西伯利亞鐵路的危險，建議我走歐洲海路」，暗示應有不少住在日本的外國人對經過朝鮮和滿洲，經由陸路前往歐洲的旅程充滿了治安上的疑懼，與宏偉的橫跨大陸鐵路旅行規模恰成對比。這位撰文者是英國人，不知道他的日本朋友是不是如此想，但是，日本旅客撰寫的旅行記中也透露著同樣的擔憂：

「世人皆把西伯利亞鐵路之旅視為一大險途，赴歐旅客絕大多數，甚至可以說全部都寧可選擇繞經印度洋的遙遠航程。但是這次來到滿洲里，我感覺那些憂慮實為小題大作。它的費用不但比印度洋航行便宜，天數上也差異不大，所以西伯利亞路線應符合所有人的希企，然而由於『北滿的危險』與『擔心西伯利亞』，所以過去半個月，一個日本旅客也沒有。我在旅客局尋求同伴，卻也一直沒有下文，最後咬牙決定獨自上路。家人好友全都勸我繞行印度洋或亞美利加，但是敝人無論如何必須在巴里（黎）工藝展開展前一個月到達，除了西伯利亞沒有其他方法。事實上，我連遺書都寫好了。」（伴野文三郎，〈西伯利亞鐵路之旅〉《旅行者》〔シベリア鉄道の旅，ツーリスト〕昭和九年〔一九三四年〕七月號）

在戰前，可以買到從東京站直通倫敦的火車票，這個說法，是在講述經由西伯利亞鐵路連結日本與歐洲的旅行史時，一定要談到的小插曲。實際上直通車票不是一張，而是分成幾個區間的二十幾頁車票合訂的迷你小冊子。在還沒有旅行航空路線的時代，用這本車票經由朝鮮和滿洲，走西伯利亞鐵路的歐亞連絡鐵路路徑，是連結日本與歐洲最短的路線。搭船的話，日本到法國馬賽港要四十天，到倫敦接近五十天，但走西伯利亞十五天就可達到，不到一半時間。這一點雖然具有優勢，但是卻沒什麼人上門。

船旅雖然花時間，但是搭乘日本船的話，直到歐洲下船之前，都可接受日語服務。船艙寬廣，可參加舞會或電影上映會，也有空間做輕度運動，適度動動身體。路途中也可以從容洗澡，這對日本旅客而言是相當大的優點。相對地，經由西伯利亞鐵路的話，在哈爾濱或莫斯

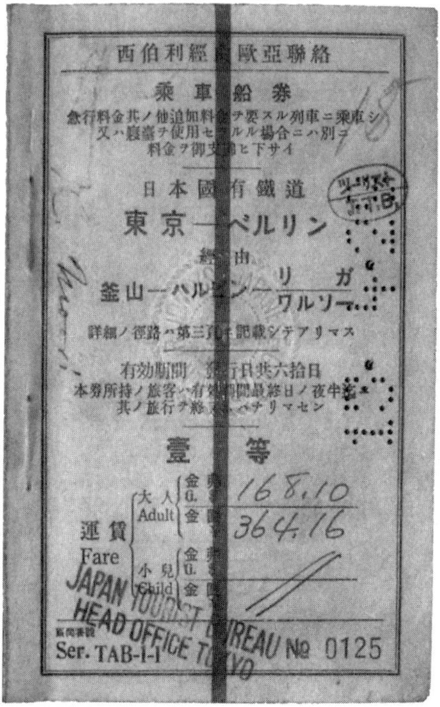

圖 9　昭和 4 年（1929 年）發行的東京發往柏林的一等乘車券（中村俊一朗收藏）。途經朝鮮半島、滿洲、西伯利亞鐵路，有效期間為發行日起 60 天。

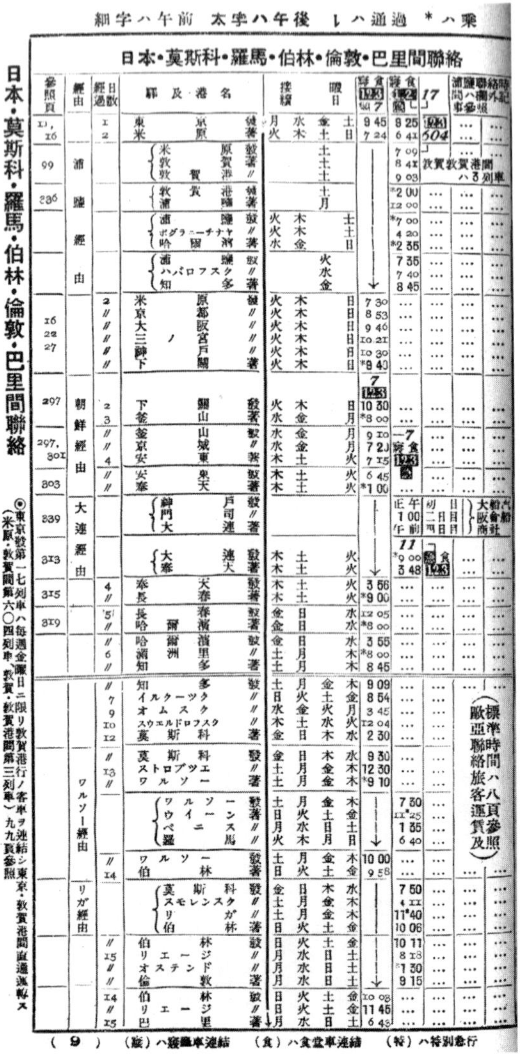

圖 10　日本到歐洲的鐵路與船隻聯絡時刻表（出自《鐵路時刻表》〔汽車時間表〕昭和 5 年〔1930 年〕10月號）。

科等處，都必須提著大包小包行李轉乘列車，而且通過國境時也要反覆接受出入國審查與通關程序，對討厭這種體驗的人十分困擾。而且，日本到歐洲的直通車票，在制度上雖然是正規車票，但可能使用者不多的關係，歐洲各國的鐵路員不認識這種票券，因而有懷疑持票者違法乘車的情事發生。這叢生的問題之一，就如此處介紹的旅行記所見，也包含了日本國內

表11　昭和3年中滿洲里站通過旅客數（出自《旅行者》昭和4年8月號）

	入俄部分	出俄部分	計
日本人	808	689	1,506
英國人	212	171	383
美國人	168	103	271
德國人	511	671	1,182
法國人	198	143	341
俄羅斯人	1,572	1417	2,989
中國人	2,785	3,512	6,297
其他	656	617	1,273
計	6,910	7,332	14,242

入俄部分：自滿洲里出境經鐵路入境蘇聯的旅客數。
出俄部分：自蘇聯出境經鐵路入境滿洲里的旅客數。

一般的認知，覺得滿洲和西伯利亞鐵路沿線，是個治安問題嚴重的危險地區。

本書第66頁引用的《旅行者》是Japan Tourist Bureau（現在公益財團法人日本交通公社，及JTB株式會社的前身）在大正二年（一九一三年）創刊的旅行雜誌，有刊登過發行單位Japan Tourist Bureau統計的資料。在昭和四年（一九二九年）八月號，〈西伯利亞鐵路旅行〉（西比利亜鉄道旅行）報導的正文後，刊載了「昭和三年中滿洲里站通過旅客數」一覽表（表11）。這是調查昭和三年（一九二八年）一整年，搭乘行走北滿洲的東支鐵路（舊東清鐵路）從滿洲到蘇聯，從陸路入境的旅客數（入俄人數），以及經

圖 12　滿蘇國境的滿洲里站。站名漢字與西里爾字母並列（出自《南滿洲鐵道株式會社三十年略史》，霞山會收藏）。

由西伯利亞鐵路從蘇聯入境滿洲的旅客數（出俄人數）。

滿洲里站現在仍是中國到俄羅斯路線上，中國側的國境車站。由於鐵軌的軌距不同，兩國的列車為了對開，會在俄羅斯側的國境車站交換底架。昭和三年當時，蘇聯握有中國側的東支鐵路的實質營運權，軌距也採和蘇聯同樣的寬軌（一五二〇公釐，中國側在昭和十二年〔一九三七年〕東支鐵路賣給滿洲國之後，進行將軌距更動為一四三五公釐的工程，一直使用到現在），所以不需經過底架交換，車廂也能通過。但是實際上在國境滿洲里站需要轉車，在轉車的時間為跨境旅客辦理出入境審查和通關手續。由於車站的邊境性質，所以 Japan Tourist Bureau 在車站之內開設了派出所，接受代理通關手續和小型行李託送、匯兌等服務。「昭和三年中滿洲里站通過旅客數」是由這間車站派出所人員調查一整年的數字。

根據這項統計，全年過境旅客合計為一萬四千二百四十二名（往蘇聯六千九百一十名，往滿洲七千三百三十二名），其中俄羅斯人與中國人約九千三百人，占約三分之二。日本籍過境者有一千五百〇六名（往蘇聯八百〇八名，往滿洲六百九十八名）。也就是說，經由鐵路從滿洲經過滿洲里國境，去搭乘西伯利亞鐵路的旅客，一個月只有五百七十六名，其中日本人有六十七名。

而且，占有三分之二的俄羅斯人和中國人，主要目的地並不是歐洲，大多會在西伯利亞鐵路中途站下車。因而，坐火車穿越滿洲里國境，走所謂歐亞連絡路線的旅客數，每個月應該比五百七十六名少很多。

另一方面，依據鐵道省編纂的《鐵路時刻表》昭和五年（一九三〇年）十月號，航行橫濱與馬賽、倫敦間的日本郵船旅客船，每一艘的乘客員額為二百五十名到三百名左右，按一個月兩班的程度，大約有五艘到七艘郵船運航（圖13）。每月兩班的出港頻率，從大正末年開始不曾改變，所以在昭和三年滿洲里站調查的時候，歐洲航線的郵船乘客數穩定，而且比較多。

從這諸多理由綜合的來看，往來日本與歐洲的日本旅客除非有急事，否則搭郵船會比走西伯利亞鐵路更受歡迎。

細字ハ午前　**太字ハ午後**

横濱・上海間（非）（日本郵船會社）

程	港名		月 日	月 日	月 日	月 日	月 日	月 日	月 日	月 日
	横濱發	午前	9.20	9.26	10. 2	10. 8	10.14	10.20	10.26	11. 1
07	名古屋 〃	午前	9.21	9.27	10. 3	10. 9	10.15	10.21	10 27	11. 2
87	大阪 〃	午前	9.23	↓	10. 5	10.11	↓	10.23	10.29	↓
50	神戸 〃	午前	↓	9.29	↓	↓	10.17	↓	↓	11. 5
90	門司 〃	午後	9.24	9.30	10. 6	10.12	10.18	10.24	11.30	11. 6
09	上海著	午後	9.26	10. 2	10. 8	10.14	10.20	10 26	11. 1	11. 8
	船名		筑波丸	六甲丸	阿蘇丸	筑波丸	六甲丸	阿蘇丸	筑波丸	六甲丸
	上海發	午前	9.29	10. 5	10.11	10.17	10.23	10.29	11. 4	11.10
24	名古屋著	午前	10. 3	↓	10.15	10.21	↓	11. 2	11. 8	↓
39	四日市 〃	午前	↓	10. 9	↓	↓	10.27	↓	↓	11.14
09	横濱 〃	午後	10. 4	10.10	10.16	10.22	10.28	11. 3	11. 9	11.15

等級	横濱	神戸、門司		（門司ノ運賃ハ337頁參照）
一等	7.00	名古屋 四日市		
三等B	2.70			
一等	30.00	26.00	長崎	
三等B	10.00	8.00		
一等	65.00	57.00	35.00	上海
三等B	24.00	23.00	16.00	

就航船名	總噸數	速度	定員 一等	定員 二等	定員 三等B
筑波丸	3,161	14	2	...	44
六甲丸	3,028	14	2	...	44
阿蘇丸	3,028	14	2	...	44

横濱上海線、歐洲線（日本郵船會社）

横濱・ロンドン間（非）（日本郵船會社）（歐洲線）

港名＼船名	箱根丸	諏訪丸	伏見丸
	月 日	月 日	月 日
横濱發	10. 6	10.20	11. 3
四日市 〃	10. 7	10.21	11. 4
大阪 〃	10. 8	10.22	11. 5
神戸 〃	10. 9	10.23	11. 6
門司 〃	10.11	10.25	11. 8
上海 〃	10.14	10.28	11.11
香港 〃	10.18	11. 1	11.15
シンガポール著	10.22	11. 6	11.20
シンガポール發	10.23	11. 7	11.21
ペナン 〃	10.25	11. 8	11.22
コロンボ 〃	10.29	11.13	11.27
アデン 〃	11. 5	11.20	12. 4
スエズ著	11. 9	11.24	12. 8
ポートサイド發	10.10	11.25	12. 9
ナポリ發	11.13	11.28	12.12
マルセイユ著	11.15	11.30	12.14
マルセイユ發	11.16	12. 1	12.15
ジブラルター著	11.18	12. 3	12.17
ロンドン 〃	11.22	12. 8	12.22

浬程	港名＼船名	伏見丸	筥崎丸	照國丸
		月 日	月 日	月 日
0	ロンドン發	8.15	8.29	9.11
1315	ジブラルター	8.19	9. 2	9.15
2019	マルセイユ著	8.21	9. 4	9.17
	マルセイユ發	8.22	9. 5	9.18
2467	ナポリ 〃	8.24	9. 7	9.20
3582	ポートサイド著	8.28	9.11	9.24
3672	スエズ發	8.29	9.12	9.25
7080	コロンボ著	9. 9	9.22	10. 4
	コロンボ發	9. 9	9.23	10. 5
8750	シンガポール著	9.14	9.27	10. 9
	シンガポール發	9.15	9.28	10.11
10190	香港著	9.20	10. 3	10.15
	香港發	9.20	10. 3	10.16
11020	上海著	9.23	10. 6	10.18
	上海發	9.24	10. 7	10.19
11810	神戸著	9.27	10. 9	10.21
	神戸發	9.30	10.13	10.25
12160	横濱著	10 1	10.14	10.26

就航船名	總噸數	速度	定員 一等	定員 二等	定員 特三等並三等
照國丸	一一、八〇〇	一七・〇浬	一二一	六八	六〇
諏訪丸	[illegible]	一五・〇浬	[illegible]	[illegible]	[illegible]
伏見丸	[illegible]	一五・〇浬	[illegible]	[illegible]	[illegible]
箱根丸	[illegible]	一五・〇浬	一二六	[illegible]	[illegible]
榛名丸	[illegible]	一五・〇浬	一二六	[illegible]	[illegible]
筥崎丸	[illegible]	一五・〇浬	一二六	[illegible]	[illegible]
白山丸	[illegible]	一五・〇浬	一二六	[illegible]	[illegible]

シンガポール	ペナン	コロンボ	アデン	スエズ ポートサイド	ナポリ	マルセイユ	ジブラルタル	ロンドン	等級
磅 志	磅 志	磅 志	磅 志	磅 志	磅 志	磅 志	磅 志	磅 志	
24.00	26.00	44.00	56.00	88.00	100.00	105.00	107.00	110.00	一等A
23.00	25.00	42.00	54.00	85.00	97.00	102.00	104.00	107.00	一等B
21.10	23.10	39.10	50.10	80.00	92.00	97.00	99.00	102.00	一等C
17.00	19.00	27.15	44.15	66.00	69.00	70.00	71.00	72.00	二等A
16.00	18.00	26.00	42.00	62.00	65.00	66.00	67.00	68.00	二等B
15.00	17.00	24.15	40.00	59.00	62.00	63.00	64.00	65.00	二等C
9.00	10.00	17.00	23.00	36.00	39.00	39.00	41.00	42.00	三等A
7.00	7.15	13.00	17.05	27.15	30.00	30.00	30.05	32.10	三等B
6.05	7.00	12.00	15.15	25.05	27.05	27.05	27.10	29.10	普通三等
23.00	25.00	43.00	55.10	88.00	100.00	105.00	107.00	110.00	一等A
22.00	24.00	41.00	53.10	85.00	97.00	102.00	104.00	107.00	一等B
20.15	22.10	38.15	50.00	80.00	92.00	97.00	99.00	102.00	一等C
16.00	18.10	27.05	44.10	66.00	69.00	70.00	71.00	72.00	二等A
15.00	17.10	25.10	41.15	62.00	65.00	66.00	67.00	68.00	二等B
14.00	16.10	24.05	39.15	59.00	62.00	63.00	64.00	65.00	二等C
9.00	10.00	17.00	23.00	36.00	39.00	39.00	41.00	42.00	三等A
7.00	7.10	13.00	17.05	27.15	30.00	30.00	30.05	32.10	三等B
6.05	7.00	12.00	15.15	25.05	27.05	27.05	27.10	29.10	普通三等

就航船名	總噸數	速度	定員 一等	定員 三等	定員 特三等	定員 並三等
賀茂丸	七、九五五	一五・〇浬	八四	六八	一〇	一六三
龜島丸	九、九〇八	一五・〇浬	一二六	五六	一五	一六五
香取丸	九、八四九	一五・〇浬	一二〇	五三	三〇	一六四
靖國丸	一一、八〇〇	一七・〇浬	一二一	六八	六〇	...

圖 13　橫濱—倫敦間的歐洲航路時刻表（出自《鐵路時刻表》昭和 5 年 10 月號）。

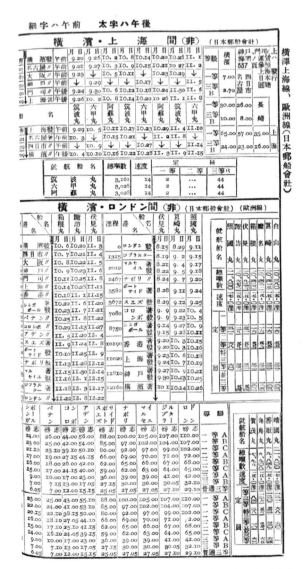

不同於今日的亞洲旅行環境

從標準行程的比較來看外地旅行費用

如同前述，外地團體旅行與單純日本內地團體旅行相比，鐵路等搭乘票價優惠率高。所以如果要去外地，參加團體旅行最經濟實惠。

如果有人膽敢以個人身分獨自旅行，他們一定在經濟上屬於某種程度的富裕階層，並不是當時國民中的多數派。不像戰後中產階級大增，甚至出現「一億總中流」[6]這個新名詞，

6 譯註：一九七〇年代，日本高度成長期末期人口突破一億人，國民大多數都抱持自己屬於中產階級的意識，「中流」是內含多種階級、階層的概念。

戰前的日本表面上雖然號稱「四民平等」，但是其實在那個時代，是依照納稅額、保有財產、祖先功勳之有無等，將國民分成不同階層。戰前的身上書等都有填入「身分」一欄，[7]在我老家現在還留著祖父生前的文件，上面寫著「平民」。這欄可以填寫「華族」的人，享受有關保有財產的特權。進而，鄉下的農村有很多如同「阿信」的貧窮小農，慢性承受貧困煎熬。相對地，舉例來說，第一次世界大戰爆發的大正時代，都市一帶誕生了大量靠著軍需景氣而致富的「成金」族。這些人在大正八年（一九一九年）之時，個人也買得起定價五日圓，現代相當於兩萬日圓以上，像《朝鮮滿洲支那導覽》的高額旅遊手冊。

圖 14　昭和 13 年版《旅程與費用概算》封面。

只是，若說戰前前往東亞方面的享樂旅行，是否是極少數特權階級人士的特殊嗜好，倒也不盡然。我們從當時旅遊手冊中刊載的各地標準行程費用來比較，就可見端倪。

本書第33頁介紹的《旅程與費用概算》旅遊手冊，大正八年首次出版，此後到昭和十五年（一九四〇年）的二十年間，每年都會修訂改版，算是戰前旅遊手冊的長銷書。書名雖然很像公務用的指導手冊，感覺不到絲毫旅行的浪漫，但是書末刊登了許多飯店和旅行社等迎合個人的廣告。

創刊時，只是約百頁左右的小冊子，沒有觀光地的介紹，只羅列了標準行程與該行程旅行必要的費用。但隨著資訊量漸漸增加，內容充實之下，頁數也跟著增加。最後一次發行的昭和十五年版，正文已超過一千頁。

定價方面，大正九年（一九二〇年）版為三十錢，後來頁數增加，價格也逐漸起漲，昭和五年（一九三〇年）版一圓二十錢，昭和十年（一九三五年）版一圓六十錢，而最後的昭和十五年版到達二圓五十錢。戰前的岩波文庫大約每增加百頁，價格就會提高二十錢。兩百頁前後的話是四十錢，假設有同樣頁數的岩波文庫書，一冊也要超過兩日圓。同時期鐵道省編纂的《時間表》賣價約二十錢到五十錢，由此來看，比現代的旅遊手冊還貴。但是比起前

7 譯註：身上書為記載家世背景、經歷的文件。

述大正八年定價五日圓的《朝鮮滿洲支那導覽》，還是便宜很多。

而且，內容不僅止於外地，也網羅了日本列島各個觀光景點，所以只要不是去歐美或東南亞一帶，不論去任何地方，一本萬事足。不只詳細列出住宿設施的住宿費、電話號碼、當天往返的溫泉泡湯費、名勝古蹟的門票，以及寺社佛院的參拜費等實用資訊，也插入多幅照片和地圖，所以，不只不是毫無情趣的公務用手冊，而是個人旅客在旅行中可攜帶實用，在視覺上也值得欣賞的書。

這本《旅程與費用概算》一如其名，刊載了所羅列主要旅行地點的標準行程與費用概算。因此，若是用它比較日本內地旅行目的地和外地標準行程的費用概算，即使我們現代人也能很快理解，當時外地旅行所需的金額大概多貴或多便宜。

表15是昭和六年（一九三一年）版與昭和十三年（一九三八年）版刊載的外地標準行程與費用一覽表，另外摘選部分日本內地標準行程作為比較。費用包含鐵路及船隻資費、搭乘快車、臥鋪時的特別費用、各地住宿費、餐費和名勝古蹟參觀費，所以可以說確實是各趟旅行所有需要之費用概算。

看看昭和六年版，在東京觀光、伊勢參拜、雲仙遊覽等日本內地的八十七條路線後，又刊出七種外地標準行程。這七條路線全部都是東京往返計畫。目的地細項，北海道與樺太遊

表15　昭和6年版與13年版《旅程與費用概算》中標準路線與旅費樣板的比較。

路線名	旅行天數	二等費用	三等費用	主要路線（原則上搭火車。「～」為搭船，……為徒步。）
昭和6年版				
大和名勝之旅	8天7夜	90圓63錢	50圓91錢	東京↓京都↓奈良↓高野山↓和歌山↓大阪↓東京
瀨戶內海名勝之旅	10天9夜	118圓88錢	69圓24錢	東京↓神戶～高松～小豆島～多度津↓琴平↓松山～別府～宮島↓東京
別府、耶馬溪、雲仙、阿蘇迴遊	13天12夜	186圓94錢	137圓90錢	東京↓大阪～別府↓宇佐・耶馬溪↓久留米↓博多↓唐津↓長崎～雲仙↓島原～三角↓熊本↓阿蘇↓豐後竹田↓別府～大阪↓東京
東京—北海道—樺太遊覽	13天12夜	190圓98錢	101圓32錢	上野↓青森～函館↓小樽↓定山溪溫泉↓札幌↓稚內～大泊↓豐原・榮濱↓真岡↓豐原↓大泊～稚內↓登別溫泉↓室蘭～青森↓上野
臺灣旅行	20天19夜	251圓00錢	143圓34錢	東京↓神戶～基隆↓臺北↓臺中↓霧社・日月潭↓嘉義↓阿里山↓臺南↓高雄↓臺北・北投溫泉↓基隆～神戶↓東京
東京朝鮮往返	11天10夜	168圓95錢	90圓60錢（學生78圓32錢）	東京↓下關～釜山↓京城・仁川↓平壤↓安東（鴨綠江）↓大邱↓釜山～下關↓東京

昭和6年版	朝鮮金剛山探勝	12天11夜	152圓94錢	95圓83錢	東京→下關~釜山→京城→內金剛……海金剛→溫井里・萬物相→安邊→京城→釜山~下關→東京
	滿鮮周遊	14天13夜	208圓08錢	119圓27錢（學生94圓93錢）	東京→神戶~大連・旅順→撫順→奉天→平壤→京城→釜山~下關→東京
	青島及鮮滿	21天20夜	437圓76錢	248圓22錢（學生184圓22錢）	東京→下關~門司~青島~大連・旅順→撫順→奉天→長春→哈爾濱→奉天→平壤→京城→釜山・東萊溫泉~下關→東京
	支那周遊	21天20夜	（1等）547圓22錢 （2等）402圓71錢 （3等費用未記載）		東京→下關~釜山→京城→奉天→天津→北平（北京）→漢口~上海・杭州~神戶→東京
昭和13年版	大和名勝之旅	8天7夜	90圓41錢	52圓86錢	（與昭和6年版相同）
	瀨戶內海名勝之旅	10天9夜	118圓	70圓	（與昭和6年版相同）
	別府、耶馬溪、雲仙、阿蘇迴遊	13天12夜	146圓30錢	94圓40錢	東京→大阪~別府→宇佐・耶馬溪→久留米→博多→唐津→武雄溫泉→長崎→雲仙→島原~三角→熊本→阿蘇→別府→門司~下關→宮島→東京

昭和13年版				
東京—北海道—樺太遊覽	14天13夜	183圓	107圓30錢	上野→青森～函館→小樽→定山溪溫泉→札幌→稚內～大泊→豐原・榮濱→真岡→久春內→泊居→豐原→大泊～稚內→登別溫泉→室蘭～青森→上野
臺灣遊覽旅行	22天21夜	291圓	187圓	東京→神戶～基隆→臺北→臺中→霧社・日月潭→嘉義→阿里山→臺南→高雄→臺北→花蓮→太魯閣→礁溪溫泉→臺北・北投溫泉→基隆～神戶→東京
東京朝鮮往返	10天9夜	169圓99錢	90圓57錢	東京→下關～釜山→京城・仁川→平壤→安東（鴨綠江）→大邱→慶州→釜山～下關→東京
朝鮮金剛山探勝	10天9夜	139圓82錢	81圓41錢	（與昭和6年版相同）
鮮滿周遊旅程案B	15天14夜	229圓58錢	134圓46錢（學生103圓94錢）	東京→神戶～大連・旅順→奉天・撫順→新京→平壤→京城→釜山～下關→東京
內鮮滿周遊券第6號乙路線	20天19夜	351圓68錢	198圓30錢（學生149圓24錢）	東京→敦賀～清津→哈爾濱→北安→齊齊哈爾→四平街→新京→奉天・撫順→湯崗子溫泉→大連・旅順～神戶→東京

覽行、臺灣周遊行各一種，朝鮮行兩種、朝鮮與滿洲，或是搭配萬里長城以南的中華民國之大陸周遊行有三種。那個時代沒有飛機，所以東京往返計畫花在往返行程的日數必定會增加，因此每一種旅行日程都很長。

費用方面，原則上分成二等與三等來計算，有些路線也附註學生票的費用。

在此事先說明一下戰前鐵路的等級與票價。一等車為極少數特別的急行班車才會連結的車廂；當時的二等車相當於現在JR集團的綠色車廂，三等車相當於普通車。也許可以說一等車相當於現在自平成二十三年（二〇一一年）開始連結東北新幹線等的特等車廂吧。原則上，二等票價是三等的兩倍，一等票價是三等的三倍。票價之外另外計算的特急、急行費，一等與三等也有兩倍以上的差距。這種票價體系，在朝鮮、滿洲等外地，只要是日本經營的鐵路，基本上都是一樣的。

現在的綠色車廂，只要支付普通票價加上一定金額的綠車費就能搭乘，不論是普通車還是綠色車廂，特急費或急行費的金額相同。所以，當時的平民搭火車旅行時，一般會選擇三等，搭乘特急或急行二等車的話，比現在搭綠色車廂是更為奢侈的行為，社會地位或經濟能力不到某種程度以上是坐不起的。甚至海軍士官有個規定，「為保持身為士官的顏面」之理由，著軍服時（當然是自費）必須乘坐二等以上的車廂。

依據這一點來看昭和六年版各行程的費用，舉例來說，京都、奈良經高野山到和歌山的「大和名勝之旅」，為東京往返八天行，二等九十圓六十三錢，三等五十圓九十一錢。經屋島、金刀比羅宮、道後溫泉，坐船到九州的別府，最後還延伸到嚴島神社才回京的「瀨戶內海名勝之旅」，是東京往返十天行，二等一百一十八圓八十八錢，三等六十九圓二十四錢。周遊別府、耶馬溪、雲仙、阿蘇的東京往返十三天行，二等一百八十六圓九十四錢、三等一百三十七圓九十錢（該書刊載的二等與三等費用相反，應該是誤植）。

這些二等行程，與東京經北海道到樺太十三天遊覽行程的二等費用，幾乎沒什麼差別。朝鮮往返與金剛山探勝之旅，反而比九州之旅便宜。臺灣旅行路線雖然是二十天的長期行程，但如果選三等的話，總額和十三天的九州之旅沒有太大差別。平均一天的費用反而比較便宜。行程拉到滿洲，日數擴增，金額也增加，但是學生折扣比日本內地充實，學生優惠的三等費用性價比相當高。

大學畢業銀行員的起薪，按昭和初期約為七十日圓程度來推演，和本書第52頁一樣，換算成現代的大學畢業銀行員起薪為二十萬日圓的話，十一天朝鮮往返的三等價格為二十六萬日圓的程度，三等的朝鮮與滿洲兩星期周遊約為三十四萬圓程度嗎？如果現在的上班族利用容易休假的盂蘭盆節、新年假期的一星期到十天左右，在旅行社尋找日本到美國或歐洲的自由行行程，雖然依航空公司或飯店等級有別，但大致上支出跟上述的金額差不多吧？也就是說，當時去外地旅行需要的費用，就金錢價值來說，與現代日本人到歐美的國外旅行差異不大。

而且，這個費用概算終究是以個人旅行為前提，若是團體旅行的話，鐵路票價的折扣比較高，應該會比這裡列舉的概算金額更便宜一點。

例如：昭和十三年版也刊登了與表15中列出「鮮滿周遊旅程案B」不同的「鮮滿周遊旅程案A」的標準行程（圖16）。這個行程從下關搭關釜連絡船到朝鮮，在釜山、京城（今首爾）、平壤觀光，進入滿洲，從奉天北上哈爾濱，回程再從旅順、大連搭船回到門司，共十六日十五夜。若從東京或大阪加入這個行程的話，必須另外加上到下關或門司的往返鐵路票價和相應的天數。東京往返的話，搭普通列車三等往返下關，需要另付二十圓十錢（學生優惠八折）的資費。

這項費用概算，「單人」二等二百〇五日圓，三等一百二十八日圓，三等學生八十九日圓。但旁邊也附記了「團體（二〇人以上時每人）」時的金額。二百〇五日圓的二等降為一百六十六日圓，三等從一百二十八日圓降為九十九日圓，而且學生選三等的話，還能降到六十九日圓。學生團體雖然同樣三等，但旅費總額卻接近個人旅行的半價，這不只是外地鐵路

滿洲（鮮滿周遊旅程案A）

鮮滿周遊旅程案A

日次	コース	宿泊	觀光箇所
1	下關 夜發	船中	快速を誇る三千六百噸の連絡船が靜かにすべりだす。關門兩都市の美しい夜景に見惚れつゝ夢路に入れば、音に聞こえた玄海もいつの間にやら……。明くれば早や釜山港である。所要七時間半。
2	釜山 朝着 朝發（京釜沿線）京城 午後着	京城	白衣の人が目立つも珍らしい。機關には京城の特急「あかつき」が待つてゐる。こゝは要塞地帶で寫眞やスケッチは出來ない。 廣軌の汽車の乘心地は良い。八時四十四分に南鮮第二の都會大邱に着く。汽車は洛東江岸を走る。毎年陰曆十二月に開かれる藥令大市は有名なものである。新羅一千年の文化の址を尋ねて、慶州を訪れるには、こゝから輕便を利用すれば二時間餘りで行くことが出來る。沿線の風景は全く南畫そのまゝである。グリーンの毛氈を敷詰めたやうな圓い小山、小川の畔り、柳の下には牛がゆつくりと休んでゐて、鵲がその背で遊んでゐる。汽車はどん〳〵走り、お晝も漸くすんだと思ふ頃はや半島の首都京城に着く。 京城の夜景はなか〳〵美しい。銀座本町通りの夜景は京城名物の一つ。
3	京城市中見物 夜發	車中	商工獎勵館（朝鮮の物產陳列） 南大門（崇禮門と稱し、京城八城門の隨一、南山公園にあり） 朝鮮神宮（半島の守護神、南山公園にあり） 昌慶苑（苑内に李王家動植物園、博物館あり、一般に公開す） 景福宮（文祿の役、加藤・小西兩軍の入城に先つて亂民のため灰燼に歸したるを大院君が一世の民力を竭して再建したるもの） 李王家美術品製作所（朝鮮意匠の美しい金銀玉石の細工品を販賣する） 總督府（景福宮内に在り） 博文寺（獎忠壇にある伊藤博文公の菩提寺） 廣軌の汽車の眠心地は赤別段、醒れば北鮮第一の都會平壤に着く。
4	平壤 朝着 夜發		大同門（文祿の役小西行長の軍が敵の重圍に陷り奮戰せし所） 練光亭（大同江の斷崖に建ち、明鏡の如き碧流に望み、秀麗恰も畫中にあるが如し、四百年前の建築） 乙密臺（約六百年を經たる國寶建造物、大同江に望み眺望絶佳） 牡丹臺（日清戰役の激戰地で有名） 妓生學校（平壤は古來官妓の產地、今はかうした機關で歌謠・舞踊・書畫等を敎へる）

各地名物と土產

滿鐵線

○大連

支那玩具（人形、面、其他各種）・文房具（筆、墨、紙）・反物（絹紬、緞子）・茶・菜麵・甘栗・菓子（ロシヤ飴、高粱おこし、同しるこ）、寶石（翡翠、ダイヤ、ルビー、サファイヤ等々）・洋酒（ウヰスキー、ブランデー、葡萄酒等々）・硝子陶磁器（カットグラス器、花瓶類）、煙草（葉卷、刻、キリアジ、ウエストミンスター、スリー・キャッスル等々）・寫眞機・望遠鏡・麻雀。

○旅順

鶉粕漬（冬の間だけ）・菓子（戰跡煎餅・忠勇あられ・高粱おこし・高粱しるこ）・繪葉書・記念火箸。

○金州

果實（林檎、梨、桃、櫻桃、葡萄）・漬物（蘿蔔、辛子漬、粕漬）・蛤。

○普蘭店

林檎・葡萄。

○瓦房店

林檎・梨・苺。

○得利寺

林檎・蘇。

○熊岳城

林檎・紅梨・繪葉書。

九五六

圖16　昭和13年版《旅程與費用概算》中介紹的標準路線「鮮滿周遊旅程案A」的最前頭。次頁之後是在滿洲的行程表。

或搭船的團體折扣率高，也因為住宿費也有團體學生優惠，是成人個人住宿費的半價上下（而且原本是一泊二食，改成附三餐）。

這麼看來，選擇三等或團體旅行的話，遠離日本列島，到朝鮮、滿洲、臺灣等亞洲近鄰遊玩旅行，對住在都市地區中產階層以上的日本人，在經濟上是十分可能的。打造學生可利用長假，方便廉價旅行的環境，與現代學生背包客利用學生優惠，住青年旅館節省費用到海外旅行的狀況，頗有相似之處。尤其是住在前往大陸、朝鮮的大門——北九州或中國地方的居民，與其到東京等東日本的名勝古蹟觀光，搭船到釜山、大連、上海，不但時間短，旅費也少，是很親近的旅行地。姑且不論社會人能不能請到長假，但是我們可以說，對戰前的日本人而言，去外地旅行並不只是需要極高額費用、只有特權階級才能從事的遊樂行為吧。

中國旅行不需要護照

國外旅行不可缺少的實用資訊，與費用同樣重要的，還有護照和簽證問題。一個人不論多有錢，卻也並不是有鈔票就能無往不利，這是國外旅行與國內旅行不同的最大特點。

戰前的國外旅遊手冊幾乎都沒有記載實用資訊，但是大正八年（一九一九年）發行的《朝鮮滿洲支那導覽》有著〈旅客須知事項〉的實用資訊欄，已經在本書第52頁提到過。其中第一項「旅券」，也就是關於護照的資訊：

「於支那開港場域之內可自由旅行、居住、企業等，但若離開該地域，欲前往內地旅行時，則需要帝國領事發行之支那官憲背書的旅行券。該旅行券持有者得在商用或遊覽之規定期限內，於券面記載之地方自由旅行。」

這裡所說的「支那開港場域」是上海等地的租界，指的是十九世紀後期到二十世紀前期，存在於中國各地港口地區的治外法權外國人居留地。上海租界所在的地區，現在稱為「外灘」，成為知名的觀光景點。而前述一文的意思，就是指在這個區域內，即使日本人沒有護照也能在支那，即中華民國國內自由的旅行（不只是短暫的旅行，也可以自由居住和進行商業活動）。

離開租界，到中國大陸的「內地」旅行時，就必須提出護照，這種特殊的例子，在該書介紹「海防雲南間（滇越鐵路）」地區的頁面可以看到。海防是當時法屬印度支那（今越南）的港口都市，從那裡經河內、老開到雲南省的滇越鐵路，其旅行資訊下開了「旅行券」的項目，如此說明：

「雲南省內的旅行必須持有旅行券，旅客當事先於三十六小時前，透過海防或河內站長，向在老開佛國領事，辦理旅券配發手續。又若有攜帶槍械之必要時，需附上六元手續費，按前述手續申請許可證。」

滇越鐵路是國際路線，以海防為起點，經過越南西北部國境都市老開，直達中華民國領土內雲南省的雲南（今稱昆明），全長八百五十五公里。因此軌距不採用中國大陸一般使用的國際標準軌（一四三五公釐），而是採用與法國在越南國內建設的鐵道相同的米軌（軌距一公尺）。河內和海防的國際列車可以直通運轉，相對地，列車與中國國內其他鐵道的車無法交互行駛，這點與滿洲北部的東清鐵路與蘇聯同樣是寬軌，無法與國際標準軌的滿鐵或其他中國國內路線交互行駛的狀況相似。

離開治外法權的租界，到內陸去旅行的外國人有攜帶護照的義務，這個規定本身並沒有奇怪之處，但雲南省狀況特殊在於「透過海防或河內站長，向在老開佛國領事，辦理旅券配發手續」這一點。第一頁的〈旅客須知事項〉中已記載了「（日本人）需要帝國領事發行之支那官憲背書的旅行券」的原則，然而，在雲南省，卻還要經過海防或河內的鐵路站長，向國境都市老開的法國（佛國）領事申請雲南省旅行用之「旅券」。這種「旅券」用現在的話來說，應該不是護照，而是簽證吧。不管是哪一種，這項旅行資訊讓人強烈推測雲南省事實上等同於法國的殖民地。

話雖如此，書中介紹進入該地的方法，只有從越南走滇越鐵路。當時的雲南省地處偏遠，對中國國內北京、上海等接近沿岸的主要都市而言，幾乎相當於外國。從「若有攜帶槍械之必要時」這句話，看得出離開都市地帶的區域，中央政府在治安上鞭長莫及的實情。

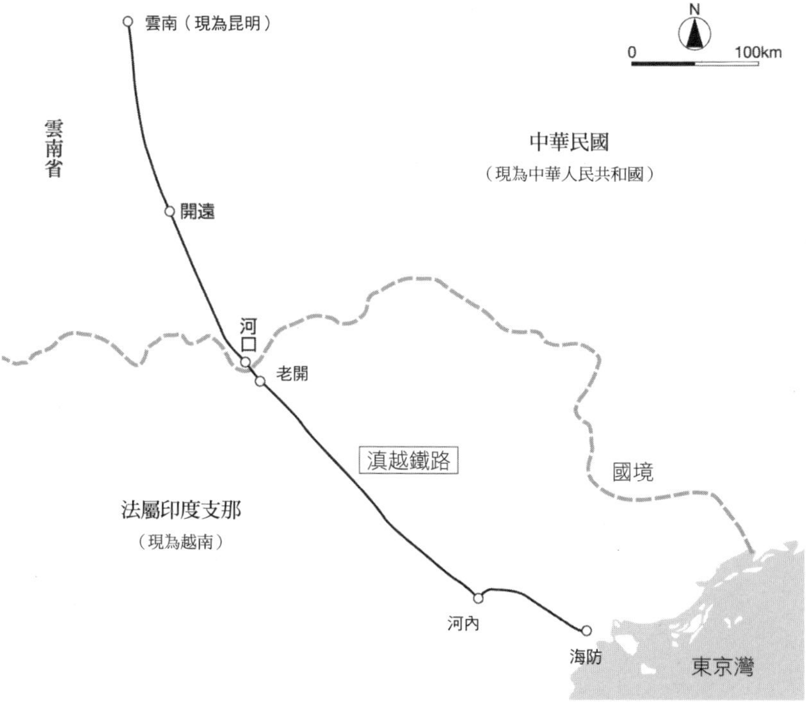

圖 17　滇越鐵路路線圖。

翻開該書「雲南」那頁，敘述它是雲南省的中心，人口約有十萬人，但從交通面來看，毋寧說它位在法國統治的越南延長線上，甚至說日本旅客對這個地區也是如此認知也不為過。

而且除此之外，這本書裡沒有與旅券相關的記述。一如書名《朝鮮滿洲支那導覽》，這本書是朝鮮、滿洲、中國的旅遊手冊。在支那篇之外沒有記載旅券相關的資訊，表示除了中國，在朝鮮和滿洲，日本國民不用護照也能自由旅行，不需刻意向讀者說明也無妨。

同樣的記述也出現在實用資訊滿載的《旅程與費用概算》中。以下是昭和七年（一九三二年）修訂增補版（昭和八年〔一九三三年〕發行）從〈鮮．滿．中國旅行〉的頁面，獨立出來的項目「關於旅行券」正文。「旅行券」三個字感覺像是旅行用的優惠卡，但這裡意指護照：

「各種日中連絡券持有範圍內的旅行，以及中國開放港口區內，可自由旅行，但是這些地區之外，所謂北支那方面的內地旅行時，持有帝國領事發行，中國官憲背書之旅行券者，得在商用或遊覽的目的下，在規定期限內，於券面記載之各地自由旅行。」

文首「各種日中連絡券持有範圍內的旅行」一節，是大正八年《朝鮮滿洲支那導覽》中沒有的資訊。下面的句子雖然表現方式有別，但資訊內容不變。「各種日中連絡券」是指內地、朝鮮、臺灣、樺太等日本領土，或者日本權益鐵路——滿鐵的各站，連結中華民國內指定地點之間的直達鐵路車票，以及周遊這些地區之旅客利用的自由票等周遊券（細節參照本書第116頁以下內容）。持有那些國際連絡乘車券，在中華民國領土內搭乘鐵路的話，與在租界內一樣不需要護照。

這項護照資訊隨著年月不斷變更。該書昭和十年（一九三五年）版裡變成下述的內容：

「朝鮮各地及滿鐵、滿洲國內各鐵路沿線，當然還有日中周遊路線的中國鐵路沿線及開港地點等的視察旅行，不需要旅券。但是在前述之外的中國內地旅行時，最好經帝國領事館，取得中國官憲發予旅客的一種稱為『護照』的旅行證明為宜，以便保護自身（加上二銀元的收入印花，向領事館申請發給的話，大約二至三日、最長一星期內，即可取得護照）。

另，日滿周遊行程，即從內地到浦鹽[8]──波格拉尼其那亞（Pogranichny）──哈爾濱──南滿洲──內地，或是走相反行程的旅客，必須從府縣廳取得正式外國旅行證明（並且獲得蘇聯領事館的背書），攜之同行。」

句首的「朝鮮各地及滿鐵、滿洲國內各鐵路沿線」明快解釋「不需要旅券」這一點，比昭和七年修訂增補版的內容更新。朝鮮當時是日本領土，所以當然不需要，但是滿洲國在檯面上屬於別的國家，其國內的滿鐵和其他鐵路沿線也不需要護照。

同時，後段的「另」之下，更詳細的解釋了搭乘從海參威（浦鹽）直達哈爾濱方面的舊東清鐵路（當時為北滿鐵路）時，縣廳等會發予「外國旅行證明」，另外還需要蘇聯領事館的背書，也就是蘇聯入境簽證。前一段中，關於最好取得「中國官憲」發給的文件方面，昭和七年修訂增補版寫的是「中國官憲背書的旅行券」，到了昭和十年版直稱為「護照」。「護照」現在在中文中就是「passport」的意思，但這裡指的是日本人透過日本領事館，從中國官憲取得的文件。

滿洲國與中華民國雖然確實不屬於日本，但從日本搭船前往卻不需要護照。其原因有一部分是明治到大正時代，對於遠赴國外攜帶護照的重要性，民眾認知不像現代這麼廣泛──

甚至今天會有人說「國外旅行，護照的重要僅次於生命」。外務省官網內的「外交史料Q&A」專欄，就當時中國旅行不攜帶護照的案例進行解釋：「一八七八年（明治十一年）訂定的『海外旅券規則』中，並沒有免除攜帶旅券的正式規定。但是，到了明治時代後期，日本前往中國的人快速增加，旅券發給業務來不及處理，所以出發到中國時，有很多沒有攜帶旅券的例子。」

護照發派作業來不及的話，現代日本人就會放棄出國了吧。但是當時的日本人卻正相反，心想：「既然如此，那就不要護照了吧」，然後沒有任何證件，就這麼渡海到中國去了。事實上，不帶護照就能出國的環境，也增強了人們的這種觀念。

大正五年（一九一六年）大阪商船發行的非賣品《航線導覽》（航路案內）小冊子中，可看到為這種環境佐證的記述。在「船票購入及折扣」的項目下，有一節寫道：

「關於船票購買方面，並不需要特別手續，唯獨渡航到支那以外的外國時，必須出示旅行券。此旅行券若前往美國、加奈陀或露國等，需先取得目的國駐本國領

8 譯註：即海參崴。

事之背書證明。若無此券不只不得賣出船票，到目的地時也會被拒絕登陸。」

這裡提到去中國以外的國家時，購買船票時需要護照。赴美國、加拿大、俄羅斯等地時，必須事先在駐日領事館取得入境查證，否則不得販賣乘船券。反過來說，這就表示「渡航到支那」購買船票之際，並非「必須」出示護照，即使沒有出示申請簽證的護照，也可以販賣船票，到中國大陸也不會被拒絕登陸。這是經營赴中國本土旅客航線的船公司，自己發布的購買船票資訊指南。從沒有護照號碼就無法完成國際線搭乘手續的現代，根本難以想像。

中國方面的這種出入境管理，可以看出是延續自清朝時代，畢竟當時對護照這種具國際通用性文件的認識十分淺薄。明治四十四年（一九一一年）朝鮮與滿洲之間的鴨綠江鐵路橋興建完成，可以通行直達列車時，日本與清朝簽訂了「有關國境列車直通運轉的日清協定」，清國民之外人士意欲不攜帶護照通過國境的狀況，可能為了區分前一年日韓合併下成為日本國民的朝鮮人與清國人，特別就居住範圍在朝鮮與清國之間的朝鮮人規定。若未居住在清國國內者，不允許不攜帶護照搭乘列車經陸路越境。但是對原本即為日本國民的日本人、已受日本統治的臺灣籍人士、同在統治下的南樺太少數民族等朝鮮人之外的日本國民，並沒有同樣的條文規定。

大正六年（一九一七年），大阪商船發行《航線導覽》的第二年，中華民國政府發布，入境的外國人有義務攜帶護照之通牒。總之，這本《航線導覽》的發行時間點，中華民國政府本身並沒有要求入境外國人有義務攜帶護照。

而且，中日兩國之間就中華民國的攜帶護照義務化措施來進行斡旋的結果，正式認可進入中華民國時，不需要攜帶護照。到了大正七年（一九一八年），日本方也發布中國人入境日本時不需要攜帶護照的公文（「外國人入境本邦規則除外之相關交換公文」），中日雙方互相承認免除護照。

之後，當時中華民國轄下的滿洲於昭和七年獨立，成立滿洲國。基本上滿洲國完整延續中華民國於滿洲與日本之間的諸項關係。所以，日本人前往滿洲國時，也和隸屬中華民國時代一樣，不需要護照。

進而，到了《旅程與費用概算》的昭和十三年（一九三八年）版，〈滿．鮮．中國旅行〉頁面，已經沒有昭和七年修訂增補版和昭和十年版「關於旅行券」等有關護照的記述。相對地，增加了「關於旅行證明」的項目。內容為「現在於北支方面旅行時，須提出『北支旅行身分證明書』，欲移居者，須提出『北支移住身分證明書』。有關這項證明書，應向所轄警察官吏派出所取得『居住證明書』」。北支，也就是與滿洲國毗鄰的中華民國北部，這段文字是前往此地旅行時的手續資訊。到中華民國旅行一如慣例不需要護照，但滿洲國與中華民國同樣是外國，書上對滿洲國旅行不需要護照卻隻字未提，難道日本人不用護照就能進滿洲國的事實，已經理所當然到旅行資訊也不必提及的地步了嗎。

滿洲國這個國家的國籍概念並未明確認定的狀況，也許是旅客出入滿洲國手續資訊含糊不清的遠因之一。這是因為滿洲國到昭和二十年（一九四五年）滅亡為止，都沒有制定國籍法。也就是這個國家從法律上無法明確回答「什麼人算是滿洲國民」這個問題。不僅是戰前到滿洲開拓地殖民的日本人，連滿洲國政府雇用、成為該國公務員的日本人，應該沒有一位從日本國籍轉變為滿洲國籍。

日本的國籍法不論今昔都不承認雙重國籍，所以，如果日本人取得了滿洲國國籍，就等於自動放棄日本國籍了。若是告知：「如果你移居滿洲國，為了在當地落地生根，建議你辦理取得滿洲國國籍的手續。但是，取得滿洲國籍之後，便會失去日本國籍」等，只是別說是熟知國籍概念的官僚，就算是不太清楚的一般民眾，恐怕都很難直率地想要取得滿洲國籍。當時的日本人想像滿洲的新生活，終究也都希望能維持日本國民的立場，在滿洲過著與日本內地相同的生活，應該無法想像對自己而言，日本變成外國的狀態。如果真是那樣，我想恐怕沒什麼日本人想要移居到滿洲去吧。

滿洲國籍與日本國籍的區別模糊，也就意味著原本就很難區別入境滿洲國的日本人與滿洲國的居民。因此，可以說不管是中華民國時代，還是滿洲國成立後的滿洲，日本人不需要護照就能旅行，成了理所當然的狀況。

日本國內的跨境手續

無護照可旅行的範圍不只是臺灣和朝鮮，還包含外國的中國大陸全體的範圍。這一點一定是日本觀光客如同國內旅行一般，親近東亞旅行的主要原因之一。話雖如此，就如同現代歐洲，瑞士雖有加盟《申根公約》（Schengen Agreement），但沒有加入歐盟，因此鄰國出入境時，還是有海關檢查（但沒有執行出入境管理的護照審查）的例子，當時日本周邊的亞洲地區，旅客出入主權不同的地區，並沒有因為不需要護照的措施，就可以不經手續而隨意進入鄰國。不如說，別說是日本國外，即使是日本國內，有些內地與外地的往來也必須申辦規定的手續，這一點賦予外地旅行與日本內地旅行不同的一種特別性質。

發行到昭和十五年（一九四〇年）的《旅程與費用概算》裡〈鮮．滿．中國旅行〉設有「海關檢查方面」的項目，記載了搭乘旅客船從日本內地到海外領土和中國大陸時，以及在大陸通過國境時，必須接受海關檢查的指南。朝鮮和日本內地之間的移動雖然等於在日本國內移動，但是在關釜連絡船的船內會執行海關檢查。往朝鮮和滿洲方面的標準行程表中，也都註記了船內有海關檢查。

這種做法起因於日韓合併後，採取舊大韓帝國與各國之間原本實施的關稅制度措施，並且維持了十年。日本內地與朝鮮之間也採取同樣的措施，直到大正九年（一九二〇年）。十年維持期結束後，朝鮮適用日本的關稅法，全面廢止朝鮮移居日本內地的移入稅。但是從日本內地到朝鮮的移入稅，在保護朝鮮半島地區經濟的目的下，繼續維持了一段時間。由於這項規定直到昭和十六年（一九四一年）才完全撤銷，所以在《旅程與費用概算》發行的昭和十五年之前的整段期間，旅客來往日本內地與朝鮮都必須接受海關檢查。

日本前往在《樸茨茅斯條約》獲得租借權的關東州（遼東半島南部）時，大多將旅客航線設定為日本內地到大連港往返。關東州從日俄戰爭前的俄羅斯統治時代，到二十世紀末，都像香港一樣是關稅自由區，所以只要對從大連港到日本內地的船客進行海關檢查，反向則不必。但是，在昭和十年（一九三五年）版的《旅程與費用概算》裡「海關檢查方面」一節中的「關東州」，有「乘汽船進入時，於汽船內對酒、菸草進行檢查」的記述。另外又有「於滿洲或中國旅行之際（朝鮮除外），旅行用具中應特別注意照相器材及其他課稅品，自內地攜此等物品時，若事先未於出發港海關申請同意證明書者，返回時將課稅。」這段文字是在說明回到日本內地時通過海關的相關注意事項，所以我們可以解釋為，它也是對前往滿洲的玄關——關東州旅客的提醒。與關東州接壤的中華民國（滿洲國成立後為滿洲國），為謀求進出口業務經大連港的方便，在本國領地外的大連設置海關設施，所以，在自由貿易港大連上岸時，會對攜入的菸酒進行檢查。

當時日本內地與滿洲往來的主要路徑，有經由大連航線與經由朝鮮半島縱貫鐵

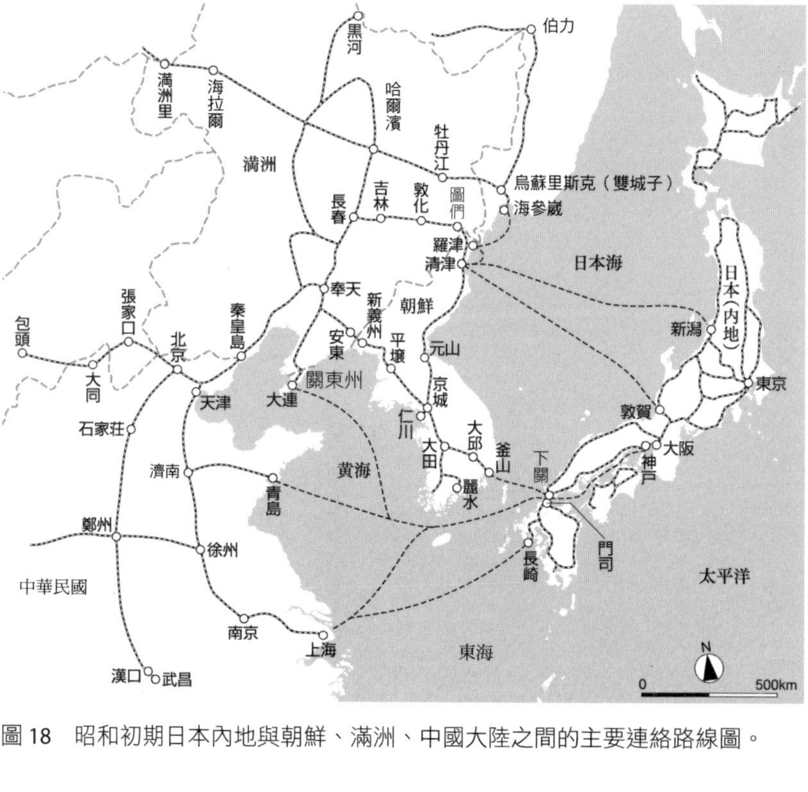

圖 18　昭和初期日本內地與朝鮮、滿洲、中國大陸之間的主要連絡路線圖。

路兩種（到了昭和一〇年代，橫越日本海從朝鮮北部的清津，直達滿洲國首都新京的北鮮行程也受到注目）。因此，昭和十三年（一九三八年）版的《旅程與費用概算》裡面的「海關檢查方面」，有關滿洲國內回到日本內地時的海關手續，如下詳述了經大連與經朝鮮兩路線的程序。該記述比昭和一〇年代前的《旅程與費用概算》更詳盡，由此可強烈推測，需要知道這項資訊的旅客不斷增加：

「從滿洲到內地時，毛皮、照相機、麻將、望遠鏡、寶石類等的奢侈品，課以進口市價一〇%的進口稅。此外，骨牌類除本關稅之外，麻將一組課以支付三日圓，撲克牌類一組課以支付五〇錢的骨牌稅。

左記菸草若是認可為自用時，書面記載數量免稅。此外，菸草必須取得檢查之證印。

菸草	葉卷	五十支	每人限一種。但是葉卷與紙卷兩種都有時，各半量。
	紙卷	一百支	
	菸絲	三十匁	

（一）從大連搭大阪商船定期船前往門司、神戶時於『船中』。反向時於『神戶或門司海關』。

（二）從大連站前往關東州外時於『大連站』，託運行李於大連站行李檢查所，攜帶物品中有課稅品時，必須於該檢查所任意申告。反向時於『普蘭店以南的列車中』。

（三）（1）途經安東站時於『安東站』，攜帶品於『車內』，託運行李於『車站月臺檢查所』。

（2）行經京圖線時於『圖們站』，行經京圖線及朝開線時，於『上三峰站』。攜帶品於『車內』，託運行李為『車站月臺檢查所』。」

臺灣、樺太，以及依《凡爾賽條約》成為日本委任統治領地的塞班（Saipan）和帛琉等南洋群島與這些地區不同，日本內地與上述地區往來時，基於同屬日本領土內的原則，沒有必要接受海關檢查。尤其是樺太，雖然是明治以後才獲得的海外領土，但也許是日本內地移居者多，且法制上依內地標準處理的案例，比其他外地多的關係，前往樺太的連絡船，在手續上與搭乘內地離島航線幾乎沒有不同。即使在《旅程與費用概算》中，樺太也接在北海道頁面後連成一體來刊載。與彙總在書末的臺灣、朝鮮、滿洲等其他海外領土的待遇並不同。

日本內地前往臺灣時，與滿洲的要求相同，在菸酒的移出入方面有限制，本書第98頁介紹的《旅程與費用概算》有關滿洲出入境手續：「葉卷五十支、紙卷一百支、菸絲或菸絲片三十匁（一百一十二・五克）得以個人消費用之名義免稅」，這個標準也適用於日本內地與臺灣往來時。基隆港發抵的客船上，也會有專賣局人員登船實施檢查。

此外，為防止臺灣產的部分植物將南方特有的病蟲害傳染至日本內地，因而對攜入內地有所限制，此為臺灣特有的狀況。臺灣總督府交通局鐵道部每年發行的《臺灣鐵路旅行導覽》（台湾鉄道旅行案內）昭和十五年版有一則「移入內地植物注意事項（臺灣總督府植物檢查所）」，登載了下列的一覽表。即使是現代，日本也對沖繩、鹿兒島縣南部離島，或是小笠原諸島攜入本土的植物設有限制。那霸機場的國內線登機室有植物檢疫所，戰前的臺灣也依同樣的原因執行檢查：

「◎下列植物必須完成植物檢查，才能攜入往內地之船舶或攜往內地。
○西瓜、木瓜（不可以小包郵件寄送）
○柑橘的果實（椪柑、桶柑、雪柑、斗柚、文旦、金柑、檸檬等）

◎下列植物全部不可攜入內地

○檬果（樣仔）、枇杷、李、桃、蒲桃（香果）、蓮霧（輦霧）、蕃石榴（拔仔、那拔）、龍眼、茘枝、五斂子（楊桃）等生果實

○胡瓜、甜瓜、南瓜、其他瓜類全部、蕃茄、菜豆、豇豆、山荼草、蕃椒、甘藷（蕃薯）等的生果實

○甘蔗及種子、土壤附著的植物（盆栽、缽植、其他植木類）」

位置與臺灣同樣在熱帶地方的南洋群島方面，原本《旅程與費用概算》並沒有列舉為旅行目的地。日本郵船開設了日本內地來往帛琉或塞班的定期旅客航線，昭和以後大日本航空的定期班機也飛橫濱—塞班—帛琉的航班。但是與臺灣、朝鮮、滿洲、樺太等其他外地相比，觀光旅行地的印象並不明顯。

航行到南洋群島的手續資訊，可以在昭和九年（一九三四年）初版的《南洋群島移居導覽》（南洋群島移住案內，大日本海外青年會編）的書裡看到，但我懷疑一般觀光旅客是否會買來看。書中〈航行……及其他的手續〉一頁，有列出不同於移居者、給「一般旅客」的航旅資訊：「南洋群島屬我國統治之領土，所以可以自由前往，不需要如其他外國的航行手

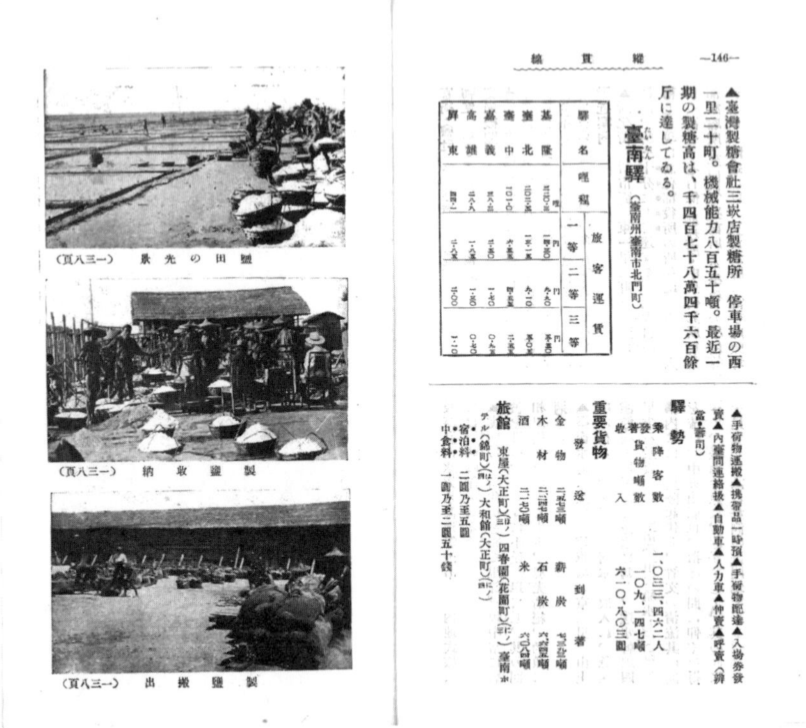

圖 19 大正 13 年版《臺灣鐵路旅行導覽》的臺南頁面。介紹每個鐵路站、車站服務和車站周邊的住宿資訊。

續，與內地旅行（原引文如此）[9]一樣，可以自由前往和回國。只是旅客在當地登陸後的十天內，必須向島支廳（類似內地的區公所），登記居住證（與內地居留證相同）。」日本郵船於昭和五年（一九三〇年）發行的乘船導覽手冊《裡南洋航線》（裏南洋航路）中也記載了「為彼地登岸後之方便最好先備好戶籍謄本」，前往南洋群島的觀光旅客必須服從滯留登記的制度，這一點如同戰後的蘇聯和其繼承國俄羅斯，今日對外國旅客所做的要求。

在觀光旅客常用的指南中，也很難看到對來往日本內地旅客在檢疫方面的記述。只是在類似官公廳報告書的文件，如《南洋群島產業視察概要》（東京府小笠原支廳編，昭和十年）裡，會詳細記載植物移出入檢查相關法令，以及塞班的檢查概況，所以，不同於無需檢疫的日本內地旅行，似乎會對與日本內地往來的旅客實施植物檢疫。

從滿洲國跨境到中華民國

日本前往滿洲國和中華民國不需要護照，但是，跨越國境時並非完全不用任何手續。當我再次翻開《旅程與費用概算》，發現與外國觀光客在現代中國鄰居體驗到的跨越國境，大異其趣。

昭和七年（一九三二年）滿洲國建國後，與中華民國隔著萬里長城接壤。直通北平（今北京）與奉天（今瀋陽）的平奉鐵路（京奉鐵路。後改稱北寧鐵路。現在為中國國鐵京哈

---

9 譯註：應為「旅行」誤植。

線，參照圖20），在渤海沿岸，以萬里長城起點聞名的山海關站分成兩段。此後直到第二次世界大戰結束前，山海關都承擔著連結兩國直通鐵路國境站的角色，但是旅客的過境手續從國境成立到戰爭結束，一直付之闕如。

這是因為從中華民國的角度，滿洲國原本是國土的一部分，未經同意便自行分離、獨立的國家，所以並不承認它是正式的國家。也就是說，儘管有鐵路連結，但是未承認國家的國有鐵路（滿洲國鐵）等於是掠取本國的部分鐵路，所以雙方不可能和和氣氣共同經營國際列車，或是容忍滿洲

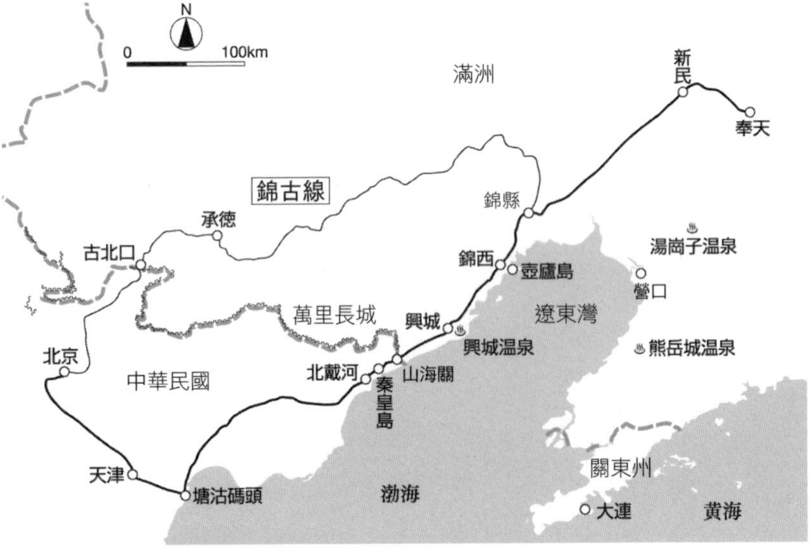

圖 20　奉天—北京之間的京奉（平奉、北寧）鐵路路線圖。滿洲國成立後，萬里長城與國境多有重疊。

國鐵所屬列車進入自己國家內。因此，昭和六年（一九三一年）秋，當九一八事變爆發之後，過去奉天—北平間兩天一夜運行的直達列車全面停止營運。旅客不得不在山海關站轉乘另一輛列車。

這樣的變化也展現在《旅程與費用概算》逐年版的記述演進。該書昭和六年版中刊登的標準行程「三星期　支那周遊旅程」中，介紹奉天前往天津的方法時，列出上午自「奉天（滿鐵站）」出發，第二天上午到達天津的京奉鐵路「各等列車北京行」，並註釋：「奉天—天津間二十一小時（七〇二公里），連接一等臥鋪車、餐車（臥鋪上四元、下五元）（銀元）」，證明京奉鐵路的兩天一夜直達夜行列車定期營運中。奉天和天津都屬於中華民國，過程中不需要通過國境。而增加了赴外國的注意事項：「零錢可於奉天站內匯兌支那貨幣十分方便」，是因為位於滿鐵沿線的奉天是滿鐵附屬地，通用貨幣是日幣。

滿鐵附屬地的正式名稱叫做「南滿洲鐵道株式會社鐵道附屬地」，指的是日本在《樸茨茅斯條約》從俄羅斯帝國讓渡的滿鐵沿線特定地區，本來意指必須進行鐵路建設和管理的地區，但是俄羅斯擴大解釋，在沿線各地都市設定的附屬地內行使行政權和警察權。而日本原封不動繼承了這些權益，因此滿鐵沿線的主要都市幾乎都成了日本的治外法權地區。

滿鐵附屬地終究只存在於滿鐵經營的鐵路沿線。雖然現代經常誤解，第二次世界大戰結東之際，滿洲存在的鐵路路線中，日本從《樸茨茅斯條約》獲得的滿鐵路線只占整體的一成多，大部分都是中華民國所屬的路線。滿鐵附屬地只存在於滿鐵所屬路線的沿線，所以，從奉天搭乘非滿鐵經營的京奉鐵路南下北支一帶時，在滿鐵所屬車站和滿鐵附屬地通用的日幣，必須兌換成當地貨幣。

但是，該書在昭和六年七月發行的兩個月後，九一八事變爆發，這份旅行資訊就用不上了。第二年，該書的昭和七年（修訂增補）版還是原文照登同樣的記述，可能是無法應付事態的遽變吧。昭和十

圖 21　從列車車尾看到的山海關站與車站裡海關檢查的景象（左圓圖內）（出自《滿洲概觀》）。

年（一九三五年）版「山海關」的介紹欄文末記述「滿洲事變以後中斷已久的奉天、北平間直達列車，於昭和九年七月一日復駛」。也就是說，從這段記述中看得出這段區間的直達列車停駛了將近三年。

復駛的直達列車通過山海關這個新誕生的國境，成為國際列車。因此，《旅程與費用概算》的昭和十三年（一九三八年）版，「海關檢查方面」出現了以下的註記，那是滿洲國成立之前沒有的內容：

「▲北支　在山海關的檢查，由山海關站滿洲國海關及中華民國臨時政府海關官員，在塘沽、天津，則在碼頭岸邊，都依照慣例實施。由於時局緊張，會進行特別嚴格的檢查，所以，不要帶多餘的行李比較方便。另外，山海關的海關檢查，除非本人不在場，否則會留置行李。託運品必須在奉天站接收，然後再託運到自己要搭乘的列車。務必先準備好在山海關照會。」

進而，滿洲國建國後，《旅程與費用概算》對滿洲各地的介紹報導不只愈來愈厚，滿洲以南的中華民國本土的旅行資訊也漸漸增加。其中一環便是與滿洲國接壤的山海關國境通過資訊，詳細記載如下：

「通過山海關時，

▲通關　通關時與安東同樣，手提行李與託運行李必須分別在車內和月臺接受海關檢查。

雖然多少有點麻煩，但攜帶照相機者最好取得海關的證明書。

▲支那旅行身分證明書檢查　通關結束時，日本領事館警察署人員會檢查身分證明書。在此之前必須在該署人員分發的申告書上填寫本籍、地址、姓名、旅行目的等。這些看起來只是形式，但執行得相當嚴格。

▲通過山海關後的注意事項　鐵路沿線有禁止攝影地帶，拍攝照片時，必須接受乘務憲兵或警乘兵的指示。

▲回程的海關檢查方面　回程於國境的海關檢查十分嚴格，尤其是左列事項應特別注意。

一、發現戰利品青龍刀、槍彈等，全部沒收。

二、支那、外國發行的雜誌、報紙尤其嚴格。用於購物包裝的舊報紙等可能有排日新聞，最好事先仔細檢查。

【時差】支那比滿洲晚一小時，所以出入支那時必須調整時間。」

昭和十三年，除了山海關之外，又於內陸開通一條新的路線和國境站古北口。該書最後一次發行的昭和十五年（一九四〇年）版〈古北口〉的介紹頁中有「此處為滿支國境，將對經過的旅客實施支那旅行身分證明書和海關檢查，此外，也必須將日、鮮、滿貨幣兌換成中國聯銀券。」（有關聯銀券，請參照本書第165頁）。而有關「北支五省」的「海關」手續，記載了跨越國境的資訊：「在山海關、古北口兩國境車站及青島、天津碼頭（或塘沽棧橋）有海關檢查。入境時比較簡單，但出境檢查相當嚴格。但是，因時局緊張的關係，去程檢查也相當嚴格了，所有多餘的用品一概不要攜帶。」

在山海關、古北口的跨境資訊中提到的支那旅行身分證明書，指的是依據昭和十二年（一九三七年）八月制定的「支那渡航處理手續」，由居住地轄區警察署發行的身分證明書。這個制度的目的，是同年七月盧溝橋事件爆發後，限制日本人（臺灣人、朝鮮人也包含在內）前往兵荒馬亂的中國。昭和十三年版裡有些地方使用了以下的稱呼「北支旅行身分證明書」，由此可知制度實施初期不太落實的狀況：

「現在到北支方面旅行，需要『北支旅行身分證明書』，準備移居的話需要『北支移居身分證明書』。要取得證明書，需從轄區警察官吏派出所取得『居住證明書』，攜帶這份證明向轄區警察署報到，填寫前述旅行身分證明書或移居身分證明書兩份，各份附上本人照片上交後，一份留在警署，一份交給本人收下。證明書的交付無手續費。」

「向警察署報到」這種說法聽起來有點小題大作，但仔細一看，除了辦手續的窗口不是居住地的都道府縣護照中心，而是警察署之外，其他與現代申請護照的順序大同小異。這證明書就像是住民票，不論是誰，只要認真走完流程都能取得。而且還免費。

只是，該書有云，這份證明書「未攜帶者會被拒絕入境北支」，所以，可以說它實質上就是代替護照的文件。未帶基於日本自行決定發行的文件，而在日本側（此時指事實上由日本扶植的滿洲國）國境被拒絕出境的話，還於理有據。但是中華民國側應該不受日本或滿洲國的制度約束才對，為什麼會「被拒絕入境」，從該書的記述無法判斷。該書只記載中華民國方會拒絕入境，但實際上有可能代表在入境手續的前段，即在滿洲國側就被阻止出境了。

再者，該書註釋裡寫道「軍人官吏穿著制服時」不必攜帶這個證明書。也就是說日本軍人、公務人員穿著軍服或公務制服時，不用像一般人帶護照和身分證明書也能到外國去，從這裡可觀察到當時日本軍人、官吏的特權地位之高。制服本身就具有證明身分的效果。

總而言之，一般日本觀光客入境中華民國不用帶護照、可以像在日本內地一樣旅行的自由，在這個制度開始實施後，就完全不可行了。昭和十五年五月起，這個制度更加強化（外務省發表有關國人渡華時的暫時性限制）。此後，這份身分證明書不再發給不需要、不緊急的旅客。但是，昭和十五年版的《旅程與費用概算》還是根據同年四月時的資訊來編輯，並沒有反映這項制度變更。

昭和十二年實施的這項支那旅行身分證明書的攜帶義務制度，當然並不適用於從中華民國獨立的滿洲國。因而赴滿洲旅行中，日本人依舊延續中華民國時代的規定，不需要帶護照。儘管如此，如同本書第99頁舉出《旅程與費用概算》的記述，因為還是外國，所以穿越接壤的朝鮮與滿洲國境時，還是有必要在國境站和列車內接受海關檢查。該書不論哪一年度的修訂版，在朝鮮、滿洲、中國旅行的總論部分，都一定有旨在說明「手續很簡單不用擔心」的文句。

出入蘇聯國境的嚴格，亦同於戰後

蘇維埃聯邦（今俄羅斯）和中華民國及滿洲國一樣，是與大日本帝國國境相接的國家。樺太島上的北緯五十度，是日本唯一的陸上國境，朝鮮方面在北部日本海沿岸，則隔著豆滿江與之相望。滿洲北部在日俄戰爭前，有著俄羅斯帝國擁有特殊權益的東清鐵路（後來稱為東支鐵路、中東鐵路、北滿鐵路。昭和十年〔一九三五年〕被滿洲國買下）在運行，東有通往軍港海參崴的鐵路，北有通往歐洲方面的西伯利亞鐵路支線，與滿洲各列車之間都有接軌行駛或直達行駛。日本內地自從敦賀發抵的旅客航線，在日俄戰爭前的明治三十四年（一九〇一年）開設以來，搭船穿越日本海，到海參崴轉乘火車到滿洲或前往歐洲，就成了旅遊手冊推薦的行程。

日本與帝俄、蘇聯之間，並沒有像與中華民國一樣，達成免除護照的協議，所以，日本人按海外旅行的原則，沒有護照並不能出入蘇聯國境。不只如此，即使經過蘇聯的目的是為了前往第三國，也必須取得查證（簽證）。明治四十一年（一九〇八年）大阪商船發行的小冊子《浦鹽航線導覽》（浦塩航路案內），列舉於卷首的〈前往浦鹽及浦鹽以西之旅客的注意事項〉第一項便是「務必攜帶海外渡航旅券，此旅券需要俄國領事的背書」。背書就是指簽證，昭和十年版的《旅程與費用概算》中〈關於旅行券〉，如同本書第90頁舉出的引用部分，與帝俄時代相同「旅客，必須從府縣廳取得正式外國旅行證明（並且獲得蘇聯領事館的背書），攜之同行」。基本上與現代日本人前往俄羅斯觀光旅行時的必要程序沒什麼差別，不如說，現代旅客的自由度也許還比較低，因為原則上必須先在旅行社預約俄羅斯國內所有交通工具與住宿地點，否則駐日俄羅斯大使館或總領事館不會發給觀光簽證。

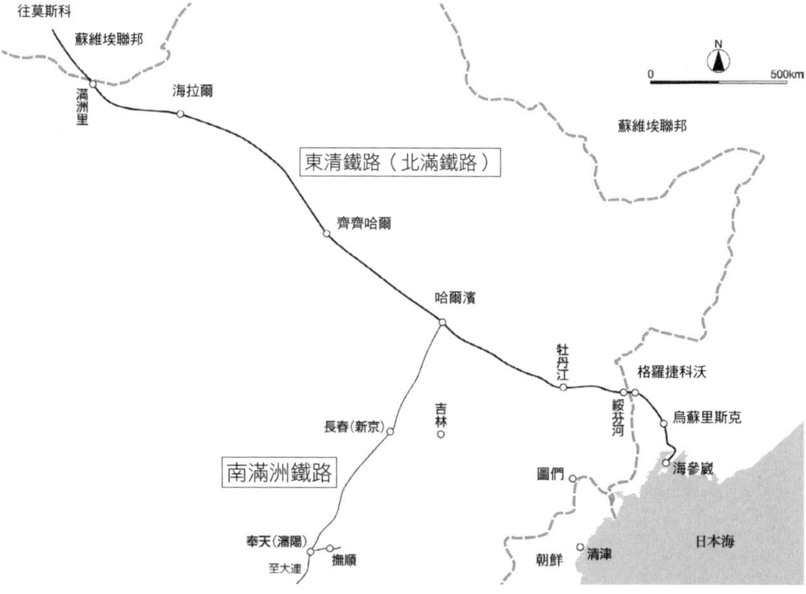

圖22　東清鐵道（北滿鐵道）路線圖

由於俄羅斯革命，日俄之間的邦交斷絕，日俄連絡運輸中斷，昭和二年（一九二七年）經由西伯利亞鐵路的歐亞鐵路連絡路徑重啟，旅遊手冊也記錄了前往蘇聯的出入境相關資訊。《旅程與費用概算》的昭和六年（一九三一年）版，僅有在「海關檢查方面」記載「往波格拉尼其那亞・浦鹽及滿洲里時，於火車站內有俄國及支那海關檢查」。昭和七年（一九三二年）修訂增補版同樣的項目中，如同下述，內容更為詳盡，強調蘇聯出入境手續的嚴格。「波格拉尼其那亞」是連結海參崴與哈爾濱鐵路的邊境地點名稱，中國叫作綏芬河：

> 「浦鹽斯德（海參崴）、波格拉尼其那亞　入境蘇聯時可攜帶之無關稅物品數量有各種限制，但路過蘇聯旅行時限制不多。不過，書籍、印刷物及稿件等會經過相當嚴格的檢查。再者，照相機只可攜帶一臺。在蘇聯境內，若無官憲許可，絕對不可隨意拍攝。」

大陸的蘇聯國境，經過上述手續就可以通過，反而是樺太北緯五十度線劃定的陸路國境，並不對一般旅行者開放。這裡的國境，並不是像現代朝鮮半島分割南北韓的軍事分界線，用鐵絲網和鐵條網完全隔斷。在近代之前住在樺太的原住民族自由穿越這條國境，過著移動式的遊牧生活。但一般人不論是從日本側還是蘇聯側，都不允許隨意跨境。昭和十三年（一九三八年）正月，女星岡田嘉子與男友跨越樺太國境亡命蘇聯，成為震驚全日本的大事件。

岡田嘉子兩人亡命時，自稱要慰勞國境警備隊，搭上共乘汽車從敷香

圖 23　立於森林之中的樺太日俄國境碑（上，出自《日本地理體系第 10 卷　北海道・樺太篇》〔日本地理体系第 10 卷　北海道・樺太篇〕）與國境碑的兩面（下二圖，出自《樺太的鐵路旅行導覽》〔樺太の鉄道旅行案內〕）。

（今波羅奈斯克〔Poronaysk〕）到國境邊緣的村落，然後乘馬雪橇走雪道到國境警備隊的駐在地，進而又駕著馬雪橇去參觀國境的標誌。女星勞軍名義雖然有點特殊，但是沒有警備和監視下到國境參觀的狀況，絕對不特別。岡田嘉子亡命之後發行的《旅程與費用概算》昭和十三年版裡有〈樺太（東海岸及國境方面）〉的介紹頁，在「國境線與森林之美」的項目，列出交通資訊：「敷香—氣頓七六公里，巴士三小時五〇分（一天三班）　氣頓—國境二七公里，巴士一小時半（一天一班）　敷香—國境　包車來回五〇圓，巴士單程七圓」。雖然不能跨越國境，但是如果搭乘巴士的話，任何人都能到國境附近觀光。

充實的廣域優惠票制度

《旅程與費用概算》引用部分（參照本書第89頁）提到前往中國大陸不需護照，是從但書開始寫起：「朝鮮各地及滿鐵、滿洲國內各鐵路沿線，當然還有日中周遊路線的中國鐵路沿線及開港地點等的視察旅行，不需要旅券。」

這所謂的「日中周遊路線」，是指連結日本與中國的周遊行程。現代國外旅行時，絕大多數都是搭乘飛機，所以，沒有移動的中間過程，大多是單純來回出發地與目的地，但是陸路和海路的旅行，移動行程也是旅途的一部分，一旦放大規模的話，到達目的地之前的旅程，針對往返路途花心思設計、規劃的周遊型旅行，比起單純的往返更能享受整段旅行。因此，從日本內地到朝鮮、中國大陸的旅客增加後，除了單純的往返優惠票外，另外也販賣周遊旅行型折扣車票，刺激民眾外地觀光旅行的需求。

例如：大正八年（一九一九年）發行的《朝鮮滿洲支那導覽》裡，「東京—北京」來回優惠車票（有效期限一百一十天）按一等、二等、三等的等級販賣之後，也介紹了周遊型的優惠票「日支周遊券」：

「【日支周遊券】從日本內地到鮮滿，乃至支那主要鐵路沿線各地觀光一周，往返的其中一段搭乘海上汽船，以方便不打算返回出發地的環狀周遊旅行者。票券的有效期為四個月，對下列二種路徑，以鐵路費七折、汽船費八五折的低廉價格出售。

【兩種路徑】（1）前述日支連絡路線表中，自日本的出發地按箭頭的方向，經鮮滿至北京，走京漢線到漢口，再搭乘日清汽船下揚子江，自上海搭日本郵船航班，徑直回到出發地——或者反向行進。

（2）自日本出發地到北京，採（1）路徑，再從北京退回天津，走津浦線到浦口、南京，經由滬寧鐵路到上海，之後按（1）的路徑回到出發地——或反向行進。

但是上述兩行程在南京上海間（限一、二等）會隨機搭乘鐵路或汽船。」

沒有地圖只靠文字說明，除非事先腦中有一幅中國大陸地圖或鐵路路線圖，否則很難理解，所以在本書第120頁以圖示說明這兩條行程（圖24）。這段說明文後面舉例東京發抵的該周遊券價格，行程（1）一等，二百五十四圓六十一錢；二等，一百八十九圓九十三錢；三等，一百〇二圓四十八錢。行程（2）一等，一百九十二圓六十七錢；二等，一百二十二圓八十六錢；三等，八十九圓五十六錢。

十二年後，昭和六年（一九三一年）出版的《旅程與費用概算》裡，從兩種行程增加到十二種，羅列了使用這種優惠周遊券的標準行程「支那周遊三星期旅程」與費用概算。這項標準行程採用大正八年《朝鮮滿洲支那導覽》裡刊出的日支周遊券路徑（1），可以說把圖24呈示的路線旅行變成更加具體化。

依據昭和六年的「支那周遊三星期旅程」內容，從東京搭乘特快車「富士」到下關，乘關釜連絡船到朝鮮半島北上。途中參觀京城（今首爾）後渡過鴨綠江進入滿洲，第五天到達奉天（今瀋陽）。奉天觀光後乘夜間列車前往天津，住一晚後出發到北平（今北京）停留三晚。從北平搭乘三天兩夜的夜間列車到漢口。從漢口沿長江經九江、南京，到達上海，而持有日支周遊券的旅客不需補差額就能從南京轉乘列車。在上海停留三晚，享受往杭州當天來回等小旅行。最後從上海港搭日本郵船的船，經長崎在神戶登岸，再搭夜間列車，在東京出發的第二十一天回到東京。費用概算選擇一等的人為五百四十七圓二十二錢，二等的人為四百〇二圓七十一錢，雖說使用日支周遊券，交通工具的車資可以打折，但由於旅行規模大，所以與本書第77到79頁表15列舉的其他標準行程相比，金額還是偏高，推測實際可以體驗這趟旅行的人，只限一定程度的高所得者。

儘管如此，那麼，是不是只要有錢，隨時都能如此處所寫，細細賞析各地名勝古蹟，同時輕鬆悠然地觀光旅行呢？從旅程表後面悄悄添補的注意事項來看，似乎並不盡然。當時的中國在一九二八年（昭和三年），蔣介石率領的國民黨完成統一全國，國民政府定都南京，但是後來在各地不斷與毛澤東率領的共產黨軍隊發生武力衝突，國共內戰方酣未休：

「因支那內地動亂，日支周遊券或日支連絡券不時停止發售，出發前必須確實查明。」

「支那方面的鐵路發抵時刻，亦因支那內亂而時時變動，此外，列車班次也不太規律，因而日程可能會產生難以預料的混亂，這點應特別注意。」

同昭和六年的《旅程與費用概算》裡，除了日支周遊券之外，也介紹了「日鮮滿周遊券」。雖然大正八年的《朝鮮滿洲支那導覽》中沒有提到，但編輯該書的鐵道院在明治四十二年（一九〇九年），曾向從日本內地到當時大韓帝國或滿洲周遊的旅客，出售周遊型的優惠車票「滿韓巡遊券」，日本內地、韓國、滿洲各鐵

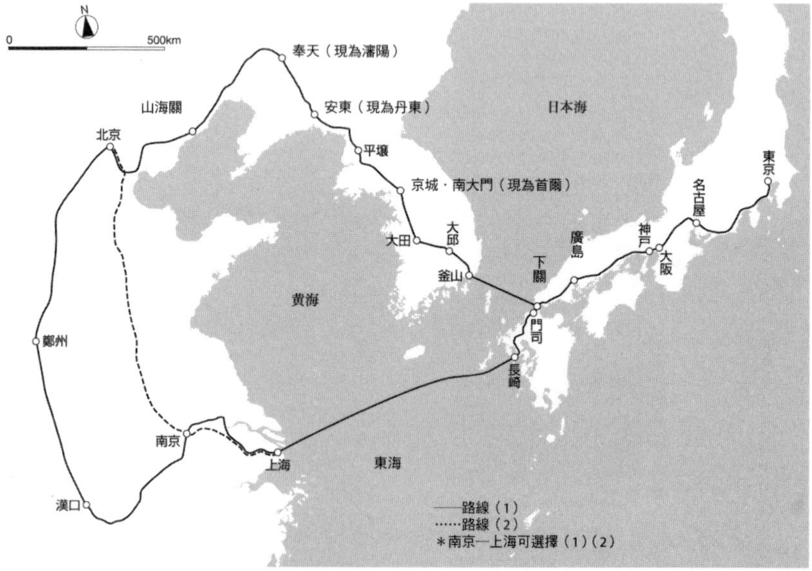

圖 24　《朝鮮滿洲支那導覽》書中的日支周遊券行程。

路票價與大阪商船乘船票價都有七折優惠。進而又在大正三年（一九一四年）出售「日鮮滿巡遊券」（圖25），讓不只是日本內地往返，連朝鮮往返、滿洲往返的旅客也能享受上述的折扣優惠。《旅程與費用概算》提到的日鮮滿周遊券延續了這種朝鮮、滿洲方面，廣域周遊優惠車票的系統。

日鮮滿周遊券後來更名為內鮮滿周遊券，書中以專用折頁，大篇幅介紹十三種行程概略圖和每一行程主要出發站的票價一覽，稱它是「由內地經由朝鮮到滿洲一巡，再從大連搭汽船回首發站，及走反向行程極為便利廉價的票券」（《旅程與費用概算》昭和十四年（一九三九年）版）。票券的有效期限是兩個月，雖是日支周遊券的一半，但規劃了多處離開主行程前往觀光區、溫泉區的可選擇區段，可以享受多彩多姿的旅行。它的資訊比起其他外地優惠車票詳細得很多，可以說它是當時旅行朝鮮、滿洲一帶最具代表性的

圖 25　大正 8 年鐵道院發行往返名古屋的日鮮滿巡遊券（池田和政收藏）。

周遊券。

儘管如此，昭和六年又推出了新的票券，有別於內鮮滿周遊券，為旅客提供規格更提升的行動範圍。它的名字叫做「東亞遊覽券」。內鮮滿周遊券使用的地區在滿洲與朝鮮，日支周遊券接受途經朝鮮半島，但主要使用地區在萬里長城以南的中華民國。而東亞遊覽券則是將這兩種車票的使用地區合併為一，名副其實是含括整個東亞的宏偉周遊車票。有效期限三個月，比一個月的內鮮滿周遊券更長。開始發售的第二年，昭和七年（一九三二年）修訂增補版《旅程與費用概算》在書末的附錄頁有詳細的記述，這裡摘錄一部分吧：

「東亞遊覽券為便利旅客橫跨本國與中華民國各港（含大連港）遊覽旅行所發售的產品。但行程若與日鮮滿周遊券及來回折扣車票行程重疊者，不可發行。」

「【遊覽券的發行條件】東亞遊覽券必須具備下列三個條件。

一、包含省線區間。

二、包含中華民國所在的港口。

三、返回指定站港，與首發的站港同屬一個運輸機構。」

後者第一條件的「省線」，指的是日本內地的鐵路省營運路線，換句話說就是現在的JR線，所以按現代的說法，意指「在中國大陸與日本列島周遊的區間某處使用JR線」。第二條件「中華民國所在的港口」，由於發行之初滿洲國還未成立，所以這句話是指包含滿洲在內的中國大陸全境港口。隔年的《旅程與費用概算》裡修改成「滿洲或中國各港」。此外，臺灣雖然也可包含在周遊行程中，但當時的臺灣純粹是日本的領土，所以臺灣的港口不能滿足「中華民國所在的港口」的條件。第三條件「返回指定站港，與首發的站港同屬一個運輸機構」並不是指必須回到與出發時的同一車站和港口，而是若從日本內地出發，就回到日本內地，朝鮮出發就回到朝鮮，滿洲出發回滿洲，臺灣出發回來臺灣，中華民國出發就回到中華民國就行了。條件相當寬鬆，幾乎顛覆現代JR集團自由票的概念。

該書列舉的「指定站港」見表26，可以看到其通用範圍之廣。而且，由於東亞遊覽券與內鮮滿周遊券一樣，不限以日本內地為起訖點，例如：住在上海的富有中國人利用不需護照的特權乘船來日本，在九州一帶享受溫泉樂趣，回程經由朝鮮，在滿洲各地繞繞，到北京觀光後回到上海就可以使用。

內鮮滿周遊券是從事先設定好的周遊行程，自由選擇使用的預設模式，但東亞周遊券不同，只要滿足前述三條件，行程的選擇全無限制，完全是量身定制的優惠車票。因此，《旅程與費用概算》並沒有明示具體的票價（不願明示）。只說明了折扣率，鐵路與鐵道省航線為普通票價的八折，鐵道省以外公司營運的船舶打九折。其他只有試算旅客買票時，按申請行程具體需要花多少錢。《旅程與費用概算》有登出內鮮滿主要行程票價一覽，想使用這張

表26　「東亞遊覽券」指定發抵站港。（出自昭和7年修訂增補版《旅程與費用概算》）

運輸機構	指定發抵站港
鐵道省線	札幌、函館、古間木、松島、仙台、大館、西那須野、日光、渋川、軽井澤、田口、松本、大月、東京、横濱、櫻木町、國府津、小田原、熱海、御殿場、沼津、名古屋、山田、奈良、京都、天橋立、大阪、三之宮、神戶、姫路、岡山、高松、屋島、廣島、嚴島町、下關、門司、別府、西大分、鹿兒島、熊本、博多、長崎、長崎港、釜山營業所各站。
朝鮮總督府鐵道局線及其連絡鐵路和汽車	釜山、京城、安東各站及下列1—3的迴遊路線。 1．京城—（局線）—鐵原—（金剛山電鐵線）—內金剛往返 2．京城—（局線）—荳白（高城汽車）—溫井里往返 3．京城—（局線）—鐵原（金剛山電鐵線）—內金剛（徒步）—溫井里（高城汽車）—荳白（局線）—京城
南滿洲鐵道會社線	安東、撫順、奉天、長春、營口、大連、旅順各站間。

運輸機構	指定發抵站港
臺灣總督府交通局線	基隆、臺北、外車埕、高雄、潮州各站間。
日本郵船公司線	橫濱～上海線、神戶～門司～上海線、神戶～長崎～上海線、神戶～青島線、南美西岸線、澳洲線、歐洲線、北美桑港（舊金山）及西雅圖線、孟買線各航路的橫濱、神戶、門司、長崎、上海、青島、香港各港間。
近海郵船公司線	神戶～基隆線、神戶～天津線、橫濱～牛莊線的神戶、門司、長崎、基隆、天津（或塘沽）、大連的各港間。
大阪商船公司線	大阪～別府線、神戶～基隆線、神戶～天津線、神戶～大連線、神戶～青島線、非洲線、南美線、南洋線、基隆～香港線、高雄～廣東線、基隆～福州～廈門線、高雄～天津線、臺灣沿岸線的橫濱、神戶、門司、大阪、高松、今治、高濱、別府、西大分、基隆、高雄、芝罘、天津（或塘沽）、大連、青島、香港、廈門、汕頭、廣東、福州各港間。
大連汽船公司線	大連～天津線、大連～青島～上海線、天津～青島～上海線的大連、天津（或塘沽）、青島、上海的各港間。
日清汽船公司線	上海～漢口線、上海～廣東線、上海～天津線的上海、南京、漢口、香港、廣東、青島、天津（或塘沽）、大連的各港間。
原田汽船公司線	神戶～青島線的神戶、門司、青島的各港間。

票旅行的旅客，可能從這裡了解票價的概況後，向旅行社提示實際行程，請他們試算正確的報價金額吧。

量身定製的東亞周遊券與預設模式的內鮮滿周遊券同時並存的關係，戰後日本國鐵的周遊券制度也延續下來。昭和三〇年代（一九五五年至一九六四年）亮相的國鐵周遊券，與遊覽全國指定著名觀光地，就可以自由選擇行程的預設型一般周遊券，和特定地區行程無限搭乘的量身定制型廣域周遊券、迷你周遊券大不相同，一直維持到轉為JR後的平成十年（一九九八年）。預設型又更名為周遊票，發售到平成二十五年（二〇一三年）。

除此之外，內鮮滿周遊券、東亞周遊券沒有涵蓋的地區，則有日滿周遊券，這種優惠票券的周遊路線，包括橫渡日本海，經由蘇聯海參崴進入滿洲北部的行程，包含在連結海參崴與哈爾濱的舊東清鐵路（後來的東支鐵路、中東鐵路、北滿鐵路）使用範圍內，會通過蘇聯所以必須攜帶護照。昭和六年版的《旅程與費用概算》出版於滿洲國建國前，內容只寫了「票價折扣　使用期限九〇天」，可是到了昭和十年（一九三五年）版，添加了簡潔的介紹文：「本國主要車站出發，周遊朝鮮、滿洲及蘇國沿海州的票券。票價折扣與前述日滿來回票一樣，使用期限為九〇天。行程有下列四種，但全部都會經過蘇國鐵路，所以必須具有正式的外國旅行券」。「四種行程」分為單程經由朝鮮半島或經由大連航線，但同樣都會搭乘哈爾濱—海參崴之間的火車，也可以反向走這兩條路線，所以一共是四種行程。

但是，在《旅程與費用概算》後續的修訂版裡，不再看到日滿周遊券的影子。打開昭和十三年（一九三八年）版，已沒有昭和十年版有關日滿周遊券的記述，而單純只是來回折扣票，不是周遊券的「日滿來回券」（日満往復券）更名為「內地滿洲來回券」（內地滿洲往復券），路線也從經由海參崴改成經由朝鮮北部的清津。大概是怕經由海參崴需要辦理護照太麻煩吧。不過，舊東清鐵路（北滿鐵路）在昭和十年蘇聯賣給滿洲國，並在昭和十二年（一九三七年）以前將蘇聯標準的寬軌（一五二〇公釐）改成國際標準軌（一四三五公釐），以便滿洲國之內的區段可以與國內其他鐵路串連運行，因而海參崴到哈爾濱之間，火車無法再直達運行，這應該也是主要原因。大約同一時期，從朝鮮北部的清津港到滿洲國首都新京的直達國際列車，成為眾人矚目前往滿洲北部的新途徑，削弱了經海參崴的優點，周遊券也沒有存在價值了吧。

不過，這些周遊券持有者還能享受到其他的優點，像是轉乘船或列車時，可以獲得免費搬運行李的服務。戰前去外地旅行的旅客，一般來說行李比現代人多得多，而且在那個時代，一定層級以上的富人當中，有人無法容許自己搬行李。主要鐵路車站配置了幾名收費的搬運行李員，稱之為「紅帽」（赤帽）。從使用者眾多來看，幫周遊券持有者免費搬運行李的服務，這個優點之大，恐怕是隨手使用機場免費推車、自動步道和電梯、電扶梯的現代日本人難以想像的吧。

搭豪華列車和優雅船旅的大陸旅行

那麼，拿著這些周遊券到外地時，日本旅客實際乘坐的是什麼樣的列車和船隻呢？

有關戰前行駛外地的鐵路整體面貌，已在平成二十七年（二〇一五年）出版的拙著《大日本帝國時期的海外鐵道》（大日本帝国の海外鉄道，東京堂出版；繁體中文版為二〇二〇年，臺灣商務印書館）中詳述過，這裡我想避免重複同樣的內容，因此，此處為貫徹本書主題「解讀旅遊手冊的記述」的原點，將比較有關使用外地交通工具的記述，來想像一下日本觀光客抱著什麼樣的成見，坐上外地的列車或船隻。

在日本統治下乃至扶植政權的外地當中，臺灣與樺太的官營鐵路，與日本內地鐵道省線的軌距相同（一〇六七公釐，和現代JR區間線相同），相對在朝鮮與滿洲的主要鐵路是用較寬的一四三五公釐國際標準軌（與JR新幹線相同）。因此，朝鮮、滿洲和中國大陸的客車規格比日本內地的鐵路車廂大，也比較平緩。大正八年（一九一九年）的《朝鮮滿洲支那導覽》裡對「釜山京城間」的「京釜線」有下列的描述，來宣揚朝鮮半島的幹線鐵路之旅，

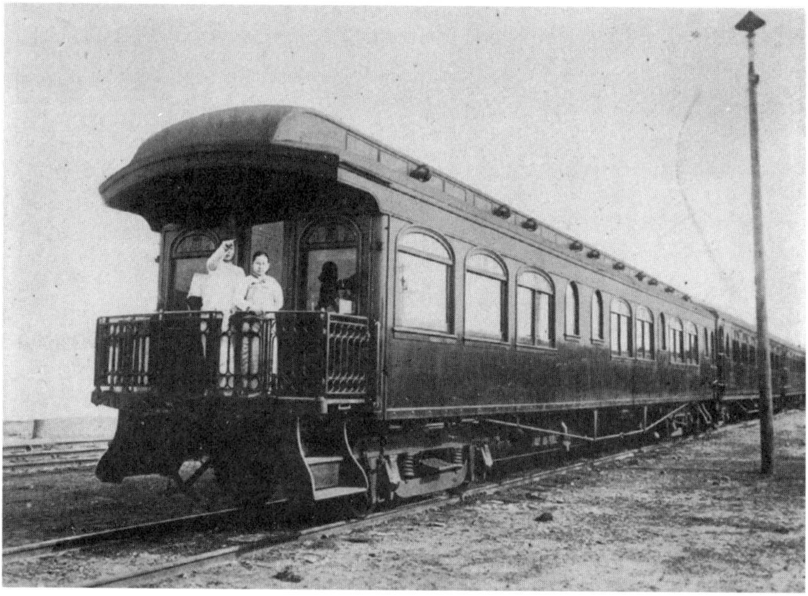

圖 27　軌距較日本內地寬，所以車廂大，乘坐起來較舒適的朝鮮展望客車（出自《日本地理風俗大系 第16卷 朝鮮篇（上）》）。

對習慣日本內地窄軌鐵路的日本旅客而言，車內設備既充實又舒適，行駛班次便利性高。再者，連接西伯利亞快車的特快車「目前停駛中」，應該是在第一次世界大戰和俄羅斯革命的影響下，走西伯利亞鐵路的歐洲連絡運輸中斷的關係：

「【京釜本線】釜山到京城的鐵路（至南大門站二八〇．六哩，急行列車八小時至十小時，票價一等一九圓六八、二等九圓八四）縱貫韓半島的主要部分，其經過之處，大致地勢平坦，少有隧道，所到之處都可恣意展望，加上鐵道為寬軌，車室及座位寬敞，乘坐舒適。」

「【列車設備】早晚兩班快速列車連接關釜連絡汽船，直通運轉釜山與安東間，於安東即時轉乘，連接安東奉天之間的直達列車。前述列車連結滿鐵直營的餐車，此外夜間也設置一、二等臥鋪（一等三圓、二等二圓）。其他每星期有一班特別急行列車（目前停駛中）可連接西伯利亞快車，直通行駛釜山長春間。由於連接一、二等臥鋪車與餐車，除普通票外，另徵收下列急行座席費。（以下略）」

其他路線的導覽部分，只有簡潔介紹列車輛數和票價，相較之下，這條京釜本線的急行列車還詳述搭乘感受、車窗風景、車內設備，由此可看出，在大正八年當時，這個行程是以頂級舒適的朝鮮火車之旅作為賣點。

中國大陸路線中，南京—上海間的滬寧鐵路（今中國國鐵京滬線）的評價很高，滬寧鐵路是向英國借款，於一九〇八年（明治四十一年）通車的幹線鐵路，下面記述的急行或準急行之外，也設定三、四等直達列車和區間列車：

「【列車班次】南京上海間—急行列車晝夜二班（所需時間六小時乃至八小時），準急行每日二班（所需時間七小時乃至七小時半），以上兩種列車都連結餐車、臥鋪車（只限夜行），所有設備無可挑剔，發揮支那鐵路中最優秀的營業水準，令人嘖嘖稱讚。（以下略）」

河川的航船與鐵路同為中國大陸重要公共交通工具，此時已有大型客船運航，在主要區段可以有一段舒適的船旅。下面是該書描述上海—漢口間，花六十小時到八十小時航行長江的定期客船。一向有「搭乘感頗為舒適」評價的日清汽船，是甲午戰爭後獲得長江航權的日本汽船公司，當時，中國系、英國系以及這類日系船公司，紛紛在中國內陸的大型河川開闢旅客航線：

「【定期船班】行駛本航線的定期汽船，日清汽船有八隻（每週五、六班自兩端出航）、太古C.N.汽船六隻（每週四班）、怡和I.C.S.N.汽船五隻（每週四班）、招商局汽船六隻（每週四班），其他一、二家小公司船等，其中在日清汽船鳳陽丸以下的五姊妹船（稱為皆陽號），為三千噸到四千噸級的優良特殊汽船，船艙食堂

圖 28　航行長江上海—漢口間的日清汽船洛陽丸（昭和 4 年〔1929 年〕上海江南造船廠造）。總噸數 4,879 噸，是比當時的青函連絡船和關釜連絡船更大型的旅客船（出自《日本地理大系 別卷第 4　海外發展地篇（下）》）。

圖 29　往來臺灣航線（神戶—門司—基隆）的大阪商船扶桑丸（明治 41 年〔1908 年〕英國格拉斯哥〔Glasgow〕造）。總噸數 8,188 噸，後調為大連航線，在第二次世界大戰末期遭美軍潛水艦攻擊，在菲律賓沉沒（出自《日本地理風俗大系 第 15 卷　臺灣篇》）。

等設備亦不遜於其他航海汽船，搭乘感頗為舒適。」

不只在大陸內部的河川航行，根本上日本內地與外地往來時，幾乎所有的旅客都選擇搭船。因此，航行外海的那些客船也配備了充實的設施和服務，提供舒適的船旅。打開《旅程與費用概算》的昭和六年（一九三一年）版，對往臺灣的客運航線有下列的記述：

「內地與臺灣間航線，有神戶門司基隆航線與橫濱高雄航線兩種，而神戶門司基隆航線為最快捷路線，設備亦最完備。該航線一個月有一三班到一四班定期來往航線，運航的船隻為一萬噸級的優秀船，具備不遜於歐美航線汽船的設備。（中略）各船皆為盡善盡美的水上宮殿。」

比較每年《旅程與費用概算》記載的標準行程備註欄，會發現同一區段所需時間慢慢縮短，有時會列舉招牌列車的名字，或是新增加鐵路可利用的區間等，看得出火車旅行的品質一年比一年充實的樣貌。

舉一變遷的案例，就朝鮮金剛山探勝日程案而言，以昭和六年版與昭和十四年（一九三九年）版來比較，對金剛山盛讚：「奇絕之處，世界名山皆難與相爭，其豪壯、崇高之處，百座耶馬溪山亦無法形容金剛山之美。」（《旅程與費用概算》昭和七年修訂增補版）。[10]

昭和六年版雖只有寫著「釜山—京城十小時」，但是八年後的昭和十四年版改成「釜山．京城間急行（曉）列車六小時四十五分」，鮮鐵招牌急行列車「曉」大幅提升了速度。而京城到金剛山的行程，前者的金剛山電氣鐵路的終點在金剛口站，但在發行不久，昭和六年七月該鐵路已延伸到內金剛，所以，後者的標準行程也延伸到內金剛站。越過山脈到達日本海岸後的回程，昭和六年的時候，會在有溫泉旅館的溫井里，坐共乘巴士花四小時北上到歙谷，從那裡坐往元山的地方列車，抵達安邊，再改乘往京城的夜間列車，路程有點麻煩；但是到了昭和十四年，鮮鐵東海北部線通車，火車會開到溫井里附近的外金剛站，所以，從外金剛可以搭直達列車到安邊，不用坐巴士。在溫井里停留的時間可以拉長，行程也比較從容。溫井里有鮮鐵直營的西式飯店，登山客經常利用。

《旅程與費用概算》也在篇幅中，特別介紹昭和九年（一九三四年）在滿洲初亮相的滿

10 譯註：耶馬溪山谷位於九州，一八一八年儒學家賴山陽至九州旅行時，見耶馬溪山水之美，大為驚豔，詠漢詩「耶馬溪山天下無」，從此馳名。

圖 30　行走釜山—京城間的鮮鐵招牌特急列車「曉」最後一節一等展望車的豪華車廂（出自宣傳手冊《經朝鮮到滿洲》〔満洲へは朝鮮経由で〕）。

圖 31　位於外金剛的鮮鐵直營西式飯店溫井里飯店（出自《日本地理大系 第 12 卷　朝鮮篇》），亦附有溫泉設備，極受觀光客的好評。

鐵超特急列車「亞細亞」。該書昭和十三年（一九三八年）版中，不但放了奔馳中的「亞細亞」照片，同時也詳載滿洲唯獨「亞細亞」適用的特別急行票價，以及與其他急行列車不同的車票販賣方法。進而指點讀者，在大連港有專用的免費連絡公車接駁從神戶、門司搭旅客船的旅客，自碼頭載運他們到車站，轉乘「亞細亞」。

特急列車「亞細亞」的名字，從昭和十二年（一九三七年）秋天起，出現在小學五年級國定國語課本上，透過〈乘坐「亞細亞」〉（「あじあ」に乗りて）這篇作品，全日本的小朋友都認識這輛列車。昭和初期，全客車裝設冷氣、俄羅斯女侍者負責上菜，充滿異國情調的餐車、裝飾最尾端車廂的一等展望車、號稱流線型風格獨特的蒸氣機關車，還有以最高時速一百一十公里的速度，疾駛在大陸荒野，是世界數一數二的高速特急列車，這輛列車本身就是滿洲的亮點了。

驚異趨近外地的長空之旅

當時，外地旅行交通工具的主角是鐵路和船，但昭和初期出現了旅客用定期航空路線，成為新的公共交通工具，這裡就來談談這一段。

昭和三年（一九二八年）設立的日本航空輸送（昭和十三年〔一九三八年〕以後更名為

圖 32　流線型 SL 太平洋 7 型車頭的亞細亞號（出自《滿洲概觀》）。

圖 33　亞細亞號最後一節的展望一等車（引用當時的風景明信片）。

圖 34　亞細亞號最後一節展望一等車內（引用當時的風景明信片）。

「大日本航空」），經營定期旅客航班，從東京經由大阪、福岡，飛到朝鮮和關東州的大連。市售的《火車時刻表》昭和五年（一九三〇年）十月號已經登出它的航運時間表。《旅程與費用概算》的昭和六年（一九三一年）版「滿鮮周遊旅程」從東京到大連的標準行程，只記載了神戶—大連間的旅客船，但是到了第二年，昭和七年（一九三二年）修訂增補版，增列了「參考」的註釋項，插入了下列的三行文字。從東京到京城可以在同日內到達，航程約十小時，比起搭乘鐵路與關釜連絡船需要三天兩夜，快速得令人驚異。然而單程票價一百〇五日圓，相當於坐火車與船隻轉乘三等票價的五倍左右：

「（參考）日本航空輸送會社飛行航班（一週六班，週日停航）第一天東京發，抵京城（需時九小時五〇分，一．四七五公里，一〇五圓），第二日京城發，抵大連（需時三小時二〇分，六三三公里，四〇圓），金額東京大連一四五圓，大阪大連一一五圓，福岡大連八〇圓。

（航空券於各地Japan Tourist Bureau服務站發售）。」

之後，航空路線網漸漸擴大，《旅程與費用概算》也在公共交通機構欄中，將航空與

圖 35　飛臺灣的日本航空輸送客機（出自《Taiwan: a unique colonial record》）。

船、鐵路並列為選項。該書昭和十四年（一九三九年）版中〈前往臺灣的交通〉一節裡，介紹完各行程的航線後，新設「航空班次（日本航空輸送會社）」項目，列舉從福岡經那霸到臺北的「內臺連絡線」與從臺北飛往臺灣島內各地的「島內線」票價和所需時間。

在大陸方面，〈往鮮滿的旅行路線〉列舉了「海路經大連」、「經朝鮮」之外，還有「搭飛機的話」。除了前述日本航空輸送從東京經由朝鮮，往大連的定期班次外，又加了一條說明：「滿洲各地有滿洲航空公司的定期班次。」滿洲航空是昭和六年，由日本航空輸送的滿洲代表部創設了前身公司，後來在滿洲國建國後更名而成。在該書介紹奉天、新京等滿洲主要都市的頁面，一開頭就舉出從其他都市搭火車所需的時間與票價，接著則列出滿洲航空定期班次的所需時間與票價。

《旅程與費用概算》最後一次發行的昭和十五年（一九四〇年）版中，在第一次亮相的旅遊手冊地區「中支」，介紹從日本內地前往的交通途徑時，將航空放在海路前面。而「從北支前往」一欄，則可以觀察到名為中華航空的公司，充實了定期航空路線網。

至於這家中華航空，是一九三七年（昭和十二年）在北京成立的中華民國臨時政府，隔年於南京成立的中華民國維新政府，以及大日本航空等出資設立的中日合辦航空公司，雖然叫做「中華民國」，但與蔣介石領導的武漢國民政府毫無關係。當然，也與戰後在臺灣設立，今天仍在營運中的中華航空（China Airline）沒有關係：

「一、自日本內地

（1）航空（大日本航空公司的定期客機，每天都有班次自東京經大阪、福岡到上海）。

票價及所需時間

東京．上海間　一百五十圓　九小時（含途中降落時間）

大阪．上海間　一百一十五圓　八小時（同）

福岡．上海間　八十五圓　三小時半

使用的機型為清一色的大型道格拉斯（Douglas）新銳機，機上有開朗空中小

圖 36　大連周水子機場旅客登機的景象（出自《滿洲概觀》）。

姐的周到服務。」

「三、從北支出發

（中略）

（3）空路

北京．上海間的中華航空公司定期客機每天起飛。全線所需時間（含中途降落時間）為五小時半，票價為一百七十圓，而各發抵地相互間的票價及所需時間如下。

北京．天津間　三十分鐘，十五圓。天津．濟南間　一小時，四十五圓。濟南．徐州間　一小時，四十圓。徐州．南京間　一小時，四十五圓。南京．上海間　一小時，二十五圓。」

圖 37　大日本航空創設的南京紀念章。

用日語旅行的新領土

外地公共交通工具上配備的設備和服務，比起日本有過之無不及，所以日本旅客也能像在內地一樣旅行嗎？這也不盡然。不論今昔，對大多數日本旅客而言，語言的不同，可以算是國外旅行時不安元素的首位。就算是日本行使統治權的國家，或者擁有特殊權益的土地，都不可能讓生活在當地的人們突然從母語轉換成使用日語。從另一方面來說，日本統治或租借的地區，不管當地是否廣泛通用，但統治者日本的國語受到特別待遇，卻也是不爭的事實。這麼說來，對單純遊山玩水的日本觀光客來說，當時在外地的語言不同，到底造成多大程度的問題呢？

大正八年（一九一九年）的《朝鮮滿洲支那導覽》在〈旅客須知事項〉中有一頁「語言」，詳述了當時朝鮮及中國大陸的語言環境。當時的朝鮮自日韓合併後，只經過十年；而中國大陸雖然發生辛亥革命打倒清朝，建立了中華民國政府，但是中國全土尚未統一，正是各地軍閥割據，群雄並立的時期：

「不可否認朝鮮——鮮人之間當然使用的是朝鮮語，然而自合邦以來，內地人移居漸次增多，現今母國語之普及已遍及全土，邦人旅行者所到之處無語言不通之虞。」

但是，實際上當時的朝鮮，日語並不如書中誇口的如此普及。昭和十九年（一九四四年）帝國議會完成「昭和十八年末現在朝鮮人國語普及狀況」（《朝鮮總督府帝國議會說明資料　第10卷》不二出版，平成六年（一九九四年））中提到大正七年（一九一八年）的調查結果，也就是《朝鮮滿洲支那導覽》出版的前一年，懂日語的朝鮮人比例，只占全人口的百分之二弱，其實情很難用「現今母國語之普及已遍及全土」來形容。

話雖如此，在大正中期時的鮮鐵等鐵路設施現場，站員或車掌等接觸旅客的現職人員，以日本人為多，日本旅客在朝鮮搭乘火車時，幾乎用日語就可以過關了。當時朝鮮的鐵路站上，站名告示同時並列了漢字、（漢字的日語讀音）平假名、（漢字的朝鮮語讀音）諺文、（漢字的日語讀音）羅馬字等四個種類（參照圖38）。漢字是日本人與朝鮮人的共通文字，日本人用平假名讀法，朝鮮人用諺文發音，這是兩國人各別理解漢語的習慣。漢字的地名原

圖38　鮮鐵西浦站月臺。站名標示有漢字、平假名、諺文、羅馬字標註的日語拼音四個種類。

則上按音讀，[11]固有地名前加東南西北、上中下等文字時，只有該文字用訓讀，[12]例如：西平壤、上三峰等。用羅馬字讀日文字，是日本擁有主權的佐證。這種站名標記方式，在現代中華人民共和國吉林省的延邊朝鮮自治州，州內的鐵路站也繼續延用，同時並列了簡體字、諺文以及漢字中文讀音的羅馬字三種。而且，進入昭和年代之後，朝鮮人的鮮鐵職員漸漸增加，這表示自日韓合併後經過了多年，會說公務水準日語的朝鮮人人口增加了，旅客在車站或列車內接受旅客服務時，使用日語還是同樣通行無礙。

即使如此，依據前述的帝國議會資料，昭和十八年（一九四三年）末，當日韓合併超過三十年以上後，十歲以上的朝鮮人三人中約有一人懂日語的程度，所以日本旅客若想脫離主要幹線鐵路，造訪觀光地區時，能多少通一點朝鮮語，自然還是方便得多。昭和九年，鮮鐵發行的《朝鮮旅行導覽記》開場白便說「此時國語相當普及，大致上沒有國語無法通行的地方」，但是仍然設了類似現代國外旅行用語的專欄，將日語單字與同義的朝鮮語片假名並陳，作為「為內地旅客準備的一點應用單字」（圖39）。

與朝鮮同樣，於明治以後成為日本領土的臺灣，本島人約占島民的九成（由福建籍與廣東籍組成的漢族），自日本統治後仍然持續長年使用福建話、廣東話和漢文。只要能寫漢字，就能做最低限度的溝通，因而臺灣總督府到大正中期以前，並不熱衷於臺灣的日語教育。在臺灣，直到昭和一〇年代，戰爭色彩漸趨濃厚之後，才開始社會性地強烈獎勵使用日語。

另外，臺灣與朝鮮不同之處在於，高山地區有七個少數民族，統稱為高砂族，他們各族有自己的語言，因此，他們與平地的漢族、日本人或其他族之間，需要共通語言。在這個背景下，日語就發揮了這個功能。《臺灣鐵路旅行導覽》（台湾鉄道旅行案内）的昭和十五年（一九四〇年）版中記載「於是，今日懂國語者顯著增加，能說簡單日常對話的人達三〇、五四一人，即與全部人口對比，懂國語率達三成二。」由此可觀察在昭和十五年那時，高砂族三人中有一人能懂日語的狀況。

---

11 譯註：為漢字傳入日本時的漢語讀法。

12 譯註：日本固有同義字彙的讀法。

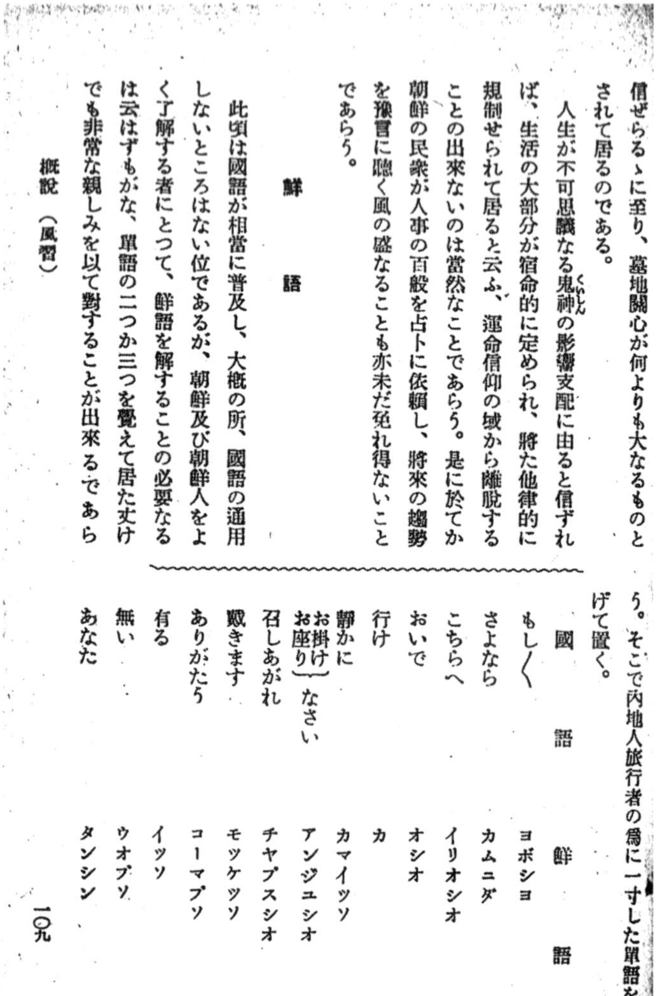

信ぜらるゝに至り、墓地關心が何よりも大なるものとされて居るのである。

人生が不可思議なる鬼神（くいしん）の影響支配に由ると信ずれば、生活の大部分が宿命的に定められ、將た他律的に規制せられて居ると云ふ、運命信仰の域から離脱することの出來ないのは當然なことであらう。是に於てか朝鮮の民衆が人事の百般を占卜に依頼し、將來の趨勢を豫言に聽く風の盛なることも亦未だ免れ得ないことであらう。

鮮語

此頃は國語が相當に普及し、大概の所、國語の通用しないところはない位であるが、朝鮮及び朝鮮人をよく了解する者にとつて、鮮語を解することの必要なるは云はずもがな、單語の二つか三つを覺えて居た丈けでも非常な親しみを以て對することが出來るであらう。そこで內地人旅行者の爲に一寸した單語を左に擧げて置く。

國語	鮮語
もし〱	ヨボシヨ
さよなら	カムニダ
こちらへ	イリオシオ
おいで	オシオ
行け	カ
靜かに	カマイッソ
お掛け／お座り なさい	アンジユシオ
召しあがれ	チヤプスシオ
戴きます	モッケッソ
ありがたう	コーマプソ
有る	イッソ
無い	ウオプソ
あなた	タンシン

概說（風習）　一〇九

圖 39《朝鮮旅行導覽記》（昭和 9 年）中刊載的日語與朝鮮語單字對譯一覽表。

但是，打開旅遊手冊，除此這邊的文字之外，臺灣部分卻找不到與語言有關的注意提醒事項。《旅程與費用概算》的臺灣頁面的「旅行上之注意及其他」項目，並沒有語言相關項目，《臺灣鐵路旅行導覽》裡除了說明前述高砂族的日語普及狀況外，也沒有關於與平地漢族溝通的指南。

臺灣島內的主要交通機構，即臺灣總督府交通局營運的鐵路車站內，站名會同時列出漢字與（漢字用日語發音）平假名。乘客購得的車票標明著漢字與假名混合的地名，假名只有「自—往—」的「自」和「往」而已，其他像是「通用發行日共三日」或「途中下車一回」等，極力使用漢字（某些不同票種也有用漢字「迄」、「—粁以上」）。日本內地和 Japan Tourist Bureau 發行的臥鋪券和針對旅客的優惠車票，除了大量漢字的日文之外，也附記英文。與旅客接觸的現職鐵道員中，日本人的比例依昭和元年（一九二六年）起四年間的統計，約有七到八成，少數臺灣籍的職員也會施予職務上需要的日語教育。也許因為這等情由，臺灣旅遊手冊的記述上，並沒有特別關於語言的提醒注意。

同樣的狀況也可以套在樺太島上。日俄戰爭後日本占有樺太，以前待在當地的俄羅斯人撤走，日本人成為主要民族，所以，幾乎沒有通用語言的問題。《旅程與費用概算》的各年度版，或是昭和三年（一九二八年）樺太廳鐵道事務所發行的《樺太的鐵路旅行導覽》中，根本沒有談及從日本內地前往樺太的人，可以用什麼程度的日語在當地生活的話題。

遼東半島末端的關東州與樺太，是日本同時獲得租借權的地方，關東州都市地帶的日本居民年年增加，尤其是大連和旅順市內，已到了每三人就有一個日本人的地步。對日本旅客而言，這裡可以算是日語在中國大陸全境最容易溝通的地區。日本獲得與關東州同樣權益的滿鐵，若是在大連或旅順搭乘時，所有旅客服務也都能接受使用日語。

日本因《凡爾賽條約》，而接

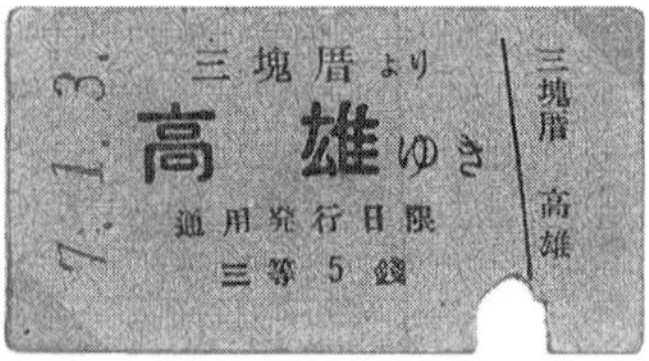

圖 40　昭和 7 年（1932 年）臺灣總督府交通局發行的火車票，使用了平假名（池田和政收藏）。

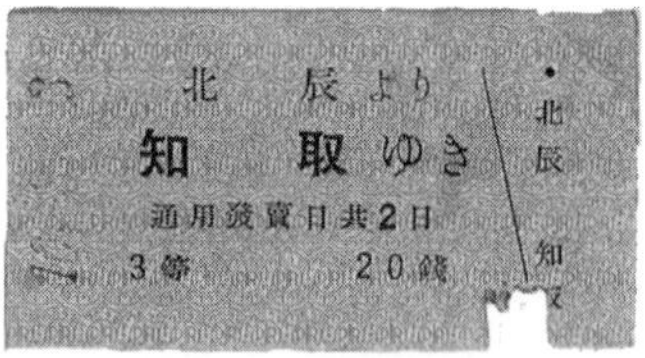

圖 41　樺太廳鐵路發行的車票。與日本內地的車票幾乎一樣（池田和政收藏）。

圖42　滿鐵的普通票。「自—往—」（ヨリ—ユキ—）用日文表示。

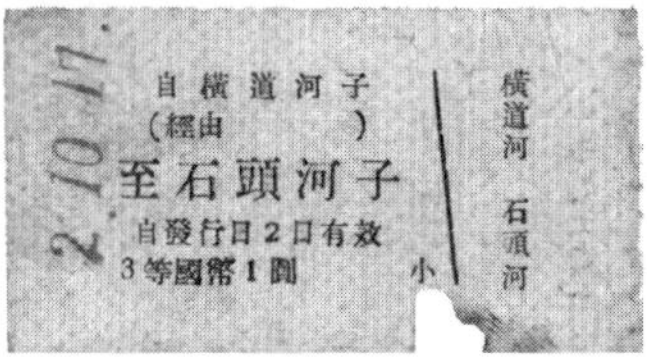

圖 43　滿洲國鐵的車票。年號用的是滿洲國曆，運費為「國幣」本位，只用漢字標示。

受國際聯盟委任統治的南洋群島，戰前曾為德國占領三十多年，更早之前還經歷過西班牙統治時期。日本統治時代，島上雖然還有少數懂德語或西班牙語，或者會讀寫羅馬字的島民，但是每個分布在太平洋上不同離島或民族的語言都不相同，土著之間並沒有共通語言。因此，日本開始統治後，立刻在各地建設學校，推動島民的日語普及。因此，在昭和十三年（一九三八年）出版的《南洋群島移居導覽》中可見：「自我占領以來，於各主要地方設置學校，離島亦於國人居留之地設立寺子屋式的學校，銳意致力於國語（日語）之普及，最後，了解國語者漸次增加。今日，全群島大部分至少已是可以口說日常瑣事的狀態。」而且據該書所述，昭和十二年（一九三七年）四月時，南洋群島的人口為「島民五〇、七四一名，國人五八、九八〇名，外國人一二六名，合計十萬九千八百四十七名」。而日本人比查莫羅族（Chamorro）、卡納卡族（Kanaka）組成的島民更多。從以上的狀況看來，雖然觀光旅客本身比朝鮮、滿洲少得很多，但是昭和以後，只要造訪帛琉、塞班等主要島嶼，旅客幾乎用日語就能得到所有需求。

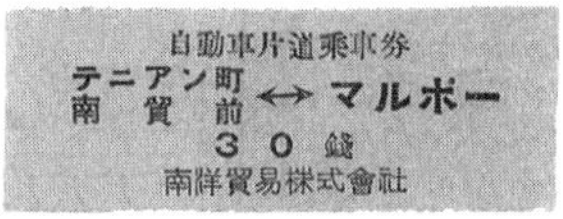

圖 44 天寧島（Tinian）的共乘巴士車票（上）與塞班島產業鐵路車票（下）。兩者都只用日文字標示（池田和政收藏）。

旅行會話情況彰顯的國際情勢

滿洲與朝鮮、臺灣、樺太、委任統治的南洋群島不同，不管是滿洲國建國以前，還是滿洲國成立之後，日本都未曾行使直接統治權。但是，滿洲的大動脈——滿鐵本來就是日本鐵路公司經營的日本鐵路，所以，日本的鐵路旅客自明治末年滿鐵草創期開始，就可以幾乎像在日本內地搭乘火車一樣，在相同的語言空間旅行。

滿鐵雖是帝國主義全盛時代經營的殖民地鐵路，不過很難得的是不只是幹部，連站員、車上服務員以日本職員占多數。車站內相當於警衛的巡查、沿線監視兵等，都是日本人。因此，在使用滿鐵時，幾乎不曾發生用日語說不通的狀況。

滿鐵的招牌——特急「亞細亞」（參照本書第136頁以後內容）車廂內，有著在俄羅斯革命前後，從俄羅斯（蘇聯）逃出來的白系俄羅斯小姐，[13]自昭和十年（一九三五）起在餐車廂擔任服務生，給旅客帶來異國風情，成為「亞細亞」號的服務特色。但是她們也與滿鐵直營的大和飯店其他接待服務生一起，接受完整的日語訓練。昭和十二年（一九三七年）搭乘「亞細亞」號，曾在餐車上接受她們接待服務的作家室生犀星，在散文中留下「身材高挑、標緻美麗、談吐優雅，日語也相當不錯。」（《駱駝行》竹村書房，昭和十二年）的感想。

但是與隔著鴨綠江鐵路直通的朝鮮不同，滿鐵從明治末期滿鐵開業到昭和十四年（一九三九年），除了部分日本人命名的日式地名例外，站名的正式稱呼原則上都是漢字的中式讀法。滿鐵是日本的權益鐵路，但是並不表示日本對鐵路站名所指示的都市本身也具有主權。都市名既然是中文讀法，日本旅客、站員、車上服務員即使是習慣按日語讀法來讀站名，但是車站標示上的羅馬字音標，也具有對非漢字圈的外國人，提供發音記號的功能，所以若按日語的拼法，會與都市名產生差異，不可能隨意使用。在日本握有全境租借權進行統治的關東州，大連和旅

圖 45　亞細亞號的餐車。中央是俄羅斯人服務生（引用當時的風景明信片）。

13 譯註：白系俄羅斯是指俄羅斯革命後，反對共產政權流亡國外的俄羅斯人。

順等著名車站則是例外，因為它們從早期就以日語讀音為正式站名，與前述狀況不同。

而且，雖說日本人是經營的主體，但是住在沿線的大多數中國人也會成為旅客，所以和臺灣一樣，車站、車票的票面文字都依賴漢字互通理解。旅行用的導覽手冊，除了日語版外也編製了中文版，而且滿洲北部住了很多白系俄羅斯人，所以特急「亞細亞」也製作了俄語版導覽。從這層意義看來，滿鐵與純粹說日語的日本內地環境完全不同，車站或車廂中經常充斥著以日語、中文、俄羅斯語為母語的民族，充滿了異國情調。

另一個例外是，奉天用現代中國標準語（普通話）來說的話，發音是「Fengtian」，但尤其在滿洲國成立後，開始用羅馬字拼成「Mukden」最為顯著。其他沿線鐵路設施相關標示，也可見到與滿洲文字並列的例子。

像這樣從滿鐵列車下車的日本人出站後，遇到語言問題該如何解決呢？滿鐵開業的十三年後，大正八年（一九一九年）出版的《朝鮮滿洲支那導覽》中，有關滿洲〈旅客須知事項〉底下的「語言與嚮導業者」中如此介紹：

「【語言】滿洲—滿蒙居民之間自然各以其方言交談，然而近年沿鐵路開發之現在的滿洲，語言分布依各勢力圈而有異，即概觀之，北滿鐵路沿線為俄語與支那

圖 46　漢字與中文拼音的英文並列的滿鐵奉天站指示標記（出自《南滿洲鐵路公司三十年略史》〔南満洲鉄道株式会社三十年略史〕霞山會收藏）。

圖 47　滿洲國時代哈爾濱市內公車的車票。漢字與俄文字並列（池田和政收藏）。

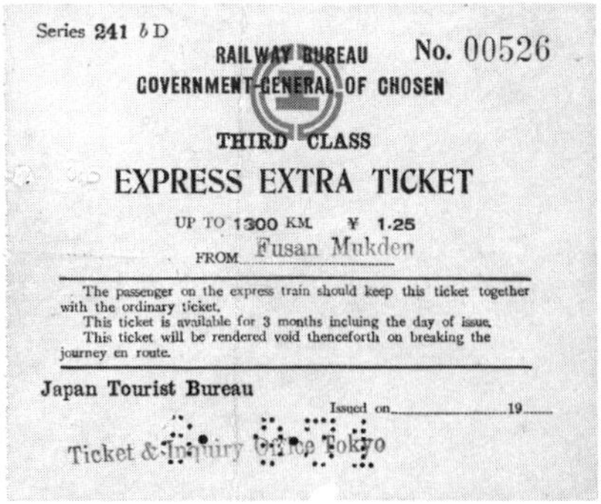

圖 48　昭和 6 年鮮鐵發行的三等急行券（釜山到奉天）背面。「奉天」的英文名變成了「Mukden」。

語並行，南滿鐵路沿線為日語與支那語並行。

繼而，長春以南滿鐵沿線的國人旅客，於旅館、店鋪或街頭來往的行人中，隨處都能遇到親切的母語接待，唯長春以北，國語的效用漸次稀微，俄語有以代之，不過哈爾濱尚有許多國人經營的旅館、商鋪，且店中雇用的支那人中，不少人多少懂些日語，大致沒有不方便之處。但是，雖說滿鐵沿線，但若走進鐵路地界外之側道時，宜委請懂當地土語者為前導，或有相當之嚮導相伴較佳。」

「【嚮導業者】鮮滿──釜山、京城、奉天、大連、旅順、長春、哈爾濱等各地都有Japan Tourist Bureau的分部或服務站，提供旅行上各種必要資訊，或配合旅客的商談，訂立周遊計畫、與嚮導斡旋，謀求其他諸般方便。

其他鮮滿各地所在的主要旅館均設有專業嚮導外，其雇員（二掌櫃或伙計等，多為支那人）大多懂得國語及支那語，得於相當條件下適當雇用之。但嚮導費固定，最多一日一圓乃至二圓左右。」

簡單的說，滿鐵營運路線長春以南的沿線主要都市中，只要不出「鐵路地界外之側道」，也就是在滿鐵附屬地內，俄語和中文較容易溝通，而東清鐵路區間所屬的都市，像哈爾濱的話，日本人經營的旅館、商店等較多，懂簡單日語的中國人也不少，所以對旅行者並非特別不方便，這便是大正八年當時，滿洲的通用語言狀況。

此後近二十年，到了昭和十三年（一九三八年）時，滿洲國成立，收購長春以北的東清鐵路，蘇聯撤離。滿洲鐵路網曾為中華民國所屬的路線轉為滿洲國鐵，歸入滿鐵的營運系統，日語的通用範圍以都市地帶為中心急速擴大。前一年（昭和十二年），日本將滿鐵附屬地自主歸還給滿洲國而不再存在，但是在滿洲國，日語和中文並行，同為公用語言之一，所以不論舊滿鐵附屬地的內或外，市區裡掛出「會說日語」告示的商店增加，原中華民國國鐵之下的地方鐵路，中國籍站長吞吞吐吐用日語引導旅客的案例也時有所聞。同年版的《旅程與費用概算》中，可以看到簡潔記述的當地語言環境：

「【語言】從位置的關係上，流行北平、山東方言，近來各個階層興起日語熱，風潮澎湃高張，全滿經營的公私立日語學校有一百數十家。

北京官話為主的滿洲語和蒙古語都成為公用語。」

另一方面，從滿洲穿過萬里長城，到北支地區旅行時，語言環境又是如何呢？關於這一點，從《朝鮮滿洲支那導覽》的記述，可以推測大正八年當時的狀況。中國各地的方言差異狀況，可以說「名稱、詞句同樣用同一文字表現，但是口語發音卻有顯著不同」，所以，中等階級以上的中國人之間，會使用比較大範圍通用的「官話」，大略可分為北京官話與南京官話。在這樣的語言空間，日本旅行者需完成什麼樣的旅行手續，能得到旅行資訊嗎？關於這一點，該書是這麼說的：

「【旅客當前使用的支那語】支那的語言狀況如同前述，純粹支那內地的旅行，旅客自己至少需通部分官話，或應有嚮導同行，但如北京、天津、漢口、南京、上海等大都市，與其他主要開港地，都有相當多國人居留，且有本國領事館、郵局、國人旅館、商鋪等，雖然旅客不懂支那語，但在此地靠著居留同胞，可享相當之便宜，不至於不方便。但是後段部分，到達上岸碼頭或鐵路車站時，盡可能預做準備。請旅館或熟人前往迎接為宜。

蓋旅客自到岸碼頭或車站，前往旅館及他處之間，不得不乘用舢舨、車馬、轎等，雇用此類工具時就只能以支那語溝通，因而若有相迎者，則可將洽談交由其人

圖 49　這種小船叫「舢舨」（出自《上海情勢（在上海帝國總領事館調查）》）。

圖 50　中國式的單人轎。形式有很多種（出自《南方的據點・臺灣寫真報導》〔南方の拠点・台湾写真報道〕）。

處理，若無相迎者，旅客就必得自己指示去路——本書篇末的旅行用支那語表雖然簡短，但遇此種狀況時應有幾分效用。」

「【嚮導業者】支那——北京、青島、濟南、上海及香港各地，都有日本國際觀光局 Japan Tourist Bureau 的服務站或代理店，與前述鮮滿所在的服務站一樣，對內外旅客給予旅行上諸般方便外，另於北京、上海、香港各地，有通濟隆 Thomas Cook & Son 及萬國臥鋪車公司 The International Sleeping Car Co. 分店或代理店，這些店亦為內外旅客代理販賣汽船或鐵路車票，以及代辦其他旅行上之必要業務。

英語及支那語之通譯者除前述通濟隆，也可透過其他主要歐式旅館找到，日語及支那語的嚮導，經由日本國際觀光局的各服務站，或是支那各地的國人旅館，應該很容易找到。而且這種嚮導極少以此為專業，大多是在當地居留國人的志願者，又或旅

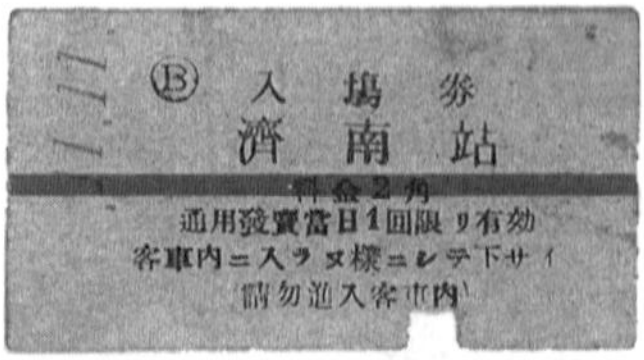

圖 51　華北交通濟南站的入場券。日文與中文並列（池田和政收藏）。

圖 52　上海平面電車的乘車券。中文與英文並列（池田和政收藏）。

館、商鋪的掌櫃、夥計等隨時調用。繼而其報酬亦為固定，大致上比照前述鮮滿條目末段範例，應不會差太遠。」

開港地，也就是設置日本租界的地區，依靠某種程度的日語勉強都能溝通，但在此之外的地區行走時，若不懂中文就會出現困難，所以，請在當地旅行服務處雇用翻譯，或是多應用本書書末的「旅行用支那語表」吧——即使是現代的中國旅遊手冊中，也會記述這種的內容。這本書的書末有一頁「現用支那語」，條列旅行各場面日語經常使用的單字或短對話，以及相對應的中文漢字、用片假名顯示該漢字的中文讀法，以及標出發音的羅馬字。《朝鮮滿洲支那導覽》雖然像是可收進大口袋的小型旅遊手冊，但是，到底有多少日本旅客會一手拿著這本書，像現代《旅行指南會話帳》（旅の指さし会話帳）一般，嘗試與當地的中國人溝通呢？

滿洲國成立後，日幣成為主力貨幣

國外旅行者傷腦筋的事，一是語言不同，另一個就是貨幣，也就是匯兌的問題。

日本領土內流通的貨幣為日幣（本國領土與本國中央銀行發行的貨幣成為流通的日常貨

幣，在理論上並無必然關係。現代中國的人民幣並未成為香港、澳門的日常貨幣就是個很好的例子），在這個前提下，日本於明治以後獲得的新領土臺灣、樺太、朝鮮，以及租借地關東州、委任統治的南洋群島，都直接通用日本銀行券。[14]

在銀行券之下，臺灣有臺灣銀行發行的臺灣銀行券，朝鮮半島有朝鮮銀行券，各自有獨立的貨幣系統。這些紙幣雖然與日本銀行券等價，但臺灣銀行券、朝鮮銀行券不能在日本內地流通。日本銀行券在外地或內地都能使用，所以並不完全是對等關係。因此，從日本內地到臺灣或朝鮮的旅客為了將手邊剩下的當地貨幣重新換回日本銀行券，在當地與日本內地往來船隻的發抵港、回內地的客船內，或者是下關等內地客船的發抵港等，都開設了朝鮮銀行分行或臺灣銀行服務站。

在日本租借地關東州，並未發行獨立的當地貨幣。從滿洲國成立以前就流通日本銀行券和朝鮮銀行券。尤以朝鮮銀行券為主流，打開《旅程與費用概算》的昭和十年（一九三五年）版的大連觀光指南頁記述：「關東州內到處都使用日本貨幣，尤其朝鮮銀行券廣為使用。」大連碼頭有朝鮮銀行的服務站，走大連航線搭船回日本內地的旅客會在這裡將錢兌換回日幣。

由日本扶植的滿洲國成立後，《旅程與費用概算》昭和十三年（一九三八年）版的「關於貨幣」，一開頭提到滿洲也直言「如後記，貨幣大抵（原引文如此）上日本貨幣便充分夠用，攜帶上以日本貨幣為主，萬一需要時，在當地兌換需用額即可（攜帶正金銀行信用狀或JTB支票更為便利。）」強調不用在意匯率也能旅行的便利性（括號內的「正金銀行」指的是橫濱正金銀行，一般以為擅長外幣的戰後東京銀行，是現在三菱UFJ銀行的前身。關於信用狀，請參照本書第172頁以下的內容）。接著又說「貨幣流通的種類為日本貨幣、朝鮮銀行紙幣、滿洲國幣三種。滿洲國幣與我國貨幣，都可以等價使用，所以不必兌換。」由此可知滿洲有獨立的貨幣稱為「國幣」（滿洲中央銀行券），與日幣等價，所以日幣與朝鮮銀行券在滿洲不用兌換，可直接當成當地貨幣使用。擴展到滿洲全境的滿鐵在票價方面，書中明確記載：「鐵路的資費等價收受日幣與國幣，不予區別，不論用哪一種錢支付都沒問題。」所以大致可以觀察到購物時，日本旅客將日本內地使用的日幣直接在當地當成支付貨幣，而且零錢裡經常混著滿洲中央銀行券或朝鮮銀行券的狀態。

有段時間，日幣的通用範圍之廣擴及到北支方面。該書的「關於貨幣」也說明了北支方面的匯兌狀況：「事變後，天津、北京都能自由流通日本銀行券、朝鮮銀行券及滿洲中央銀

14 譯註：即日本銀行發行的紙幣。

圖 53　滿洲中央銀行的 10 圓紙幣。背面（下）左側有滿洲文字。

行券，不僅是旅館住宿費、車馬費，過去外國商店中的美元商品價格，也全都改成金本位，所以不必特地兌換。」接著又加上但書：「只是現在北支流通著中國、交通、中央、河北銀行券及冀東銀行券，有些店鋪會在金銀的匯率上多少拉開差距買賣，所以必須換算一下」。說起來身在外國卻能直言「不需特別兌換」，日幣能流通到這個地步本就值得大書特書了。日本銀行券在廣大的東亞地區，發揮了軸心貨幣的功能，因此，住在日本內地的日本旅客加上滿洲全境，即使到中華民國內，除了極邊陲的地界，都可以完全不用兌換手續就能在外地旅行。

這種狀況很難不說對中華民國的貨幣主權是一種損害，待中華民國內的貨幣制度整建完備後，旅行資訊中也看出了變化。中華民國在一九三五年，蔣介石領導的國民政府發行了新的統一貨幣，叫做法幣。但是昭和十二年（一九三七年）盧溝橋事變之後中日軍事衝突，導致蔣介石政權從北支撤退，於是法幣不再在北支流通。然後，該書昭和十五年（一九四〇年）版敘述「北支的貨幣統一為中國聯合準備銀行發行的紙幣」，說明了入境北支時，需要兌換中華民國臨時政府設立之銀行發行的「聯銀券」。

如此這般，日幣在北支直接使用的異常方便性，從旅遊手冊的記述中消失了，但在國境，不用特別準備美金，用日幣都能直接兌換聯銀券，可以說對日本人相當方便的了。

全世界最複雜——滿洲國以前的中國貨幣情勢

但是，中國大陸匯兌如此方便的情形，在該書發行僅六年前，在滿洲國成立之前，是無法想像的。滿洲國是在昭和七年（一九三二年）三月建國，昭和七年修訂增補版的《旅程與費用概算》是根據一個月後，即同年四月的資訊編纂。翻開其中「關於貨幣」的頁面，它如此解說：「前往北滿哈爾濱方面及支那旅行時，第一感到不便的，倒不是語言的不通和土地的不熟悉，而是一般貨幣的極度複雜。」貨幣太過複雜，對旅行者而言竟然是比語言不通更大的難題。

滿洲國成立之後，並不表示這些問題立刻便得到解決，該書的昭和十年（一九三五年）版還是寫道：「本來滿洲國是銀本位國家，所以與日幣的換算十分麻煩」或是「中國果真是世界上貨幣最複雜的國家，各地方竟有貨幣不同之情事」。與「朝鮮、滿洲等日本經營的鐵路沿線，日本貨幣及朝鮮銀行的兌換券流通，旅行上毫無不便之處」一文完全相反。順帶一提，在滿洲「日本經營的鐵路沿線」通用日幣，所以貨幣狀況良好，是因為滿鐵附屬地（參照本書第105頁內容）並不受中華民國政權管轄，所以連貨幣方面，能夠讓日幣在一定範圍內通行無阻。

昭和初期中國貨幣狀況是全世界最複雜的原因，從「本來滿洲國是銀本位國家」即可看出端倪。中國大陸自滿清末年開始，到中華民國時代的一九三五年為止採用銀本位制，貨幣可以與銀子交換。而且，由於當時尚未成立貨幣特權（政府可獨占發行本國貨幣之權限）——這可稱之為近代統一國家的經濟主權，所以中國各省還繼續鑄造各自的貨幣。這麼一來即使同樣面額的貨幣，也會因為發行省分不同而出現品質良莠不一的狀況。所以，某些省發行的貨幣到了別省會被打折扣，遠地發行的貨幣甚至不當成貨幣受理。例如：日本國內除日本銀行外，各都道府縣也都握有獨立鑄造、印刷硬幣和紙幣的權限，但是北海道廳發行的一萬圓紙幣，沖繩縣以距離太遠不確定正確行情為由，禁止在縣內使用，而東京都內，關東地方以外發行的日幣，只承認面額的七折價值。與中國大陸的狀況相似。

也就是說，對貨幣的信任，與對中央政府的經濟信用度高低並無關係，重要的是「實際上能不能換到適量的銀子」，民間匯兌商與地區經濟關係密切，並因為日常匯兌業務，而實際擁有交換銀子的能力，所以反而比中央銀行握有更大的權力。「有些貨幣種類於某一地方之外不適用」，昭和七年修訂增補版的《旅程與費用概算》記述絕對不誇張，至少在貨幣方面，昭和初期的中華民國尚未形成近代統一國家的體質。

該書也列舉每個滿洲地區通用的貨幣與各種使用場合的不同，所以我將它做成圖表（表54）。這份資料還加了註釋，似乎是昭和六年（一九三一年）九月，發生九一八事變以後最新狀況：

「除採購鐵路乘車券、臥鋪券之外，滿洲事變後除內陸之外，各地通用，旅行使用日本貨幣大致足夠。不妨說，比起高低變化無常的支那貨幣，支那人民有更歡迎日幣的傾向，所以，可以稍稍紓解旅客最不便的匯兌麻煩。然各地商品等售價，

表54　滿洲旅行時貨幣相關注意（出自昭和7年修訂增補版《旅程與費用概算》中〈青島及鮮滿旅行〉的「旅行上諸注意事項」）。

	路線、都市	貨幣種類
採購乘車券類	滿鐵線	金圓本位（日幣或朝鮮銀行券）
	中東線（東清鐵路）	金盧布本位（以哈爾濱大洋購入）
	其他路線	現大洋
各都市的貨幣	奉天、新京	日幣。城內有現大洋、奉天洋
	洮南	現大洋、奉天洋
	齊齊哈爾	現大洋、哈爾濱大洋（貨幣價值約為在哈爾濱的哈爾濱大洋的半額）黑龍江省官帖
	哈爾濱	哈爾濱大洋
	吉林、敦化	現大洋、吉林大洋、哈爾濱大洋、吉林官帖、奉天洋
	錦縣	現大津

〔參考〕大洋銀（含港幣、墨西哥銀），四月中1圓的行情，為日幣約70錢左右。

仍以當地貨幣定之，應特別小心熟知當日兌換率者趁日幣支付時，賺取不當之利。」

這段文字可窺見九一八事變後當地經濟環境的變化進展狀況。

此處列舉的多種貨幣，在《旅程與費用概算》中的說明，聚焦在旅行資訊的通用狀況。其中有幾點，如果不補充說明的話，現代恐怕難以理解。為了短期觀光旅行，如此複雜的貨幣制度到

表55　「北滿哈爾濱方面及支那」地區「一般流通貨幣的種類」（出自昭和7年修訂增補版《旅程與費用概算》中〈鮮・滿・中國旅行〉的「關於貨幣」一節）。

貨幣的種類	券種、通用範圍、交換價值等
銀元（或大洋銀）	有北洋銀、湖北銀、廣東銀、墨西哥銀圓、港幣、日本銀圓等種類。其中墨西哥銀（墨銀）流通範圍最廣，其次港幣則流通在南支一帶、北平及天津方面。 通用價值 1 元（1 銀圓）相當於日幣約 70 錢。
小銀錢（或小洋銀）	有 1 角、2 角兩個種類。1 角相當於日幣約 10 錢。 現今支那全國各地通用，又叫做法貨，但是它的兌換率，大洋銀 1 元（1 銀圓）對 11 到 12 角，而且視市場存貨的多少經常變動。
銅元（或銅子兒）	有 2 分、1 分兩個種類。一般兌換率為小洋銀 10 角（100 分），可兌 270 個左右的 1 分銅元。 1 分相當於日幣的 1 錢
票子	內外銀行發行的銀圓兌換券，有 1 銀圓、5 銀圓、10 銀圓、50 銀圓、100 銀圓及 10 分、20 分等種類。

底要記到什麼程度，看法見仁見智，不過這裡要先以《旅》月刊大正十三年（一九二四年）九月號刊載的特別報導〈支那旅行與其貨幣的故事〉（支那旅行とその貨幣の話，荒尾榮次）的記述，和昭和七年修訂增補版《旅程與費用概算》中「關於貨幣」列舉的「目前一般流通的貨幣種類」（表55）來解說。

首先，「流通範圍最廣」的「墨銀」是墨西哥銀圓。先不提港幣，大正到昭和初年，墨西哥銀圓之所以在中國大陸最為流通，是因為當時墨西哥銀圓在歐美到亞洲的廣大範圍，是貿易上的流通貨幣。從清朝末期對外貿易昌盛開始，墨銀流入中國大陸，因而也與國內貨幣具有同樣的價值。這裡提到的「日本銀圓」，是明治初期到大正時代，日本鑄造的對外貿易專用銀貨。

這些外國貨幣與現代硬幣一樣鑄成圓形，比起以前中國大陸流通的銀錠等秤量貨幣（測量重量、品質決定交換價值的貨幣）有種種形狀，處理起來比較方便，不久後，中國各省也都鑄造圓形的銀貨，「圓」這個單位的名稱就是從此而來，正字的「圓」字畫太多，所以用中文同音字「元」代替沿用至今。這樣鑄造出來的銀貨稱為洋錢，「洋」在中文裡是外國的意思。

洋錢分為大洋錢和小洋錢兩種，大洋錢又叫做銀元或洋銀，基本貨幣一元。但是，各省任意鑄造品質有差異，所以「直隸省鑄造的銀元，廣東省不流通，東三省的銀元，到支那本國一帶兌換時，必須打折扣的狀態」（前述〈支那旅行與其貨幣的故事〉），必須特別小心。

小洋錢是大洋錢的輔助貨幣，單位是角。面額根據十進位，十角應該等於一元，但實際購物時，如表55的說明，「兌換率為十一角乃至十二角對大洋銀一元，而且視市場存貨的多少經常變動。」例如：用大洋錢一元買小洋錢一角的貨品，找的零錢不是小洋錢九角，而是十角，有時還到十一角。也許聽起來好像賺到了，但這是小洋錢品質劣於大洋錢所發生的現象。而且大洋錢的價值不穩定，時有差異，所以依據拿出的大洋錢發行地，或是購物地區的不同，有時會被視為比面額低的金額，找零的小洋錢也會更加減少。

在這些銀元之外，還有稱之為銅元（銅子兒）的銅錢存在。銅元也有形形色色的種類，依據〈支那旅行與其貨幣的故事〉所述，「幣面有鑄造出光緒之寶、大清當制、開國紀念幣等不同的貨幣，其中開國紀念幣（有民國國旗紋章）及各種二錢銅幣，因為品質粗劣等其他原因，往往會被拒絕交換。」清朝時代發行的硬幣在市內的通用性，比當今政權的中華民國發行的貨幣更好。由此可以觀之，國民對中央銀行發行的硬幣有多麼不信任。

最後的「票子」，在中文中指的是紙幣，發行的紙幣種類也各式各樣，不過，表面上雖然與硬幣等值，實際上紙幣的價值多比硬幣更低。「大洋票、小洋票、帖子（官帖、私帖）等，種類繁多，但在發行地以外，未見圓滿流通，真與面額硬幣一致通用者少，按發行者之信用、威令多寡而各有不同。除最近發行之中國、交通兩銀行兌換券，及其他一二，俱都比面額低廉。中有其甚者，地方性紙幣離該地愈遠，其價格愈低，稍遠之外甚至變得無價值之物，應特別注意之。」（前述〈支那旅行與其貨幣的故事〉）總之收取紙幣的話，在當地花光成為了旅行者唯一的對策。

然而，短期停留的觀光旅行者要正確了解如此複雜的貨幣內情，在當地適當的對應，幾乎是不可能的事。因此，昭和七年修訂增補版的《旅程與費用概算》裡建議：「旅行者雖可攜帶橫濱正金銀行、臺灣銀行發行之銀圓兌換券、小銀錢、銅元等，但不如攜帶有信用的日本貨幣，到目的地後只兌換需用之額度，或者攜帶正金銀行之信用狀，於各地同行分店換取所需額度，反而較為方便。」

這裡提到的信用狀，是指旅行者事先在銀行支付一定金額，銀行依據金額範圍開出有價票據，委託各地銀行收購的保證書。旅行者提出信用狀與證明本人的筆跡證明書後，便可取得現金，銀行則在信用狀背後記載該筆金額。功能類似旅行支票（travel check，平成二十六年〔二〇一四年〕三月，日本國內停止販賣），但是有必須在指定的銀行才能使用，而且假日銀行關閉，無法領出現金等難處。不只是戰前，戰後日本的海外旅遊手冊中也有介紹（參照本書第244頁內容）。

這種狀況在滿洲國成立後的滿洲地方率先有了改善。昭和十年版的《旅程與費用概算》中，描述建國第三年時滿洲國的貨幣狀況：

「於滿鐵沿線，日本人之間使用日本圓貨（含朝鮮紙幣），對一般滿洲人雖也通用圓貨，但滿洲國有鐵路的票價為國幣本位，滿洲人商店一般是用滿洲國幣標示商品的價格，必須預先知道當天的兌換率，準備好國幣在身比較方便。重要都市到處都有匯兌店。」

滿洲國有鐵路不同於滿鐵，它原本是屬於中華民國的鐵路路線，自滿洲國建國才成為滿洲國的國鐵。日本鐵路公司經營的滿鐵，原本是用日圓計算票價，而滿洲國鐵的票價體系，當然是用滿洲國的貨幣為基準。日幣與滿洲國幣最初並不等價。因而日幣與滿洲國幣的兌換率就成了旅行者在意的事。這一點和一般的國外旅行相同。

而且，在《旅程與費用概算》發行的昭和十年，滿洲國廢止銀本位制，採取日幣與滿洲國幣等值的措施。而萬里長城以南的中華民國，同年也取消銀本位制，引進管理貨幣制度，開始流通不能兌換銀元的不兌換紙幣。經此措施，在滿洲即使有日幣也不用兌換。就算在北支，也不用抱著嘩啦嘩啦的沉重銀兩到處走，或是在各個地方將它們全部兌換，而是兌換中華民國所定銀行發行的紙幣在全境旅行，形成昭和十三年（一九三八年）該書提到的便利貨幣環境。

通行日本軍票的中支與大正時期的膠濟鐵路

以上就是從旅遊手冊和旅行雜誌中解讀滿洲與北支的旅客匯兌狀況。那麼，與這些地區相比，旅行資訊稀少的中支（現在華中）以南的貨幣狀況又是怎麼樣的呢？

如前記表55（本書第169頁），昭和七年（一九三二年）修訂增補版的《旅程與費用概算》中提到墨西哥銀圓流通範圍最廣，位居次位的港幣在「南支一帶」流通。大正八年（一九一九年）的《朝鮮滿洲支那導覽》和昭和十年（一九三五年）版的《旅程與費用概算》敘述幾乎相同。因此在盧溝橋事件引爆中日間軍事衝突以前，中支以南的貨幣環境大概都是處在這種狀態，維持穩定。

之後，中支以南的匯兌資訊暫時從《旅程與費用概算》中消失，而最後一次發行的昭和十五年（一九四〇年）版，加入了第一次也是最後一次的中支旅遊手冊頁，這裡面提到了匯兌環境。當時，盧溝橋事變已發生了三年，書中就當地的治安，如此解說：「自占領武漢以來，皇軍雄威遠及中國邊境，上海到南京、杭州的鐵路沿線治安大多確立，應該可稱毫無妨礙列車的狀態，列車發抵時間維持準確。」在「觀光地的恢復」項目中也記載「占據觀光地首位的杭州，於支那事變中未受任何損害，只是因為照管不完全，而顯得幾分荒廢，但是現在幾乎恢復原貌。蘇州雖有少數損害，但亦經自治委員會整理恢復，幾乎回歸舊觀。其他各地的觀光地漸次復舊。」強調觀光旅行地通暢無阻。

不過只要看了「貨幣」的旅行資訊，就知道日本軍發行的軍票成為主要貨幣的一部分，很難說當地情勢與平時無異。昭和十六年（一九四一年）二月，華中鐵路發行的《華中鐵路沿線導覽》（華中鉄道沿線案內）記載：「中支占領區內的貨幣，全都改為使用軍票，所以出港前一天或當天攜帶的錢，全部必須換成軍票。」蔣介石政權（國民政府）發行的舊法幣、立場依靠日本的北京臨時政府發行的聯銀券，都不能使用了。

不只在中支，行走北支山東省的膠濟（山東）鐵路有段時期也通行日本軍票，所以這裡也介紹一下。

膠濟鐵路為自青島到濟南間，全長三百九十四公里的鐵路，是德意志帝國自清朝獲得的山東省特殊權益，一九〇四年（明治三十七年）通車。第一次世界大戰中成為戰勝國的日本，藉《凡爾賽條約》接收了德國的權益，其中包含這條鐵路。後來在中日的協議下，大正十二年（一九二三年）歸還中華民國，大正中期有八年多時間，膠濟鐵路是由日本經營。

本書頻繁引用的《旅程與費用概算》裡，外地旅行的標準行程，青島經常與北京、上海並列出現。對現代的日本觀光客而言，青島作為觀光旅行地，知名度比北京和上海低，所以戰前外地旅遊手冊上，頻頻出現青島這個地方特別引人注目。其實這是因為青島曾是日本的特殊權益地，與日本內地的連結特別強的關係。

經營膠濟鐵路的日本青島守備軍民政部鐵道部於大正九年（一九二〇年）發行了《山東鐵路旅行導覽》（山東鉄道旅行案内），是一本詳細記載膠濟鐵路旅行資訊的旅遊手冊。據書中提到：「山東鐵路的各項工資全部是銀本位，只能領取軍票、日本銀圓和橫濱正金銀行青島鈔票三種。但是，日本貨幣依當天軍司令部公定行情，兌換成銀子收入。」儘管《凡爾賽條約》已經簽訂，對德戰爭也正式結束，但軍票還是作為實際收取貨幣之首，顯示這條鐵路沿線不像關東州那麼安定吧。最終，大約在該導覽發行的兩年半後，日本將膠濟鐵路歸還中華民國。

圖 56　昭和 16 年發行的《華中鐵路沿線導覽》。

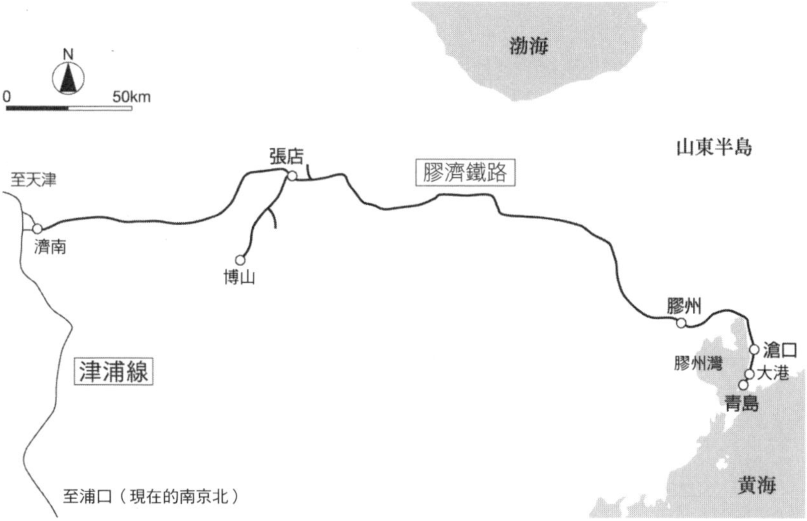

圖 57　膠濟鐵路路線圖。

設定以分單位的時差

時差雖然不像語言或貨幣的差異那麼嚴重，但卻是國外旅行者不論古今，必然要面對的一個現象。本來，不論時代或統治者如何變化，只要國土位置不變，時差也應該不會改變。但是在第二次世界大戰之前的外地與現代不同，各地都設定了與日本內地不同的時差，而且依時期的不同，還會有微妙的變化，這一點也展現在旅遊手冊的記述演變上。

現代世界的標準時間，極少設定三十分鐘單位的時差，大多是以一小時為單位。但是以前並非如此。

明治時代，統治朝鮮半島的大韓帝國

圖 58　行駛膠濟鐵路的急行列車（上）和臥鋪車內的狀況（下）（出自《山東鐵路旅行導覽》）。

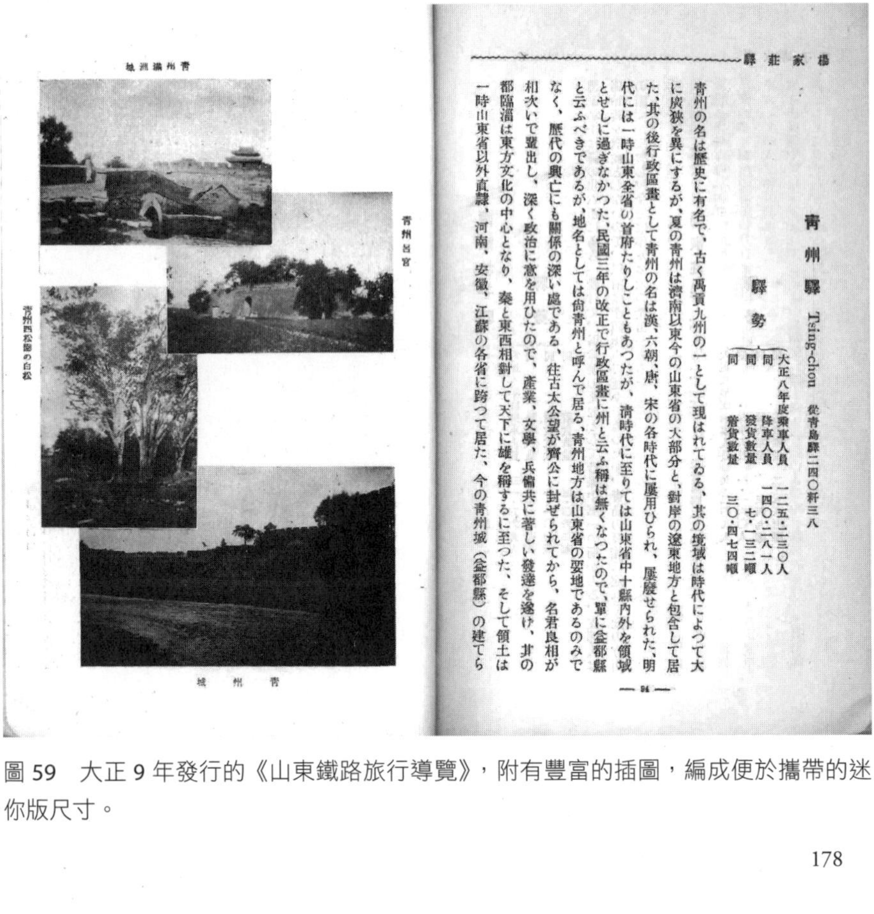

楊家莊驛

青州驛 Tsing-chou　從青島驛二四〇粁三八

驛勢
大正八年度乘車人員　一二五・二三〇人
同　降車人員　一四〇・二八一人
同　發貨數量　七・一三二噸
同　着貨數量　三〇・四七四噸

青州の名は歷史に有名で、古く禹貢九州の一として現はれてゐる、其の境域は時代によつて大に廣狹を異にするが、夏の青州は濟南以東今の山東省の大部分と、對岸の遼東地方と包含して居た、其の後行政區畫として青州の名は漢、六朝、唐、宋の各時代に屢用ひられ、屢廢せられた、明代には一時山東全省の首府たりしこともあつたが、清時代に至りては山東省中十縣内外を領域とせしに過ぎなかつた、民國三年の改正で行政區畫に州と云ふ稱は無くなつたので、單に益都縣と云ふべきであるが、地名としては尙青州と呼んで居る、青州地方は山東省の要地であるのみでなく、歷代の興亡にも關係の深い處である、往古太公望が齊公に封ぜられてから、名君良相が相次いで輩出し、深く政治に意を用ひたので、產業、文學、兵備共に著しい發達を遂げ、其の都臨淄は東方文化の中心となり、秦と東西相對して天下に雄を稱するに至つた、そして領土は一時山東省以外直隸、河南、安徽、江蘇の各省に跨つて居た、今の青州城（益都縣）の建てら

— 94 —

圖 59　大正 9 年發行的《山東鐵路旅行導覽》，附有豐富的插圖，編成便於攜帶的迷你版尺寸。

採用與日本內地相差三十二分的標準時間（京城標準時間）。日韓合併之前的一九〇八年（明治四十一年）改成三十分差。日韓合併後的明治四十五年（一九一二年），[15]朝鮮半島的標準時與日本內地同步。

滿鐵在大正六年（一九一七年）發行的《南滿洲鐵路旅行導覽》，不但解說滿鐵採用的標準時間，還羅列了日本內地、朝鮮以及經由西伯利亞鐵路到達的俄羅斯，及其終點所在的歐洲時差，製作成下列的一覽表：

「本社標準時間	正午十二時
京奉線	正午十二時
日本內地及朝鮮	下午一時
哈爾濱	下午十二時二十三分
彼得俱羅土	下午六時一分
伯林	上午五時

15 編按：明治四十五年到該年七月三十日為止，其後就是大正元年。

巴里	上午四時四分
倫敦	上午四時」

從這張一覽表可知，日本內地與朝鮮之間沒有時差，滿鐵標準時間與日本內地和朝鮮之間，有一小時的時差。到這裡為止沒有什麼特別，但哈爾濱的標準時比滿鐵慢二十三分，巴里（黎）與倫敦之間的時差為四分鐘則令人注目。另外，俄羅斯帝國的首都彼得俱羅土（即聖彼得堡）「下午六時一分」比滿鐵標準時快六小時一分。俄羅斯首都在滿洲以西，不可能比遠東的滿洲標準時間快，與同列的柏林、巴黎、倫敦相比，這應該是「上午六時一分」的誤植。不管如何，時差以分為單位可以說是最大的特徵。

其中，最讓從長春搭滿鐵轉乘東清鐵路，前往哈爾濱的日本內地旅行者傷腦筋的，莫過於滿洲北部哈爾濱的標準時間，與滿鐵標準時間差二十三分鐘。同車站的月臺上，一側停車的滿鐵列車，與對向往哈爾濱的東清鐵路列車，竟然根據相差二十三分鐘的標準時間在運行，所以，轉乘的乘客腦中必須時時記著，不論自己的手錶對準哪一邊的標準時間，另一側列車的發抵時間，一定比手錶上的時間差二十三分鐘。

而且，到了大正末期，哈爾濱時差更擴大到二十六分鐘。鐵道省編纂的《鐵路時刻表》

昭和五年（一九三〇年）十月號開頭「歐亞聯絡旅客票價及標準時間」頁（圖60），這裡標註的東歐時間比日本內地晚七小時、中歐時間晚八小時，西歐時間晚九小時，取消了歐亞之間分鐘單位的時差，不過唯獨哈爾濱時間比日本內地晚三十四分，仍舊維持分鐘單位的時差。

這個哈爾濱時間，不只是哈爾濱及其周邊的東清鐵路沿線，連臨日本海的蘇聯海港海參崴也都使用。說明了滿洲北部東清鐵路和周邊，受俄羅斯及其後繼國蘇聯所控制。但是，位於東清鐵路沿線的黑龍江省會齊齊哈爾，卻採用比哈爾濱時間快三十分鐘的齊齊哈爾時間，所以有點奇怪。

總之，在滿洲混雜著與日本內地差一小時的滿洲時間，與滿洲差二十六分鐘的哈爾濱時間、差五十六分鐘的齊齊哈爾時間，旅行者必須在到訪的都市或乘用的交通工具，調整自己的手錶時間。這種狀態直到滿洲國成立後才消除，昭和十年（一九三五年）版的《旅程與費用概算》裡記載「廢除過去使用的哈爾濱時間，統一為滿洲時間，旅客在滿洲境內不需再擔心時差的問題了」。而且，從昭和十二年（一九三七年）一月起，滿洲的標準時間本身也吻合日本內地標準時間，所以日本內地與滿洲變成無時差。

昭和十二年更進一步，廢除了臺灣、澎湖群島、沖繩八重山群島、宮古群島適用的西部標準時間（比日本內地晚一小時）。臺灣是自甲午戰爭後的明治二十九年（一八九六年）開始使用西部標準時間，這次廢止後，從千島群島最東端到樺太、滿洲、朝鮮，以至臺灣的大範圍地區，全都統一為通過兵庫縣明石市的東經一百三十五度的時間。唯一的例外是南洋群島，自委任統治開始，散布在太平洋的島嶼地區分成三等分，南洋廳所在的帛琉和雅浦（Yap）與日本內地採相同的標準時間（南洋群島西部標

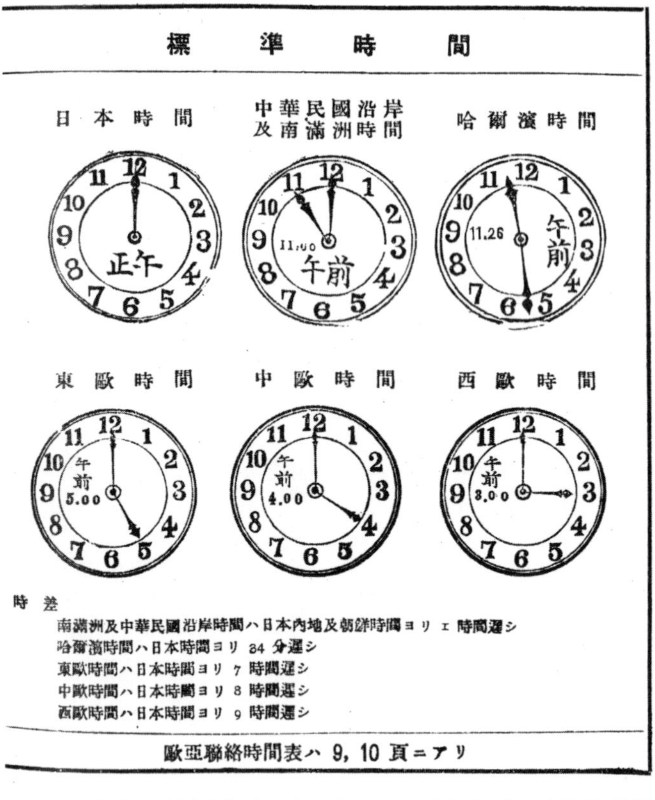

圖 60　《鐵路時刻表》（昭和 5 年 10 月號）中顯示時差的「標準時間」。圖示可知哈爾濱時間比日本時間晚 34 分鐘。

準時間），塞班和特魯克（Truk，現在密克羅尼西亞聯邦〔Federated States of Micronesia〕的楚克〔Chuuk〕）採快一小時的南洋群島中部標準時間，雅魯特（Jaluit，現屬馬紹爾群島共和國〔Republic of the Marshall Islands〕）和波納佩島（Pohnpei，現屬密克羅尼西亞聯邦）設定為比日本內地快兩小時的南洋群島東部標準時間。

不過，這個三等分時差在昭和十三年（一九三八年）一月起，更換成二等分，塞班、帛琉、雅浦全部納入南洋群島西部標準時間帶，比它快一小時的中部標準時間擴大到東部標準時間全區，廢止兩小時時差。比日本內地標準時間快一小時的時段，成為新的南洋群島東部標準時。進而，昭和十六年（一九四一年）四月，南洋群島全域都採用日本內地的中央標準時間，南洋群島終於和內地無時差，日本統治地區與權益地全部採用同樣的標準時間了。

日本觀光客在外地的遊樂方式

在外地參加的戶外活動

前面依據戰前的旅遊手冊、旅行雜誌、宣傳手冊、時刻表等記載的旅行資訊，從社會情勢、經濟狀況、渡海手續、交通途徑、針對旅行者的服務等各種視角，來分析當時日本旅客旅行外地的環境。克服這些條件的戰前日本旅客帶著這些旅遊手冊渡海到另一岸，到底想從旅行中追求什麼樣的樂趣呢？

如本書第35頁以下的記述，觀光旅行為了追求正當目的，所以團體旅行十分流行甲午、日俄戰爭的戰跡巡禮。進入昭和時代，九一八事變等最新中日軍事衝突的戰地遺跡或紀念碑等也加入了戰跡觀光的目標。《旅程與費用概算》的昭和十五年（一九四〇年）版中，提到

「最近前往中支方面視察、慰問旅行者增加，所以中支軍司令部公布了下列的旅行者注意事項」，列出的「旅行者注意事項」達十一項。類似的注意事項也出現在昭和十六年（一九四一年）《華中鐵路沿線導覽》的刊頭，其中只有部分項目內容不同。軍司令部發表的這種通知刊登在各旅遊手冊上，背地裡可看出昭和十五年左右的中支一帶，增加了不少不合乎這些注意事項，只為了遊樂的日本旅客：

「一、不可喪失在數萬生靈葬身之聖地旅行的態度。
二、不觀察片面之皮相。
三、不可失去大國民之態度，以錯誤優越觀面對一般支那人。
四、慰問視察不可造成當地軍隊麻煩，或令其產生不快之念頭。
五、不從事說明書記載之外的行為。
六、不得藉慰問視察之名，從事營業的行為。
七、包容住宿與交通工具之不便。
八、不得因輕忽而陷入意外的危險。
九、小心提防病疫。

十、不得隨口說出見聞之軍方祕密。
十一、未經發行者同意不得修改記載事項。」

除了名勝古蹟之外，在臺灣和朝鮮，登山最受旅客歡迎。臺灣有標高比富士山更高的戰前日本最高峰新高山（現在的玉山），以及其他險峻的山脈，受到登山客的注意。昭和十年（一九三五年）發行的《臺灣鐵路旅行導覽》中，在應該是主題的鐵路旅行內容前，書前卻詳載了長達七頁的「臺灣登山之注意」，書中介紹了許多不為人知的登山路線，另外也提及住在入

圖 61　新高山標高 3,950 公尺，戰前知名的日本最高峰。現在的玉山（出自《日本地理大系 第 11 卷　臺灣篇》）。

山地區、擁有獨特文化的高砂族生活概況。

朝鮮方面，聳立江原道的金剛山（參照本書第134頁），自昭和以後探勝客也急速增加。大正年間以前，只有健步的登山者才能造訪，但是到了昭和六年（一九三一年）金剛山電氣鐵路到內金剛全線通車，因而週末從京城行駛的直達夜行列車，使得進山突然變得簡單。按《金剛山電氣鐵路公司廿年史》（金剛山電気鉄道株式会社廿年史，昭和十四年〔一九三九年〕）所載，大正十四年（一九二五年）部分通車的第二年，前往金剛山的旅行者只有一百八十六人，但是自全線通車到內金剛開始，七年後的昭和十三年（一九三八年），旅客擴增到兩萬五千名。當地的登山路線也闢建完成。「不必大費周章的採購旅行服裝，只要準備好能走山路的衣物就行了」（《旅程與費用概算》昭和七年修訂增補版），如此輕便也鼓舞著觀光客吧。《旅程與費用概算》的標準行程中，也設了「金剛山探勝」的獨立頁，包含當地訪勝路線的介紹、方便的折扣車票等詳細的資訊。《朝鮮旅行導覽記》（朝鮮總督府鐵道局，昭和九年〔一九三四年〕）中介紹金剛山和京城近郊的道峰山是「攀岩的好去處」。

這本《朝鮮旅行導覽記》的登山專頁後，還有「滑雪與露營」的項目，指出「朝鮮冬天因氣候的關係，幾乎每年中部以北的河川、沼、湖都會結成相當厚的冰，到處都會出現理想的溜冰場，可以從事愉快的冬季戶外運動。唯獨滑雪，因積雪的關係，只限東海岸地方。自

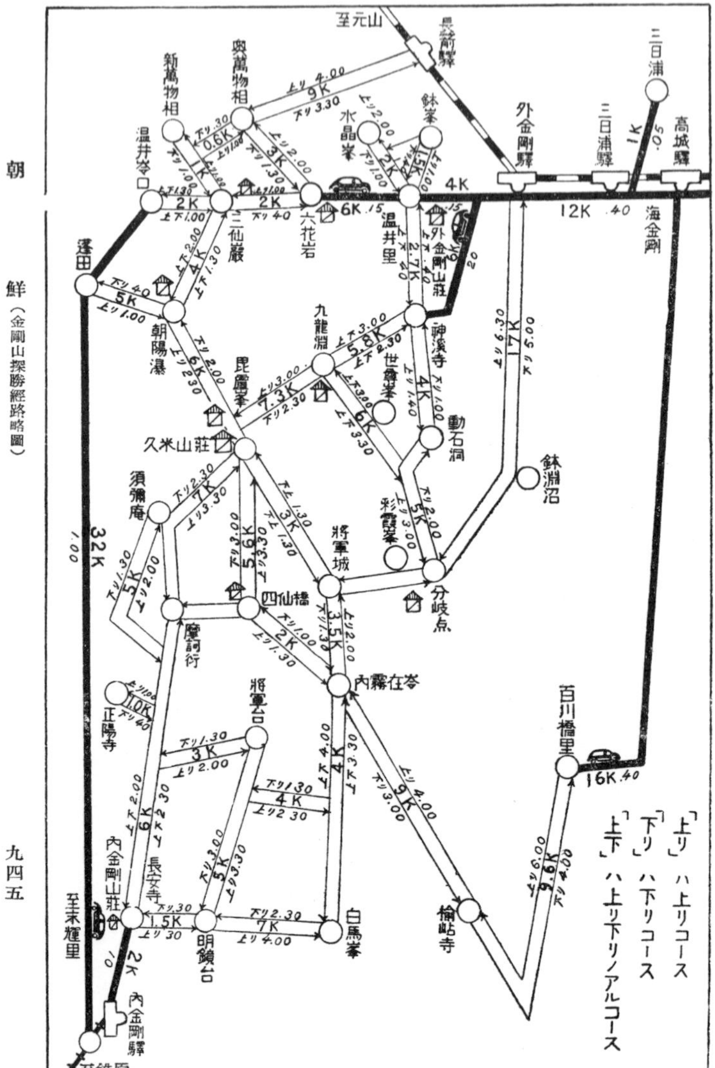

圖 62　昭和 14 年版《旅程與費用概算》介紹的金剛山探勝路線圖。大範圍的從內陸的內金剛，到臨近海邊的外金剛，都修建了登山道和山莊。

數年前開始可見滑雪熱急速發展，東海岸地方發現多處適當斜坡，三防、外金剛、退潮等地方，雪質與積雪量都適宜滑雪，逐年有興盛之傾向」（摘自書中），介紹了多處開設在朝鮮半島東部到北方連綿山岳地帶的滑雪場。該書插入的照片（圖64）是現在軍事分界線靠近北韓位置的三防峽滑雪場，畫面中是從號稱「全鮮唯一」的跳台高高飛起的滑雪者與俯瞰山麓小屋的景色。此外，該書的範圍之外，滿洲或樺太也開設了滑雪場，聚滿了當地滑雪客。

冬天滑雪，夏天就露營，所以該書也整理指引了朝鮮各地的海水浴場和山谷區可以設營帳的露營地（圖65）。此外，朝鮮自古將天然冷泉稱為藥水，春秋之間，有出外飲冷泉的獨特戶外活動習慣，最後，那些藥水湧出地也成為夏季的避暑地（圖66）。

日本人不論到哪兒都開發溫泉

昭和九年（一九三四年）的《朝鮮旅行導覽記》中，在登山、滑雪、露營的遊樂地區外，也列舉分布朝鮮全土的溫泉地。該書稱：「過去，朝鮮的人並不喜歡入浴的關係，對溫泉的觀念也十分冷淡，儘管有許多溫泉，其浴場等設備簡陋得不值一提。但是日韓合併後內地人移居者驟然增加，以及交通工具的發達，近來其浴場等的設備已有相當改善，陸續出現不遜於內地的出色溫泉場。」喜歡泡湯的日本人促進了朝鮮半島的溫泉開發，在交通工具發

圖 63　以險峻雄偉山勢為傲的外金剛（出自《日本地理大系 第 12 卷 朝鮮篇》）。由於闢建可以通行的鐵路、住宿設施、登山路徑，昭和初年登山客激增。

圖 64　朝鮮半島唯一有跳台的三防滑雪場（出自《朝鮮旅行導覽記》，國立國會圖書館藏）。

圖 65　臨日本海的港町，元山松濤園露營場（出自《朝鮮旅行導覽記》。國立國會圖書館藏）。

圖 66　三防（現在北韓的江原道）湧出的藥泉（出自《日本地理大系　第 12 卷　朝鮮篇》）。照片圖說寫道：「含大量鐵質的碳酸泉，春至秋季，民眾雲集此地，人數眾多。」

達的助長下，專門走溫泉鄉的小旅行為之盛行。

例如：私營的朝鮮京南鐵路（現在的韓國鐵路長項線）在沿線湧出的溫陽溫泉經營西式飯店（神井館，現在溫陽觀光飯店。圖67和68），並且讓京城泡湯觀光列車，直達自家路線

圖67（上）．
68（下兩張）
朝鮮京南鐵路於溫陽溫泉的直營飯店神井館。雖然是西式，但有日本旅館式的客房。大浴場也是日本式（三張照片都出自《京城導覽》〔京城案內〕）。

圖 69　如同日本內地溫泉區的東萊溫泉一景（《日本地理風俗大系 第 16 卷　朝鮮篇（上）》）。

圖 70　從釜山市區駛往東萊溫泉的私營鐵路，朝鮮瓦斯電氣的來回車票（池田和政收藏）。

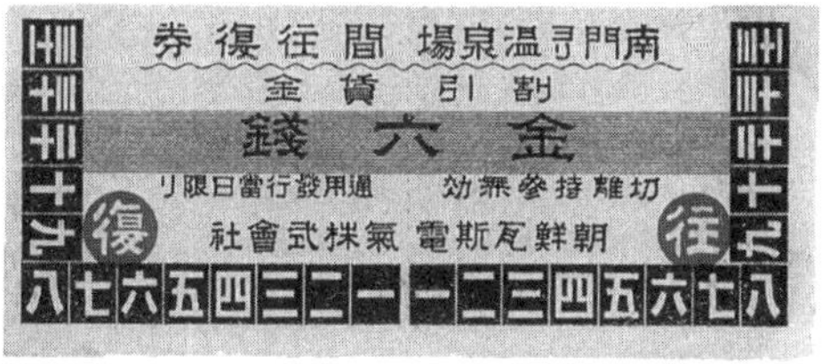
南門ヨリ温泉場間往復券
割引賃金
金六錢
切離持參無効　通用發行當日限リ
朝鮮瓦斯電氣株式會社
往　復

圖 71　有「臺灣的別府」美稱的北投溫泉公共浴場（出自《日本地理風俗大系 第 15 卷 臺灣篇》）。

的附近車站，販賣京城往返折扣車票。釜山近郊的海雲台溫泉和東萊溫泉（圖69和70）交通極為方便，吸引了許多泡湯客。北部朝鮮的朱乙溫泉（現在的鏡城溫泉）湧出量豐沛，還可以體驗砂湯，成為熱門的溫泉休閒地。人稱「朝鮮的別府」。16

如果朱乙溫泉可稱為「朝鮮的別府」，那麼臺灣北部臺北附近的北投溫泉（圖71），可以稱為「臺灣的別府」了。其他像是昭和五年（一九三〇年）高松宮夫婦蜜月旅行到訪的屏東四重溪溫泉、高砂族發現的中部山谷明治溫泉（現在的谷關溫泉）等，臺灣各地都有溫泉鄉，讓日本內地的觀光客趨之若鶩。

滿洲不像日本內地是火山帶，但也建有溫泉休閒地，滿鐵本線（現在中國國鐵瀋大線）的大連—奉天沿線有熊岳城溫泉與湯崗子溫泉，滿鐵安奉線（現在中國國鐵瀋丹線）位於安東（現在的丹東）附近的五龍背溫泉號稱「滿洲三大溫泉」，滿鐵有急行列車在附近車站停車，販賣來回折扣車票。走奉天—北京的北寧鐵路（現在的中國國鐵瀋山線）沿線湧出的興城溫泉、滿洲北部哈倫阿爾山溫泉等，滿鐵都設立了鐵路總局直營飯店，鐵路經營者甚至謀求溫泉地住宿的方便。

飯店有西式、日式、當地式可以選

說到滿鐵直營的飯店，最有名的是大和飯店，它在明治末期時於大連、星浦（大連近郊）、旅順、奉天、長春等滿鐵沿線主要都市相繼開張，尤其是大連、奉天、長春的大和飯店，專門接待歐美旅客，備置最高級西式飯店的規格。奉天與長春兩飯店，到了現代中國仍在營業，穩重的歐式建築外觀或門廳，古典的裝潢還保留著當時的氣氛。（大連的舊大和飯店於二〇一七年停止營運）。

除了大和飯店外，外地的核心都市也有接待歐美人的豪華西式飯店，頗受從內地到訪的日本旅客好評。

臺灣總督府鐵道部直營的臺北鐵道飯店，自明治四十一年（一九〇八年）於臺北車站前開張，一直經營到昭和二十年（一九四五年）五月被美軍轟炸燒光為止。開幕之初是臺灣唯一的西式飯店，為文藝復興風格的三層樓洋館，備品或家具全部自英國置辦，占地內有游泳池和網球場，高規格甚至凌駕日本內地的高級飯店。

朝鮮方面，大正三年（一九一四年）京城站附近開張了西洋式的朝鮮飯店（現為威斯汀朝鮮飯店〔Westin Chosun Hotel〕）。這家飯店也是鮮鐵直營，馳名國際，為京城最具代表性

---

16 譯註：別府位在日本大分縣中部，以溫泉觀光區著稱，並以別府八湯聞名。

的豪華西式飯店。朝鮮北部的羅津是滿鐵系的大和飯店（現為南山旅館），越過朝鮮和滿洲國的國境營業。

樺太和南洋群島沒有特別值得一提的豪華西式飯店。翻開《旅程與費用概算》的昭和十三年（一九三八年）版的樺太頁面，只有豐原（現為南薩哈林斯克〔Yuzhno-Sakhalinsk〕）的花屋飯店原本就設有西式房間。而且，房間數為和室四十六間，洋室（西式房間）三間，洋室可以說極為珍貴。在南洋群島也有用英文HOTEL為名的設施，但其中許多是日式旅館，稱之為「國

圖72　奉天大和飯店（出自《南滿洲鐵路公司三十年略史》。霞山會收藏）。

人旅館」。設有南洋廳的帛琉科羅爾（Koror），有一家正式的飯店叫作「南洋飯店」，但當時介紹南洋群島的旅遊手冊很少，也沒有清楚的細節。

由此可知外地有很多為日本旅行者準備的日本式住宿設施，其中有的旅館也有和室。昭和十六年（一九四一年）五月，美日開戰的七個月前，Japan Tourist Bureau滿洲分部編纂的《滿支旅行年鑑》有一份長達十四頁的「鮮滿支主要日本旅館調」的一覽表，列出滿洲與關東州四百二十七家日本旅館（大和飯店等西式旅館也在內）的名字、地址

圖 73　朝鮮飯店，是京城（現為首爾）最具代表性的西式飯店（出自當時的風景明信片）。

和住宿費用。

而在臺灣方面，《旅程與費用概算》裡將當地臺灣人經營的旅館，稱為「臺灣式」，《臺灣鐵路旅行導覽》中稱為「本島式」，與日本人經營的「內地式」旅館有所區別。

朝鮮旅行的住宿條件，在昭和九年（一九三四年）的《朝鮮旅行導覽記》裡，有以下的概述：

「鮮內的旅館都在郡廳所在的都市或名勝古蹟地區，絕大多數都是內地人經營，可惜的是偏遠的鄉間大多沒有。但是，朝鮮人的旅館，不論多麼偏僻之地都有，習慣下榻朝鮮旅館的旅客，絕無任何不舒適之處，費用（一夜不供餐）低廉，約四、五十錢左右。」

朝鮮旅館有炕，提供朝鮮式的膳食，不過，根據前述的《朝鮮旅行導覽記》記載，江原道的三防滑雪場附近的某家朝鮮旅館，也會有「幫滑雪客特別準備內地式的餐點」的例子。餐點提供日式食物。

關東州的大連，有許多擁有和室的大型旅館。《旅程與費用概算》中，對有和室的旅館，直接列明「和室」，與單純的「室」或「洋室」區別。依據該書昭和十四年（一九三九年）版可知，大連的遼東飯店、天滿屋飯店、花屋飯店、浪速飯店、東洋飯店有提供和室住宿。

滿洲各地也有多家日本式旅館，不過和關東州相比，即使在大都市也都少有和室設備。日本旅客十分習慣的榻榻米和室，也許因為滿洲為了能舒適度過寒冬，所以並未設置。昭和十三年（一九三八年）版的《旅程與費用概算》裡記載，位於日蘇邊境、與西伯利亞鐵路連接的滿洲里，有「俄羅斯式」飯店或「俄羅斯澡堂」等公共浴場。

另外，朝鮮與滿洲主要地區的旅館，存在著團體住宿費的費用體系。基於朝鮮旅館協會協定和滿洲旅館協會協定，對小學生團體、青年團、教師及軍人團、一般團體住在哪個城市的旅館、附不附三餐等，作了精細的團體折扣價格設定。以滿洲來說，關東州內與關東州外的價格有差別，關東州外稍微高一點。《旅程與費用概算》列出了住宿費與膳食費的詳細一覽表。

其他，如中華民國境內日本設置租界的天津和漢口，大正時代已有日本旅館在經營。打開大正八年（一九一九年）《朝鮮滿洲支那導覽》，各地旅宿設備分為「歐風旅館」、「日本旅館」、「支那客棧」三種，例如：關於天津的「旅館」，它評論：「規模宏偉、設備整齊的第一流旅館，為外國人經營的歐風旅館，日本旅館次之，支那客棧設備大多不完善，不適於外國人投宿。」不過，後面對列舉的「支那客棧」補充道：「每一家都有三十至五十間客房，設備比較完善，為支那官紳的投宿休憩所。」此後經過約二十年，昭和十六年發行的《華中鐵路沿線導覽》登出多家旅宿設施，包含在上海和南京營業的日本旅館。由於數量太多，還從正文拉出來獨立成表，隱約可觀察到旅宿上有一定程度量的需求。

從餐廳看到的飲食享受

以大和飯店為代表的外地高級飯店，館內的餐廳也很高級。大連的大和飯店甚至有專屬的小型樂團，在餐廳吃午餐或晚餐時，有現場演奏營造氣氛。雖然投宿的房價高，但是如果只是用餐，就能享受一段特別的時光，所以不管是旅客或當地人，都有不少人在飯店內餐廳用餐。在奉天度過童年的編劇家詹姆斯三木（ジェームス三木）說過：「一個月家人會帶我去一兩次，沒有比在（奉天）大和飯店用餐更享受的事了。」（喜多由浩，《滿洲文化物語──以烏托邦為志的日本人》〔滿洲文化物語──ユートピアを目指した日本人〕集廣舍，平成二十九年〔二〇一七年〕）

不過，當時的旅遊手冊中，總體上少有街頭餐廳的相關資訊。例如：《旅程與費用概

圖 74　大連大和飯店內的餐廳（出自《南滿洲鐵路公司三十年略史》。霞山會收藏）非住宿客也能享受豪華的西餐。

算》在臺北等所有都市項目下，並沒有餐廳，也就是外食的相關資訊。

一如現在，臺灣當地的食物最基本還是中國料理。《臺灣鐵路旅行導覽》的各年版中都在書前刊登了「臺灣菜菜單範例」的一覽表，但列舉的是中國料理的菜名和它的讀法拼音、日語翻譯。《旅程與費用概算》昭和十三年（一九三八年）版，沒有外食相關資訊，但是卻記述「如果想品嘗真正南國風情的鳳梨、龍眼肉、芒果等本島特有的水果，可利用夏期休假」等推薦的「旅行季節」

算是作為替代吧（？），暗示著臺灣是水果天堂。

關於朝鮮的飲食，《旅程與費用概算》裡也很簡略，唯獨在京城的頁面，列舉了幾家日本料理店和朝鮮料理店。昭和十三年版裡提到「南山町與旭町方面，也有一流的日本料理店」，但是只列出店名和所在町名，沒有評論也沒有任何資料。到了《朝鮮旅行導覽記》，列舉了京城以外都市的小吃店、料亭和咖啡廳名稱，在京城，除了日本料理和朝鮮料理之外，也介紹了幾家支那料理店，不過在最關鍵的朝鮮料理部分，卻刊登了下述的專欄：

「朝鮮料理

從內地來朝鮮觀光的人，大多都想試吃朝鮮料理。所以即使推薦了京城或平壤的名家餐廳，很多人還是覺得意猶未盡。這可能是因為當地漸漸輕忽朝鮮純粹的烹調法，爭相模仿西洋菜或日本菜，口味變得不倫不類，尤其是簡省了材料和做法的關係。從前流傳下來的上等家庭的料理，有許多精心烹製的美味菜肴。但今日，朝鮮餐廳裡品嘗的朝鮮料理，只不過是叫來妓生，感受幾分朝鮮風情的地方。」

不過，當地觀光協會等發行的宣傳小冊，看得到旅途中享受朝鮮料理的記述。以下是昭和十五年（一九四〇年）平壤觀光協會發行的小冊子《觀光的平壤》（観光の平壌）中〈朝鮮料理〉項目：

「江岸街高樓林立，如國一館、東一館、明月館的一流料亭等，可招妓生的朝鮮料理店並有十餘家。菜價方面，平壤乃全朝鮮最便宜，山珍海味皆有，叫一桌只要六圓。一桌有十幾道菜，量多豐富，五、六個人也吃不完。」

滿洲的美食資訊比朝鮮更加豐盛，從朝鮮過了鴨綠江進入滿洲的邊境城安東（現為丹東），《旅程與費用概算》有關此地的資訊，介紹了「旗亭」（中文裡的餐廳）和支那餐館，以及提供當地名產鰻魚料理的店。奉天頁面除了「主要料亭」外，也在「日本民眾最常上門的餐廳」的前提下介紹多家支那餐館。

哈爾濱則不同，在日本料亭、支那餐館以外，還列出「俄羅斯料理」、「高加索料理」的店名。高加索位於裡海西側，為亞塞拜然、亞美尼亞、喬治亞等國家所在的地區。日本熟知的喬治亞紅酒並不是俄國菜，說得精確點應在這個區域內。書中還列有「卡巴萊」（cabaret）、「舞廳」的店名。「旅遊行程」的介紹，以「晚餐在格蘭飯店（グランドホテル）

或是鐵路俱樂部用餐，十一點前後到卡巴萊觀光，便可體驗到所謂的異國情調吧。除此之外，夜間娛樂方面，問一下旅館的行李員，他們便會帶路」作為總結。在「俄羅斯料理」的餐廳項目都能見到格蘭飯店和鐵路俱樂部的店名。

中華民國境內的各大都市應該才是正宗中國料理的好去處，關於這方面的記述，《旅程與費用概算》還是缺乏外食相關的資訊。但是，大正八年（一九一九年）的《朝鮮滿洲支那導覽》裡，「餐廳」是主要都市介紹的固定項目，所以天津、北京、上海等對外開放都市，都介紹了多家歐式餐廳、日本料理店、支那餐廳。天津部分在「有天津菜、羊肉館（回回料理）、山東菜、寧波菜、廣東菜等各式餐館」之後，「該地國內外人士熟知的支那餐館如下」列出每種地方菜的店名和所在地。上海的「知名餐廳」介紹了「卡爾頓咖啡廳」和「奧爾燒烤餐廳」兩家。

這些餐廳的記述全都是按歐式料理↓日本料理↓支那料理（中國料理）的順序，旅遊手冊如此介紹中國料理正宗起源地，從現代的視角有點奇怪。不過這可能有兩個因素。

第一，戰前在日本，有西餐比和食更高尚的感覺。即使是都市人家，家庭裡的三餐幾乎都是和食。西餐是休假盛裝打扮，到百貨公司等處吃的特別餐食。日本內地的火車上，餐車也分成西餐車與和食車兩種，西餐車被視為上等車廂。打開 Japan Tourist Bureau 滿洲分部每月發行的《滿洲支那鐵路時刻表》（滿洲支那汽車時間表）昭和十五年（一九四〇年）八月號，「旅行指南」頁列出餐車連結車廂，與車內提供的餐點種類一覽表（參照本書第206到207頁表76的內容），「亞細亞」超特快車等走幹線的優等列車，餐車提供的幾乎都是西餐和和食套餐，西餐的價格比較高。這一點在朝鮮的火車上也相同，按Japan Tourist Bureau朝鮮分部發行的《朝鮮列車時刻表》昭和十三年（一九三八年）二月號內容，朝鮮主要列車上「會置辦簡便新鮮美味的和洋各式料理」，但西餐還是貴一點。

而車速較慢的大眾列車，有提供「滿食」，即滿洲當地的中國料理。當時的日本

圖 75　行馳大連—新京間的急行「鴿」號的餐車（出自《南滿洲鐵路公司三十年略史》。霞山會收藏）。接待的男子穿著白襯衫打黑領結，提供西餐與和食。

	和食			餐點種類
晚餐	早餐	午餐	晚餐	
2圓	—	2圓	2圓	西式套餐、單點與和式套餐以及蓋飯
1圓50錢	—	1圓30錢	1圓30錢	
—	60錢	1圓30錢	1圓30錢	和式套餐、蓋飯、西餐單點
1圓50錢	—	—	—	西式套餐及單點、和式蓋飯
1圓50錢	60錢	1圓30錢	1圓30錢	西式套餐及單點、和式套餐及蓋飯
1圓50錢	60錢	1圓30錢	1圓30錢	西式套餐及單點、和式套餐及蓋飯
1圓50錢	60錢	—	1圓30錢	西式套餐及單點、和式套餐及蓋飯
1圓50錢	60錢	1圓30錢	1圓30錢	西式套餐及單點、和式套餐及蓋飯
1圓50錢	60錢	—	—	西式套餐及單點、和式套餐（早）及蓋飯
1圓50錢	—	—	—	西式套餐及單點、和式蓋飯
—	60錢	1圓30錢	1圓30錢	和式套餐蓋飯、滿食單點及西式單點
—	60錢	1圓30錢	1圓30錢	西式單點、和式套餐及蓋飯、滿食單點及午餐
1圓50錢	60錢	1圓30錢	1圓30錢	西式套餐及單點、和式套餐及蓋飯
—	60錢	1圓30錢	1圓30錢	西式單點、和式套餐及蓋飯、滿食單點
—	60錢	1圓30錢	1圓30錢	西、滿食單點、和式套餐及蓋飯

表76　餐車的套餐價格表（根據《滿洲支那鐵路時刻表》昭和15年8月號製作）。總的來說西餐的價格比較貴。

列車編號	種別「列車名」	行駛區間	西餐	
			早餐	午餐
11・12	特急「亞細亞」	大連一哈爾濱	—	2圓
13・14	急行「鴿」	大連一新京	—	1圓50錢
15・16	急行	大連一哈爾濱	—	—
17・18	急行	大連一哈爾濱	90錢	1圓50錢
1・2	急行「光」	安東一新京	90錢	1圓50錢
3・4	急行「興亞」	安東一北京	90錢	1圓50錢
7・8	急行「希望」	安東一新京	90錢	—
9・10	急行「大陸」	安東一北京	90錢	1圓50錢
401・402	急行	奉天一北京	90錢	1圓50錢
201・202	急行「旭日」	新京一羅津	90錢	1圓50錢
203・204	—	新京一清津	—	—
301・302	—	哈爾濱一黑河	—	—
701・702	—	哈爾濱一滿洲里	90錢	1圓50錢
901・902	—	哈爾濱一綏芬河	—	—
103・104	—	羅津一佳木斯	—	—

旅客也許在旅行中也比較傾向吃平日吃慣的和食，而非把當地食物當成旅行的樂趣之一。即使是現代，還是有日本旅行者到國外旅行時，隨身帶著梅乾或調味粉，從這裡看來，應該並非特別奇怪。

另一個原因是當時日本與歐洲的距離感，比現在平均的日本人遠得多。從日本經由西伯利亞鐵路到歐洲要十五天，如果搭船到馬賽上岸要花五十天，根本不能像現代這樣有旅行社安排的廉價旅行團或短期的紅眼旅行，歐洲如同大地盡頭般的另一個世界。

但是中國大陸方面，歐美列強在所設置的上海、天津等租界中從本國引進了自己的生活文化或氣氛，因此，置身中國大陸，容易有彷彿來到歐洲的體驗。而且，上海離日本很近，從長崎只要兩天一夜的航行就能到達，也不需要護照，據說寫上「長崎縣上海市」的信還真的能送到，可以算是很親近的外國。日本只要去到中國的歐洲租界，就能呼吸到遙遠歐洲的空氣。當然，在著名的歐式餐廳，比較容易品嚐到（接近）正宗的口味，所以將西餐視為時尚外食的日本人，可能會覺得接近正宗的歐式餐點（在哈爾濱的話，連俄羅斯料理都包含在內），比中國料理更有吸引力吧。

值得一提的是，與哈爾濱一樣受俄羅斯控制的樺太，在《旅程與費用概算》裡連一家俄羅斯料理的店名都沒有。昭和三年（一九二八年），樺太鐵路廳事務所發行的《樺太的鐵路旅行導覽》中，舉出大泊（現為科沙可夫〔Korsakov〕）、豐原（現為南薩哈林斯克）、本斗（現為涅韋爾斯克〔Nevelsk〕）、真岡（現為荷爾母斯克〔Kholmsk〕）、野田（現為車荷夫〔Chekhov〕）、知取（現為馬卡洛夫〔Makarov〕）的幾個「旗亭」的名字，應該都是日本料理店。

火車便當文化未能在大陸紮根

日本內地盛行的火車便當文化，卻沒有在外地落地生根，前面提到的《滿洲支那鐵路時刻表》昭和十五年（一九四〇年）八月號中，時刻表內文到處可見車站有賣便當的標識。不過，再仔細一看，大多與車站餐廳的標識並列。這顯示站內餐廳做好了餐點，在火車發抵時順便包成便當販賣，很可能並不是原創的便當產品。該時刻表的書後有「火車便當」的項目，但內容只有「便當」、「壽司」、「雞飯」（奉天站）、「三明治」（新京站）、「茶」等五種。也就是說，原創的火車便當只有奉天站的雞飯和新京站的三明治而已。

大正時代日本經營過幾年的膠濟鐵路，原本並沒有在沿線賣便當。《山東鐵路旅行導覽》中提到「山東鐵路所有的車站都沒有賣便當，所以除了事先自己準備，或是請食堂製作，沒別的辦法」。旅客只能在車站賣店買罐頭等，或使用車內的餐車（圖77）。膠濟鐵路餐車的營運委託給青島格蘭飯店（參照圖78），除了西餐之外，曾是德國權益地的青島，它的特產啤酒也在菜單之中。

這些狀況應該是因為中華飲食文化圈中，不吃冷掉的食物，所以從一開始他們就認為供應冷便當給旅客，根本不可能成為一門生意。而臺灣從日本統治時代引進火車便當，現代也已立地生根了，但是由於餐車的連結列車少，雖然《臺灣鐵路旅行導覽》刊載了各地販賣火車便當車站一覽表，但是也許因為畢竟還是在中華飲食文化圈吧，日本內地的旅行雜誌嚴加批評：「口味難吃得要命，價格卻高得嚇人」（鈴木克英，〈臺灣交通工具種種〉（台湾の交通機関さま〴〵）），《旅》昭和四年（一九二九年）二月號）。

圖77　膠濟鐵路的餐車（出自《山東鐵路旅行導覽》）。

相比之下，火車便當在朝鮮和樺太似乎有一定的需要量。《朝鮮列車時刻表》昭和十三年（一九三八年）二月號提到，站內設置餐廳的車站只有京城、大田、大邱三站，但是時刻

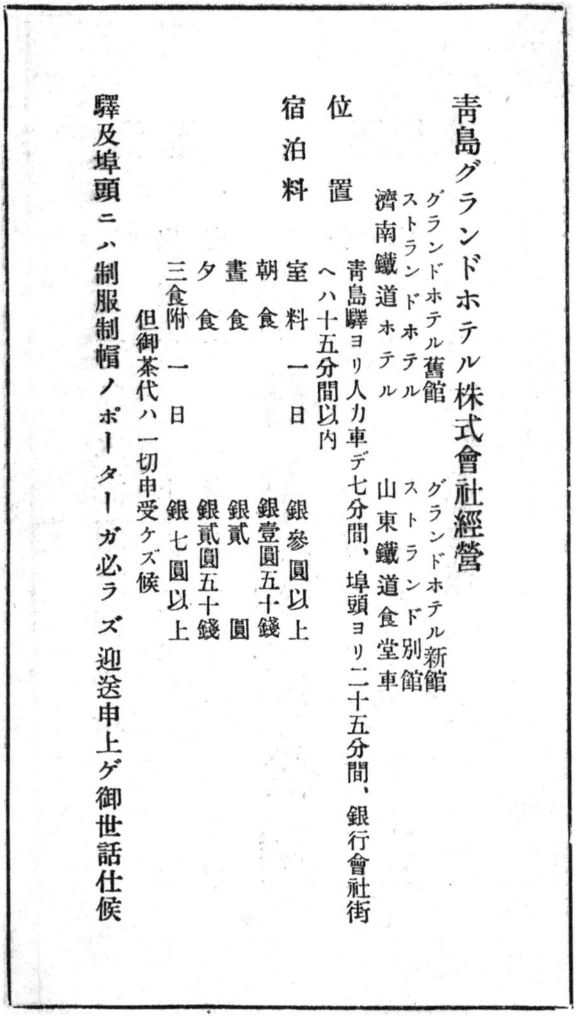
青島グランドホテル株式會社經營
グランドホテル舊館　グランドホテル新館
ストランドホテル　ストランド別館
濟南鐵道ホテル　山東鐵道食堂車
位置　青島驛ヨリ人力車デ七分間、埠頭ヨリ二十五分間、銀行會社街ヘハ十五分間以內
宿泊料　室料一日　銀參圓以上
朝食　銀壹圓五十錢
晝食　銀貳圓
夕食　銀貳圓五十錢
三食附一日　銀七圓以上
但御茶代ハ一切申受ケズ候
驛及埠頭ニハ制服制帽ノポーターガ必ラズ迎送申上ゲ御世話仕候

圖 78　經營「山東鐵路餐車」的青島格蘭飯店廣告（出自《山東鐵路旅行導覽》）。

表大半的主要車站都附有月臺賣便當的標識。樺太的部分，按《樺太的鐵路旅行導覽》記載，不只是列車起終點的主要車站，連中間車站也有月臺便當，搭車中也可以在途中車站買便當。部分車站還看得到日俄戰爭結束後留下來，沒有回到俄國本土的俄羅斯人，在月臺叫賣俄羅斯麵包。

臺灣有鴉片的販賣處

在臺灣，鴉片，也跟酒和香菸同為嗜好品，列為專賣的商品之一，不過日本內地去的旅行者並不能隨意買得到。在《臺灣鐵路旅行導覽》有這樣的記述。

鴉片為英國人引進清國來削弱清的國力，而在臺灣，早在荷蘭統治時期便已引進。明治三十三年（一九〇〇年）時，據說島內約有十七萬人吸食鴉片。為了改善這種風氣，臺灣實施漸減政策，把鴉片規定為總督府的專賣品，只給予已是鴉片癮者吸食，允許其購買，杜絕新加入吸食者的許可申請，漸漸減少鴉片癮患。後來，昭和二年（一九二七年）獲允吸鴉片者減少到三千六百人，昭和二十年（一九四五年）日本結束統治前幾乎已經絕跡。

話雖如此，即使到了昭和年間，市內肯定還是光明正大販賣鴉片，給獲得吸食許可的人。因此，昭和十五年（一九四〇年）版的《臺灣鐵路旅行導覽》裡有「鴉片煙膏一管五瓦

（克）六〇錢、一五瓦一圓七錢」的記述。當然，日本內地去的旅客沒有帶許可證，自然無法購買。在那個時代，安非他命是消除疲勞和睡意的藥品，在一般藥局都能買得到（昭和二十六年〔一九五一年〕才訂為違法藥品）。日本人對藥物的認識，與現代大不相同。不論是日本內地，還是其他外地，當時就已經把鴉片視為違法藥品了，只有臺灣是例外。

遊廓為夜生活的一部分

治安安定的都市，即使旅行

圖 79　吸鴉片的臺灣人（出自《日本地理大系　第 11 卷　臺灣篇》）。照片的說明文中有「看上去它會給予金錢、名譽、生命都難以取代的快感。就如此結束於所謂的醉生夢死之中」。

者不知東西南北也能在夜裡外出。因此，現在所謂的夜生活開始向旅行者招手。《旅程與費用概算》裡，哈爾濱的遊覽路線裡介紹了「卡巴萊觀光」，哈爾濱、新京、齊齊哈爾頁面，出現了舞廳的指引。向都市旅行者揭開滿洲夜生活的一角。

昭和九年（一九三四年）發行的《朝鮮旅行導覽記》裡在旅館、餐廳等各都市資訊上，還加了「遊廓」項目，介紹遊廓的所在，京城有兩處，大邱和鎮南浦各有一處。其他，根據昭和四年（一九二九年）鮮鐵編輯的《平壤導覽》（平壤案內）有平壤和兼二浦（現為松林），《釜山導覽》（釜山案內）裡有釜山，都明白寫著遊廓的所在。這是日本內地或是朝鮮都還存在著公娼制度時代的旅行資訊。以下是京城觀光協會在昭和十年（一九三五年）發行的《京城導覽 近郊、溫泉》（京城案內 近郊、溫泉）刊出的〈京城花柳界〉專欄：

「京城花柳界

京城花柳界在南山町與旭町一帶，有一流日本料理店，新町有遊廓。京城沒有像內地一樣的待合。[17]

內地的藝妓，本券番、東券番加起來共約四百名，以廣島縣、福岡縣、長崎縣等中國、九州一帶的女子較多。藝妓的舞蹈鑽研若柳流，長歌、清元、常盤津等的藝名也不少。每季還有溫習會。

新町遊廓的妓樓設有近代化的舞廳，有美妓出來服務。新町的望月有很多朝鮮的女子。」

在朝鮮，除了遊廓之外，部分朝鮮傳統的藝妓「妓生」（圖80）也從事賣春服務。最初，新羅時代到李氏朝鮮時代，在宮中表演歌舞的女子稱為妓生，但實際上不少人兼作藝妓和娼妓。昭和十五年（一九四〇年）九月十一日的《大阪朝日新聞》西鮮版的〈施政三十年的步履　十三道鄉土得意故事㉝妓生的發祥地　不可褻玩的名妓〉（施政三十年の歩み　十三道お国自慢物語り㉝妓生の本場　遊ぶに難しい名妓，佐藤特派員）的特別報導提到，當時的妓生有以下的排名。最高級的妓生稱為一牌，從報導中明白表示，除了一牌之外的其他妓生實際上都是娼妓：

「最高級的是『一牌』，她們是官妓，主業歌舞，其次是『二牌』又稱隱君子，

---

17 譯註：待合為日本遊廓讓客人與藝妓玩樂、飲食的房間，在京都稱為茶屋。

接近娼婦，接下來的『三牌』則純粹是賣笑婦，只會唱些雜歌。最後是蝎甫，比三牌更下等的賣身女。」

前述《京城導覽 近郊、溫泉》的〈夜之京城〉專欄，是用「獵奇的」夜生活選項，來介紹這裡朝日新聞報導的蝎甫這種娼婦，與在朝鮮餐廳表演歌舞的「一流妓生」有所區別。「蝎甫是朝鮮的娼婦，京城裡，她們集結在新町、並木町、彌生町一帶」。新町與彌生町都是《朝鮮旅行導覽記》中記載的遊廓所在地。

前面提到昭和十五年發行的《觀光的平壤》小冊，有篇如同〈妓生的發祥地〉的「招妓生的方法」項目。所謂「券番」如同是妓生的在籍事務所，像箕城券番就在平壤經營妓生學校，致力於教育培養高級正統派的藝妓。從平壤另有遊廓的狀況看來，依照這篇介紹叫來的妓生，應該是不提供賣春服務的一牌：

「現在箕城券番的在籍妓生數高達四百七十餘名，但全員都是獨立經營，在自家接客，可透過餐廳向券番招喚。每小時芳酬，最初的一小時為一圓五十錢，之後每一小時以一圓計算，招喚妓生時盡可能不經由餐廳，附上喜歡的條件，較能讓君

圖 80 《朝鮮旅行導覽記》（昭和 9 年）中介紹的平壤妓生。

妓生の本場

遊ぶに難しい名妓

施政三十年の歩み

平南道篇（その四） 佐藤特派員

妓生學校生徒の畫の練習

圖 81 朝日新聞記者報導的平壤妓生介紹（出自昭和 15 年 9 月 11 日《大阪朝日新聞》西鮮版）。

滿意。」

遊廓不只存在於日本內地和朝鮮，《全國遊廓導覽》（全国遊廓案內，日本遊覽社，昭和五年〔一九三〇年〕）裡，除了全日本各地的遊廓，連同臺灣、朝鮮、樺太各主要都市，以及關東州的大連、旅順當地的遊廓，各地在籍的娼妓出身地和人數，甚至大致的價格，都做了鉅細靡遺的介紹。不過臺灣、樺太的廣域型指南上，完全沒有提及。而南洋群島的塞班雖然有遊廓，但是並沒有刊登在旅行資訊中。

另一方面，當地觀光協會發行的宣傳小冊，如《京城導覽　近郊、溫泉》或《觀光的平壤》大多會直言不諱來介紹這類鬧區的資訊。例如：經營奉天市電車和公車的奉天交通，在昭和十四年（一九三九年）製作的《奉天觀光導覽》（奉天観光案內）裡，就舉「花柳街」為第一「鬧街」，敘述「柳町、十間房、大東區，多位藝妓酌婦相互競藝比美。」其次是「平康里」，一般日本人可能不明所以，其實這在中文裡就是遊廓的意思。該書評論：「若非在奉天，就只是乏味的滿人紅燈區」。打開《旅程與費用概算》的昭和十三年（一九三八年）版齊齊哈爾頁，可見到「如果在最能代表齊齊哈爾夜晚的咖啡館、料亭，及電影院、舞廳、平康里（滿人遊廓）等附近散步，不用主動打聽，也有人為你指路」的記述。

在全城洋溢俄羅斯情調的哈爾濱，哈爾濱觀光協會在昭和十四年製作的《哈爾濱的觀光》（哈爾濱ノ観光）有詳盡的鬧街資訊。書中尤其將「夜總會」列為首項，有下文的介紹。《旅程與費用概算》中的「卡巴萊」就是夜總會。與現代日本想到的夜總會有稍許不同：

「夜總會即是俄羅斯的跳舞場，與舞廳不同，有俄國料理、有舞臺、有樂隊。沉醉於俄羅斯美人斟的美酒，與美人跳舞，欣賞舞臺上的表演。在國際都市度過絢爛豪華的夜晚，極其美妙有趣。」

書中提到一家有舞臺的夜總會，叫做「范塔加」（ファンターヂヤ）。范塔加在《旅程與費用概算》昭和十三年版中也有介紹，稱為「伐塔濟亞」（ファータージイア），是北滿飯店的地下舞廳。依照滿鐵在昭和六年（一九三一年）發行的《哈爾濱導覽》（哈爾濱案內），它「從夜晚到黎明」營業，乃招牌遠近馳名的夜總會。

有舞臺的夜總會，推出什麼樣的「表演」呢？《旅程與費用概算》昭和十年版中的說明文：「在散布城市的餐廳中一個角落搭設舞臺，表演純俄羅斯舞蹈，這就是卡巴萊」、「自秋至春這段所謂季度的時間，大多是徹夜類似酒盃舞蹈的表演」。不過，昭和十三年版的哈

圖 82　看得到俄語廣告柱和招牌的哈爾濱中央大街街景（出自《日本地理大系 滿洲及南洋篇》）。

圖 83　哈爾濱夜總會的俄羅斯舞孃（出自《日本地理大系 滿洲及南洋篇》）。

照片的圖說寫道「街上的夜總會在半夜十二點開幕，紅藍燈火宛若漩渦，伏特加與香檳，響板轉變為磁性低沉的歌聲，蛾眉流眄吸引客人沉醉在舞姿裡」。

爾濱介紹中，有「該裸舞之卡巴萊歡樂境」一節，所以推測應是香豔的舞臺。昭和四年，觀賞過北滿飯店夜總會舞臺的詩人高濱虛子，在昭和七年（一九三二年）一月三日發行的《東京朝日新聞》〈滿洲雜詠〉中，以「舞者裸體上的皮裘」的詩句，寫下對哈爾濱的回憶。

東亞旅行頻繁的時代

看過戰前的旅遊手冊、宣傳冊、時刻表後，就會發現從明治到昭和初期間，當時日本人沒有護照就出國，或在當地生活與日本內地無異的地區漸漸擴大，以國內旅行的感覺出國的範圍擴及到朝鮮半島、臺灣、樺太，或者是滿洲和中國大陸。客觀的來看，只要有了日幣，不管到滿洲國、朝鮮半島還是臺灣，都不需匯兌，語言上也不太需要擔心，麻煩的出入境管理、海關檢查也幾乎都不需要，這個事實對日本人來說，有點諷刺的是，去東亞方面旅行，比現代更自由更舒適。

當然，進入昭和一〇年代，日本社會整體的戰爭氣息轉趨濃厚，所以過去那樣只要有錢，就能自由旅行的氛圍也緩緩有了變化。前文不時引用的《旅程與費用概算》最後一次發行的昭和十五年（一九四〇年）版，樺太和滿洲頁面，由於審查的關係，刪去了前年度版的記述，看得到許多突兀的空白部分。刪除的文字有關於地形、距離、平均氣溫等氣候的說明、國境附近有關公共交通的資訊等。與昭和十四年（一九三九年）版相比較，很容易知道內容寫了什麼，但是從視覺上可以理解，連旅遊手冊的文章都被當成軍事機密，東刪一點、西刪一點，也可感覺到社會情勢的森嚴氛圍。

另外，北支相關頁面「勞軍方面」項目下，不厭其煩地記載著，建議務必攜帶慰問品，「於觀光區的注意事項」項目下，也建議在受到步哨盤查身分前，最好自己主動上前問候，在在都充滿戰時的氣氛。

然而，反過來說，如果要求戰時國民遵守這樣的禮儀和規則，那就表示儘管在發赤紙召集士兵，[18]前往中國戰場作戰的時期，還是可以到中國觀光旅行。在日美開戰的五個月後，昭和十七年（一九四二年）有家位於名古屋，名叫「鐵道案內社」的公司，在四月的社報上登出「友邦滿洲國建國十周年慶祝鮮滿視察團」召募為期二十二天的朝鮮、滿洲團體旅行（圖84）。看到同頁刊出的行程表，除了在哈爾濱訪問「滿洲國開拓特別訓練所」，到新京慰問陸軍醫院之外，幾乎等於是遊山玩水的遊樂旅行。行程表下方列出的「旅行時注意事項」寫道：「本團不同於一般旅行，為戰時認識大陸第一線氣氛，準備大後方之守護，是十分有

18 編按：為當時日本軍方動員民眾投入軍隊的召集令，因為是一張淡紅色的紙，故俗稱「赤紙」。

昭和十七年四月二十日發行　鐵道案內社々報　第一五一號　(1)

鐵道案內社
社報
(第拾五號)
發行所 名古屋市中區仲ノ町二丁目
鐵道案內社
發行兼編輯人 森　赳志郎
(以印刷代謄寫)

海陸七千粁の大旅行
五族協和の盟邦滿洲へ……

滿洲を見ずして東亞を語る資格なく、又順天安民、王道樂土、五族協和の滿洲國は建國茲に十周年、我が友邦滿洲國人はあなた方の來訪を待ち受けてゐます。
我が社はこの重大時局に際して大東亞建設の基地である朝鮮と滿洲の實相を御視察になる大陸旅行を本社獨特のプランを以て第五回目を發表致しました。
人員は時局柄二〇名に極限し、乘物旅館等手配に萬全を期し、鮮滿旅行に經驗のある社員を御伴に安易で家族的な御視察旅行を願ふことに致しました。
視察に商用を兼るも一擧兩得、御老人、御婦人と云はず此の際是非御知人お誘ひ合せの上、この壯擧を御利用になつて各位の御參加を切望致します。

昭和十七年四月

鐵道案內社

友邦滿洲國建國十周年慶祝鮮滿視察團

期日　六月三日(木曜)出發　六月二十四日(木曜)歸着
待遇　全行程・汽車・汽船貳等・旅館一流
會費　金六百九拾圓也(全行程の費用一切を含む自辨絕對なし)
人員　二〇名限り(締切期日　五月十五日　但し滿員次第即時〆切)
御申込方法　御申込の際九拾圓を頂き殘金は壯行會の當日御拂込み下さい御中止の場合は全額拂戾し致しますが五月二十五日以後御申出の場合は現地への電報料等實費を差引き殘金全部を拂戾し致します
壯行會　出發前擧行(期日は追て通知申します)
解散會　大連にて旅行感想を拜聽しながら滿洲料理を試食
特典　金貳千圓也傷害保險付(詳細行程八頁記載)

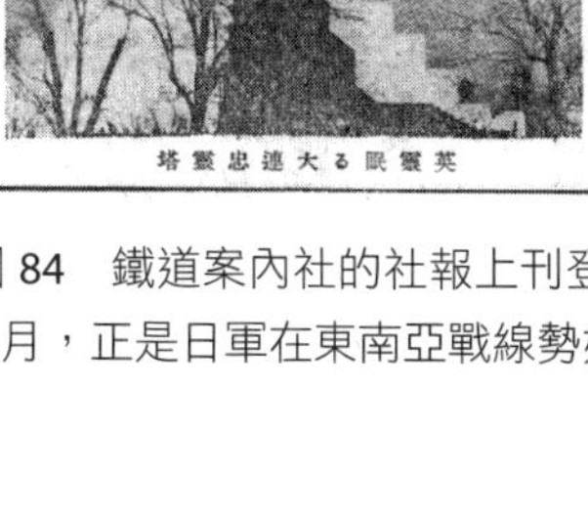

英靈眠る大連忠靈塔

圖 84　鐵道案內社的社報上刊登的滿洲視察旅遊導覽。發行的昭和 17 年 4 月，正是日軍在東南亞戰線勢如破竹推進的時期。

意義的行動。敦請各位保持紳士行為，在語言態度上勿失時局下皇國民之氣度。」但是行程表的標題「赴滿絕佳季節！前進青翠的滿洲」強調旅遊季節的文句，更加令人感受到說一套做一套。

像這樣從旅遊手冊的內容就可以領略到，只有在近代交通工具未發達的明治以前，和戰局惡化的第二次世界大戰後期，內地的日本人較無法自由前往中國大陸等東亞國家觀光旅行，其他大半時期，至少對住在都市的中層階級以上的日本人而言，國外旅行只是國內旅行的延伸，絕不是遠離俗世的體驗。當時的日本人也許不像我們現代人受國境意識和有點複雜的國際情勢影響，而是帶著自由開闊的想像欣賞東亞地圖，享受異國情調吧。

PART

2

戰後日本人的亞洲旅行

圖 85　昭和 34 年（1959 年）版的《外國旅行導覽》（外国旅行案内）。包羅全世界的珍貴旅遊手冊。

海外旅行自由化之前遠渡外國的環境

戰爭結束後的旅行態勢

第二次世界大戰中日本戰敗，因而日本人的亞洲旅行態勢也為之一變。

臺灣、南樺太、關東州、朝鮮、南洋群島等，日本明治以來獲得的領土、租借地等的統治地區、滿鐵相關的特殊權益等，都因為昭和二十七年（一九五二年）生效的《舊金山和平條約》（Treaty of San Francisco）全部放棄。當然，事實上，最大的問題是這些地區在戰爭結束後，就被美國或蘇聯軍事接管，或是從日本獨立出來，成為新的國家，再也不是日本人可以如同國內一般自由旅行的地區了。於是，住在狹窄日本列島內，包含從外地遣回的日本人，不但不能再去舊外地和亞洲，甚至不能離開日本到任何外國自由旅行。但是，在此之前，戰敗後大多數的日本國民根本沒有生活和經濟上的餘裕，參加遊山玩水的觀光旅行了。

而且，日本政府自戰爭一結束便失去了外交權，不能再發行護照給本國國民了。現在日本的護照第一頁以「日本國外務大臣」的名義，用英日文寫下「向相關諸官請求，助持有本護照之日本國民，於路途上通行無礙的旅行，且給予其人必要之保護扶助。」的文字。這一點正是日本為獨立國家，擁有外交權的證明。但是戰爭剛結束時，日本沒有這種權力。

而且，代替日本政府負責護照事務的聯合國最高司令官總司令部（GHQ）原則上並不允許日本人出國。從外務省每年發表的「護照統計」（表86）可知，平成三十年（二〇一八年），全國有超過四百二十萬日本國民取得護照，但是戰爭結束的第二年，昭和二十一年（一九四六年）只有八個人取得。昭和二十二年（一九四七年），西北航空（Northwest Airlines，二〇一〇年與達美航空〔Delta Airlines〕合併）是第一家歐美的航空公司在日本設立定期航班，但同年取得護照的日本人，包含一名持公務護照者，只有十二人。

外幣條件限制出國條件

之後，昭和二十七年（一九五二年）簽訂了《舊金山和平條約》，日本完全恢復獨立國家的主權，和護照發放的權限。但是，日本國民並未因此就能自由到外國旅行，因為日本政

	一般護照			公務護照			計	國外旅行者
	多次往返	一次往返．限定	小計	外交	公務	小計		
58	1,686,726	408,971	2,095,697	3,270	17,202	20,472	2,116,169	4,232,246
59	1,857,675	431,944	2,289,619	3,228	18,172	21,400	2,311,019	4,658,833
60	1,945,779	442,925	2,388,704	3,473	18,768	22,241	2,410,945	4,948,366
61	2,208,979	455,694	2,664,673	3,191	19,631	22,822	2,687,495	5,516,193
62	2,802,592	506,326	3,308,918	3,447	21,537	24,984	3,333,902	6,829,338
63	3,410,682	509,354	3,920,036	3,526	23,296	26,822	3,946,858	8,426,867
平成元年	3,756,942	484,841	4,241,783	3,528	23,578	27,106	4,268,889	9,662,752
2	4,572,019	125,028	4,697,047	3,890	26,180	30,070	4,727,117	10,997,431
3	4,436,580	1,384	4,437,964	3,873	26,647	30,520	4,468,484	10,633,777
4	4,675,900	1,120	4,677,020	3,655	31,038	34,693	4,711,713	11,790,699
5	4,662,243	1,129	4,663,372	3,438	35,455	38,893	4,702,265	11,933,620
6	5,209,666	1,061	5,210,727	3,619	34,601	38,220	5,248,947	13,578,934
7	5,824,368	1,036	5,825,404	3,230	37,277	40,507	5,865,911	15,298,125
8	6,235,335	1,103	6,236,438	3,285	39,147	42,432	6,278,870	16,694,769
9	5,810,593	933	5,811,526	3,419	37,383	40,802	5,852,328	16,802,750
10	5,371,302	970	5,372,272	3,281	37,600	40,881	5,413,153	15,806,218
11	5,610,972	1,007	5,611,979	3,365	38,559	41,924	5,653,903	16,357,572
12	5,856,845	990	5,857,835	3,329	33,695	37,024	5,894,859	17,818,590
13	4,347,846	1,035	4,348,881	3,069	29,452	32,521	4,381,402	16,215,657
14	3,748,099	1,067	3,749,166	2,992	29,666	32,658	3,781,824	16,522,804
15	2,720,176	853	2,721,029	2,907	28,603	31,510	2,752,539	13,296,330
16	3,484,310	1,015	3,485,325	2,615	29,242	31,857	3,517,182	16,831,112
17	3,611,502	971	3,612,473	2,870	27,698	30,568	3,643,041	17,403,565
18	4,301,208	983	4,302,191	2,904	26,553	29,457	4,331,648	17,534,565
19	4,208,225	872	4,209,097	2,904	24,427	27,331	4,236,428	17,294,935
20	3,800,524	861	3,801,385	2,826	25,574	28,400	3,829,785	15,987,250
21	4,014,527	943	4,015,470	2,944	24,606	27,550	4,043,020	15,445,684
22	4,184,092	988	4,185,080	2,702	25,422	28,124	4,213,204	16,637,224
23	3,961,382		3,961,382	2,752	23,774	26,526	3,987,908	16,994,200
24	3,924,008		3,924,008	2,738	24,775	27,513	3,951,521	18,490,657
25	3,296,805		3,296,805	2,748	24,205	26,953	3,323,758	17,472,748
26	3,210,844		3,210,844	2,539	24,863	27,402	3,238,246	16,903,388
27	3,249,593		3,249,593	2,851	26,524	29,375	3,278,968	16,213,789
28	3,738,380		3,738,380	2,738	26,888	29,626	3,768,006	17,116,420
29	3,959,468		3,959,468	2,799	26,872	29,671	3,989,139	17,889,292
30	4,182,207		4,182,207	2,608	25,402	28,010	4,210,217	18,954,031

表86　戰後護照發行數（國內）及出國人數（出自外務省領事局旅券課「旅券統計〔平成30年1月到12月〕」）。

	一般護照			公務護照			計	國外旅行者
	多次往返	一次往返・限定	小計	外交	公務	小計		
昭和21年	—	—	8	—	—	—	8	—
22	—	—	11	—	1	1	12	—
23	—	—	163	—	—	1	164	—
24	—	—	857	—	—	—	857	—
25	—	—	3,291	—	—	—	3,291	—
26	—	—	8,737	—	—	—	8,737	—
27	—	—	12,283	489	669	1,158	13,441	—
28	—	—	15,769	562	1,070	1,632	17,401	—
29	—	—	17,102	637	1,708	2,345	19,447	—
30	—	—	21,893	668	1,972	2,640	24,533	—
31	—	—	30,996	759	1,938	2,697	33,693	35,803
32	—	—	33,808	845	2,064	2,909	36,717	45,744
33	—	—	33,818	991	1,837	2,828	36,646	49,263
34	—	—	39,380	1,109	2,010	3,119	42,499	57,194
35	—	—	53,710	1,062	2,382	3,444	57,154	76,214
36	—	—	61,509	1,165	3,124	4,289	65,798	86,328
37	1,920	62,032	63,952	1,184	3,272	4,456	68,408	74,822
38	2,566	85,022	87,588	1,238	3,521	4,759	92,347	100,074
39	4,191	114,476	118,667	1,424	4,361	5,785	124,452	127,749
40	8,624	139,114	147,738	1,737	4,772	6,509	154,247	158,827
41	15,171	187,819	202,990	2,056	5,645	7,701	210,691	212,409
42	11,291	244,108	255,399	2,142	6,903	9,045	264,444	267,538
43	14,972	306,702	321,674	2,342	7,201	9,543	331,217	343,542
44	18,524	454,886	473,410	2,369	7,668	10,037	483,447	492,880
45	45,184	599,500	644,684	2,526	8,522	11,048	655,732	663,467
46	410,926	445,685	856,611	2,534	9,420	11,954	868,565	961,135
47	593,228	482,801	1,076,029	2,654	10,014	12,668	1,088,697	1,392,045
48	981,659	565,831	1,547,490	2,449	8,992	11,441	1,558,931	2,288,966
49	916,218	415,382	1,331,600	2,405	9,826	12,231	1,343,831	2,335,530
50	967,320	344,523	1,311,843	2,561	9,313	11,874	1,323,717	2,466,326
51	1,225,672	328,705	1,554,377	2,677	9,858	12,535	1,566,912	2,852,584
52	1,455,508	280,490	1,735,998	2,692	11,480	14,172	1,750,170	3,151,431
53	1,529,252	289,242	1,818,494	3,009	12,708	15,717	1,834,211	3,525,110
54	1,622,237	358,306	1,980,543	3,184	13,900	17,084	1,997,627	4,038,298
55	1,494,115	336,150	1,830,265	3,322	15,237	18,559	1,848,824	3,909,333
56	1,571,186	360,056	1,931,242	2,960	16,358	19,318	1,950,560	4,006,388
57	1,602,278	386,402	1,988,680	3,109	16,546	19,655	2,008,335	4,086,138

府限制了日本人出國。

日本恢復主權的昭和二十七年，日本交通公社發行了海外旅遊手冊《外國旅行導覽》。日本交通公社是每年編纂《旅程與費用概算》的Japan Tourist Bureau改組的組織，簡稱同樣是「JTB」，戰後的英文名稱改成「Japan Travel Bureau」。該社出版的《外國旅行導覽》是戰後日本第一本針對全世界的正式旅遊手冊，也和《旅程與費用概算》一樣每年推出修訂版。後來改名為《世界旅行導覽》（世界旅行案內），持續發行了三十年，直到昭和五十七年（一九八二年）。

昭和二十七年的初版序文中有一段：「國外旅行者的視察地，戰後因為種種情由，範圍比起戰前限縮了不少。」該書發行的昭和二十七年五月，正是韓戰方興未艾之際，日本與蘇聯尚未恢復邦交，許多前日本兵被扣留在西伯利亞。包含樺太在內，一般日本人都不允許

圖 87 昭和 38 年版的《外國旅行導覽》。總論與各地區共四冊。

入境。從這層意義上，外國旅行地在地區上一定比戰前狹窄許多。

然而，國外旅行比戰前困難，原因並不只出在旅行地的情勢。在該書昭和三十四年（一九五九年）版開頭的一段文字是這麼寫的：

「為商務、視察、研究等因素前往國外的必要性，連年增加，旅客往來羽田、橫濱的人數漸漸頻繁。但是現在的外幣條件，不容許民眾在希望的時期，隨心所欲前往想去的地方。除了經濟振興、文化提升及其他為日本帶來有益的結果，只限於出國費用由外國贈與的狀況下才能出國。」

這裡舉出了「現在的外幣條件」作為限制日本國民出國的理由。該書發行時，距離戰爭結束已達十年以上，恢復主權也已經過了七年。但是日本政府用於國際交易的外匯存底太少，作為國際社會的國家一員，經濟力還太虛弱，所以，為了限制將外幣攜出國外，便限制國民出國機會。

因此，日本國民若想到海外去使用珍貴的外幣，就必須有「經濟振興、文化提升及其他為日本帶來有益的結果」的正當名義。但是，若是沒有這種正當名義，而是有「出國費用由外國贈與的狀況」，也就是不會用到日本國內的外幣時，也可以到外國去的。所以所謂的海外旅行條件，並不是因為日本是個獨裁封閉的國家，政府不允許本國國民了解外國情勢，但是如果沒有外國友人或團體籌措出國旅費的話，不論在日本國內多麼有錢的日本人，也無法到外國旅行。

關於「申請護照」之前的手續，該書也就使用國內外幣出國旅行，和獲得外國旅費之外幣保證的出國旅行等兩種狀況，分別說明如何向政府取得出國許可的步驟。前者分為用「一般外幣出國」與「特別外幣出國」兩種方式。

利用一般外幣出國乃是「於政府保有的外匯中，從外幣預算列入旅費的名目下，預撥外幣充當旅費」，並於外務省內的例會「海外出國審查連結會（出國審議會）」上，需「嚴格審查其旅行目的，從國家的角度是否有助於提升經濟和文化等」。該書並列舉了四個屬於符合這種條件的旅行種類：

「（a）為修習有益經濟之科學技術的科學技師。
（b）以製造法研究、製造相關合約，又或產業經營之調查研究為目的者。
（c）有市場調查、買賣合約之締結、交易之設定等要務者。

（d）運動或其他文化相關、自費留學，或是出席國際會議者等。」

從這裡可以知道，若公司與日本或外國政府沒有交易關係的上班族、職業主婦、學生等，幾乎沒有符合這些條件的可能性。「於政府保有的外匯中，從外幣預算列入旅費的名目下」這件事情，使用外幣作為旅費，這表示是花費國家預算前往國外，所以自然會遭到「從國家的角度」來看的「嚴格審查」。進而，申請許可時必須要附上「旅行目的地的招聘書」等，所以事先確定前往的國家獲聘的機關，也是條件之一。從以上過程看來，若需要這個手續，等於說一般市井民眾絕無可能藉遊山玩水的目的到外國去。

一般外幣的出國申請手續非常嚴格，昭和三〇年代初期，在日本交通公社擔任海外旅行手續業務的秋山和步回想起當時審查的狀況說，「嚴格審查一般外幣預撥的『出國審查連絡會』，對所有旅行社的員工來說都是個罩門，最頭痛的地方。」他從昭和三十二年（一九五七年）起，也擔任《外國旅行導覽》的撰寫工作，昭和三十三年（一九五八年），他為了編纂修訂版，以資料收集和當地視察為由，自己申請了一般外幣預撥的旅費，前往歐洲：

「辦事員們如同忠實的看門狗，檢查『外幣申請書』時彷彿從頭到尾舔過一遍。吹毛求疵地指出記載不完整之處，尤其是被視為重中之重的申請者『出國目的』，簡直把旅行業從業員當成極惡凶犯或是殺唆犯罪的共犯，用刑警或檢察官的態度窮追猛打，直到他們點頭接受為止。

（中略）實情是申請書「出國目的」一項的文字，大多都不是出國旅客自己寫的，而是旅行業者代為準備。

關於『我們現為了達到日本國家獲取珍貴外幣的目的，該如何適合或在好時機出國旅行』，用申請者的名字開始東拉西扯來寫些說服的文章。（秋山和步，《戰後日本人海外旅行物語——巨大旅行時代的證詞》〔戦後日本人海外旅行物語——巨いなる旅の時代の証言〕實業之日本社，平成七年〔一九九五年〕）

利用特別外幣的出國，是指「出口商品的公司、廠商或是加入這些組織的團體，具有將出口所得外匯的三%作為特別外幣，充當旅費的權利」。根據這個外匯資金特別預撥制的制度，出口公司或出口商品廠商的員工等，可以透過這個手續出國旅行。這個制度是昭和二十四年（一九四九年）為促進出口貿易的目的而開始的，它的著力點放在「出口」而不是「進出口」，可以看出它是只考慮有助取得外匯的制度。用這種方式出國，使用的是貿易公司本身從買賣獲取的部分外匯，而不是國家保有的外匯，所以當地停留日數在一百二十天內的出國申請，不須經過出國審議會的審議，只要備齊文件，經日本銀行同意就行了。

該書又提到第三種方法，是「在第三者保證下出國」也就是運用外國人或在外日僑保證的方法出國。這種方法也不需要申請政府外匯的預撥，只要有保證旅費的保證書，就能獲許出國，但是保證書必須在公證單位進行公證。另外，當費用的保證範圍只有當地住宿旅費時，必須針對日本來回交通費給予出國許可，出國審議會審查的結果，也可能因為出國目的而被駁回。現代日本大學生可以自由出國旅行，但是這個時期的學生若是海外有富有親戚，或者申請到海外大學或研究機關全部負擔旅費的獎學金，就符合第三種方法，獲得政府的出國許可。可以說這是出國的唯一方法。

進而書中還介紹了另一種並非一般人的出國方法：「依據公務合約的出國」。向外國人或外國公司提供技術，或者是藝人出國公演都屬於此類。這時技術師海外出國審查連絡會，這個外務省的部門會來審查合約書內容的適當與否，日本政府等候答覆再判斷可否出國，所以嚴格度還是沒變。

如果沒有走完這些外幣申請手續，基本上連護照都不能申請。光是因為這一點就可以知道，當時出國旅行的門檻，別說是與現代相比，比起戰前都可以說相當高，對大半日本人而言，它都不是可以簡單克服的條件。

東京奧運前夕開放自由海外旅行

與獨裁國家為統制國內資訊而限制國民外國旅行不同，為了純粹的經濟形勢而限制外國旅行時，一旦國家的經濟發展開始起飛，就失去了正當性。

昭和二十七年（一九五二年）日本恢復獨立的同時，也加盟了國際貨幣基金（ＩＭＦ）。該基金協定的第八條規定「不得限制經常性國際貿易的支付及資金移動」，是為加盟國的一般義務。因為，以保護國內產業為由的進口限制，和以本國政府外匯不足等為由的匯率限制，在鼓勵自由競爭的國際貿易和國際金融秩序中，不能算是適當的做法。

但是，該協定在第十四條有個針對經濟基礎軟弱的開發中國家的例外規定，允許處於戰後復興過渡期的國家，採取限制措施作為過渡政策。日本在加盟之初，該協定承認其符合例外中的開發中國家，並未列入適用第八條的國家（稱為八條國）。

但是，當日本經濟順利發展，被視為開發先進國家時，歐美各國便開始催促日本開發經濟。昭和三十五年（一九六〇年），日本政府發表貿易、匯兌自由化計畫大綱，將未來匯兌自由化的方針定為國策。昭和三十八年（一九六三年）接受ＩＭＦ勸告，轉為八條國。

同年，日本也成為世界第二十一個經濟合作暨發展組織（OECD）的加盟國。從國際貿易的自由化觀點，開放國民的國外旅行是加盟OECD的基本條件，但日本政府以暫時性外幣不足為由，申請延後自由化到昭和三十九年（一九六四年）六月，獲得允許。話雖如此，IMF和OECD兩個國際組織陸續要求日本開放國外旅行，日本政府已不可能再以外匯狀況為由，繼續限制出國旅行。

於是，日本政府在昭和三十八年四月，首先撤除了年總額五百美金以內的業務旅行限制。其次是昭和三十九年四月一日，日本在轉為IMF八條國的同時，撤除了因外幣條件而對國民出國旅行的限制，對出國觀光的旅行者也發予護照。這便是所謂的「海外旅行自由化」，正好是東京奧運開幕的半年前。

是否需要旅行正當名義的爭議

不過，觀光目的的國外旅行，剛開始還是有「每人限一年一次，攜帶金額一年不超過五百美金」的限制。當時的固定行情，一美金等於三百六十日圓，美金五百元就是十八萬日圓。限制攜帶金額表面上的目的，是基於防止外幣大幅減少的經濟性理由。

但是不只如此，從戰前或更早的江戶時代開始，不可否認日本人就觀光旅行上是否需要

「正當名義」的爭議，對海外旅行自由化的實施，一直有著不小的影響。仍有人持反對意見：「拿著珍貴的外幣去遊山玩水，腦袋在想什麼啊」。而且，「就算有充分的金錢和自由時間，身體也健康，但是日本民眾悠哉到外國觀光，實在是不像話」。昭和三〇年代，「戰時諄諄教誨的『奢侈是大敵！』一詞，還深深刻在民眾的記憶中」（前述《戰後日本人海外旅行物語——巨大旅行時代的證詞》）。

開發海外旅行約三年後，《朝日雜誌》（朝日ジャーナル）發行的一九六七年一月號中，朝日新聞社社會部的記者本多勝一主張贊成：「不論目的為何，說得極端點，就算沒有任何目的，日本青年都應出外旅行，充斥地球的每個角落。」這裡所稱的「目的」，是指具有對社會有益的意義，不包含單純觀光目的的個人旅行。從他把「就算沒有任何目的」的個人出國觀光旅行以「極端」來表現，就可看出剛開發海外旅行的日本社會，還是懷抱著江戶時代以來根深柢固的意識：「旅行需要正當名義」、「純粹的遊樂旅行不應明目張膽。」自由化之初所設的「觀光旅行每人限一年一次」等，從現代的感覺來看只覺得多管閒事的限制，其實也是顧慮到社會上這種氛圍，所以才和外幣額度一同限制吧。

總而言之，雖然開放海外旅行，但因為有這種限制，旅行者為了取得護照，同樣還是先辦理外幣預撥的手續。翻開昭和四十三年（一九六八年）版的《外國旅行導覽》：「手續方法與過去沒什麼變化，在日本銀行、外國匯兌公認銀行等得到同意書後，再去申請護照。」手續的順序與開放以前幾乎相同，只是在審查時接受觀光目的的旅行。

此外，最初觀光旅行「一年一次」的次數限制，到了昭和四十一年（一九六六年）廢除。觀光旅行時攜帶的外幣限額也從五百美金，也按年月漸漸放寬為七百美金、一千美金和三千美金（發生石油危機的昭和四十九年（一九七四年）起約兩年間，又縮減成一千五百美金），開放海外旅行的十四年後，昭和五十三年（一九七八年）廢除了攜帶外幣限制。

護照不能多次使用

開放海外旅行之初，規定全民「觀光旅行每年限一次」，這種限制在現在海外旅行時的手續幾近不可能。因為護照一旦發下，在有效期間內何時使用、使用幾次，都是持有者的自由，旅行地點即使不同，也使用同一本護照，並不能依據目的加以辨別。但是這個規定可以執行，是因為當時護照取得條件與現代在許多地方都不同。

像現代按一般手續取得護照，原則上是在平成二年（一九九〇年）四月起，將多次護照（只要在有效期限內，可以無限次使用的護照）合為一本。過去只發給觀光旅行者一次性護照（只限出國一次有效，回國的同時就失效的護照）。昭和四十三年（一九六八年）版《外國旅行導覽》就「護照（Passport）」的取得申請手續，有以下的說明：

「護照分為外交護照、公務護照、一般護照三種。外交護照只發給外交官或委託民間人士的外交使節。公務護照於國家公務員（不含地方公務員）公務出差時發給。除此以外的人士，全部發給一般護照。一般護照又進一步分成單次出國用護照，與多次往返護照兩種。

多次往返護照並不是任何人都隨意發給，只有必須在商務上頻繁出國的人士才會特別發給，有效期限為兩年。除此之外的一般護照和公務護照，在本人回到日本的同時失效。但回國之前不論十年或二十年，無限有效。」

昭和四十六年（一九七一年）版的該書中，刪除了上述中「只有必須在商務上頻繁出國的人士才會特別發給」中的「商務上」，「特別發給」也改成「原則上發給」的表現。「有效期限」也改成「五年」。旅遊手冊的記述也反映出施行到現在的期限五年護照原型出現。

單次護照是基於取得護照時申請的旅行目的和前往地點來發給的，護照的「前往地」欄，明示可以旅行的國名。因此，舉例來說，如果所持的護照該欄寫明「新加坡」，到了當地後不可以一時興起，越過國境到馬來西亞當天往返的。

關於「前往地」欄，昭和五十二年（一九七七年）的《世界旅行導覽》幾乎完全延續《外國旅行導覽》的「護照」記述如下：

「多次往返護照，原則上發給有頻繁旅行需要者，發行後五年內，可在朝鮮人民民主主義共和國之外的所有國家無限次旅行。單次來回護照有指定前往國名，發行後六個月內出國的話，在踏進國門之前，不論十五年還是二十年都有效。」

在昭和時代有過領取護照經驗的日本人，也許現在還記得，日本一般多次護照直到最後都將北韓排除在「前往地」之外。用英文明示「本護照除北韓（朝鮮民主主義人民共和國）之外在所有國家和地區有效」的護照（圖88），一直發行到平成三年（一九九一年）多次護照成為準則之後。以前在北韓之外，還有中國本土（標示為「Mainland China」）、北越、東德，都排除在多次護照之外。昭和四十七年（一九七二年）趁中日建交之機，首先將中國從排除國刪除。之後，東德和北越的國名也消失。只有北韓在往後約二十年的時間，持續被排除多次護照的前往地之外。北韓開始接受一般日本觀光客是在昭和六十二年（一九八七年），但在那個時候，即使北韓打開大門，但日本旅行者若沒有申請到指定北韓為前往地的單次護照，還是無法合法旅行。

款項攜帶方法的變化

二十一世紀的日本旅行者可能會想，就算限制外幣攜帶額度，只要帶著日幣到國外兌換不就行了嗎？戰前日幣在東亞各地的確有不少地方可以直接通用，但戰後失去了廣大的海外領土，日幣在國外已經不能不經兌換來使用了。而且，因為戰敗國家經濟力衰弱，日本貨幣的信用度並未輕易恢復，國外可以兌換日幣的地方，即使在開放海外旅行時，也只限極少國家。總之，若是不在日本國內先將日幣兌成外幣，現實上有取得的困難，因此才會對攜帶外幣課以限制的條件。

那麼，可以帶什麼樣的外幣出國呢？依據《外國旅行導覽》中「旅費的攜帶方法」，昭和三十五年（一九六〇年）開放國外旅行之前的版本直言：「現在可以攜帶作為國外旅行旅

圖88　昭和62年（1987年）發行的護照上，記載「前往地」的北韓除外註記。

費的外幣，依目的地國而有所不同，不過大致上是美金或英鎊」。即將開放海外旅行前的昭和三十八年（一九六三年）的版本則寫道：「雖然根據旅遊地點和目的多少有些差異，但使用現金的時候大多用美金。」而日本海外旅遊手冊中將英國英鎊在國際基礎貨幣的地位（？）讓賢給美金，也是在這個時候。

儘管如此，大半東亞各國還是必須將美金兌換成當地貨幣。《外國旅行導覽》的「旅費的攜帶方法」一節中只說開放海外旅行之前「在歐洲各國，美金、英鎊為首的各國貨幣，只要是紙鈔的話，幾乎都能自由兌換成當地貨幣」，但沒有提及亞洲等「歐洲各國」之外的匯兌狀況。到了昭和四十三年（一九六八年）版，這段文字後面，補充了「蘇聯、東歐各國攜帶美金貨幣較方便，中共則以英鎊貨幣更便利」的資訊。與日本沒有邦交的中共（中華人民共和國）之所以攜帶英鎊方便，推測應該與英屬香港幾乎是去該國的唯一出入口有關。

另外，這部分在書名改為《世界旅行導覽》後的昭和五十二年（一九七七年）版中，修改成「赴中國時攜帶用美金、外幣保證的日幣（稱為自由圓）貨幣，十分便利」，兩年後昭和五十四年（一九七九年）版，則更進一步說明「在中國，若攜帶美金、日幣的話十分便利」，由此即可看出中國漸漸重視美金多於英鎊，而且從它直言可以將日幣直接攜入中國國內兌換，更覺得與外幣限制的時代仿如隔世。

之後，日幣在東亞的通用度更加升高，到了平成年代，帶日幣出國在當地直接兌換當地貨幣已經是稀鬆平常的事，不再需要「在日本國內把日幣換成美金，到了當地再換成當地貨幣」的兩次手續了。一九九〇年代，打開各地區主題的旅遊手冊，中國、香港、澳門、臺灣、韓國、北韓等日本鄰近的東亞國家，直接帶日幣就可用了。只有因蘇聯瓦解，經濟狀況混亂的俄羅斯遠東地區，建議帶美金：「日幣的兌換地點很有限，而且匯率差，不划算」。

關於款項的攜帶方法，《外國旅行導覽》除了現金之外，還列舉了旅行支票、旅行信用狀、銀行匯票匯兌，以及信用卡。其中旅行支票和旅行信用狀，與戰前《旅程與費用概算》介紹的內容（參閱本書第172頁的內容）幾乎完全相同。

銀行匯票匯兌是該書介紹的方法，「旅行者事先將款項交付匯款銀行，取得匯票，到旅行地點的指定地，將票據拿到指定的銀行，就可取得金額。」若是打算長期待在一個地點旅行，而不是大範圍周遊的話，它倒是非常方便的方法。如果只是單統的銀行匯款，旅行者手邊沒有留下證明匯款事實的文件。但是用匯票匯兌的話，匯款證書可以證明，不會發生款項未到等無法支付的狀況，也不像旅行支票匯兌時會產生手續費。但是，也因為它不像旅行支票有比對筆跡的程序，所以丟失或被偷時有遭盜用的危險。

戰前旅遊手冊中沒有的旅費攜帶方法中，信用卡是現代已普及到全世界的方法。《外國旅行導覽》在開放海外旅行之前，在「旅費的攜帶方法」也沒有信用卡的記述。昭和四十三年後，在原有的項目之後，又獨立設了新項目「信用卡的使用」，介紹它是種方便的方法，「顧客只要一卡在手，不用帶現金也可以賒帳住旅館、坐包租車、坐飛機，一定期間之後結算」。「賒帳」、「包租車」等表現的文字，令人感受得到五十年前的日本世界。

信用卡在現代海外旅遊手冊裡也同樣介紹為旅費的攜帶方法。但該書的記述有個「國際卡」的部分，現代海外旅遊手冊中幾乎沒有看過。那是關於大來卡（Diners Club），「這裡發行的卡在全國數千家加盟店通用，但也另外發行外國通用的國際卡」的狀況。信用卡分為只在日本國內通用的國內卡，和外國也可以使用的國際卡兩種。這個「國際卡」、「國際信用卡」的說法，直到一九九〇年代中期，在部分海外旅遊手

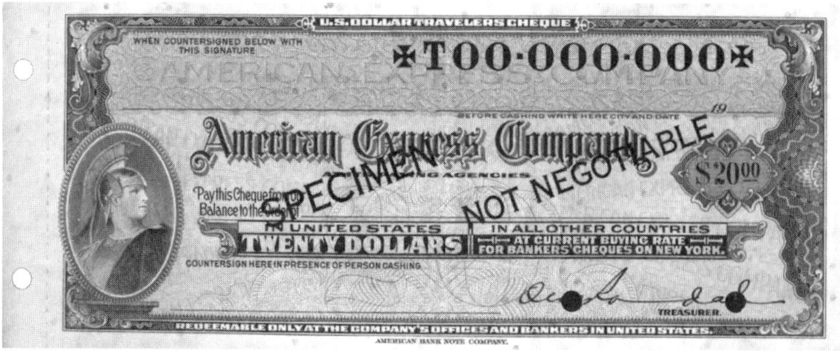

圖 89　《外國旅行導覽》（昭和 34 年〔1959 年〕版）插在正文中的旅行支票範本。

冊中都可以找得到。現在日本發行的信用卡幾乎全部都是國外也能使用的國際卡，沒有必要冠上「國際」二字，所以大家才會聽不慣這種名稱吧。

此外，國外旅行有攜出外幣限制的時候，對國外旅行時使用信用卡上也有限制。該書昭和四十三年版解釋：「國外旅行者在出發前，將預撥外幣（一般五百美金）中將一定金額預託大來卡，於國外時可在這個範圍內消費」。但是當時無法像現在的信用卡，只要根據持有者的信用發行，即使沒有預託金，也可以在限額內自由使用。

這本昭和四十三年版還預言：「將來，如果能自由使用的話，信用卡將會成為國外旅行者極為方便的工具吧。」但它的記述到昭和五十二年改名為《世界旅行導覽》版時，不但宣告「預託金已經是過去的遺物」，也說在外國匯兌的範圍內，國際卡銀行對國內卡持有者的接納門檻很低，也解說具體的申請程序和結算方法，讚揚它的方便性。雖然並未刪除國內卡與國際卡區別的說明，但是使用順手性，已經漸漸接近現在信用卡的狀況。

但是，有一點在昭和四十三年版和五十二年版都沒變，那就是信用卡普及與好用的地區，主要只限美國及西歐國家。如香港和澳門，雖然統治國分別是西歐國家的英國和葡萄牙，但是昭和五十年（一九七五年）發行的《藍色指南海外版　香港・澳門之旅》（ブルーガイド海外版　香港・マカオの旅）中關於持有外幣的記述，也只寫了現金和旅行支票。第二年（昭和五十一年〔一九七六年〕）發行的同系列《臺灣之旅》（台湾の旅）也相同。即使翻開購物頁面，也沒有任何關於信用卡流通性等的記述。可以推測這可能是因為當地流通性的關係，但也可能是當時前往亞洲各地的日本觀光客，對在國外使用信用卡這種行為，也還很生疏的緣故吧。

在冷戰下與西歐各國處於對立關係的中國，相關的旅遊手冊介紹信用卡的時期更晚。以個人旅行者為主要對象的《地球漫步法》於昭和五十九年（一九八四年）發行的《中國篇》初版，直到平成時代一段時間，「旅行中國的技術」一章中的旅費攜帶方法，還是只有現金和旅行支票。進入一九九〇年代後，學生型的信用卡漸漸開始普及，例如：平成六年（一九九四年）發行的同系列《歐洲篇》就有信用卡的申請方法、在當地的好用程度、丟失時緊急處置方法。但同時期的《中國篇》完全沒有這些記述。這個差別明顯來自於在當地的流通度。

進入二十一世紀，中國的經濟發展有了飛躍性成長，現在中國旅遊手冊當然不會有找不到信用卡說明的狀況。只是，在現在的中國，中國獨自發行的銀聯卡（在存款帳戶的餘額內可即時支付的卡，與簽帳的信用卡不同，不必審查持有人的經濟信用，只要有存款帳戶，基本上誰都能用）爆炸性的普及。銀聯卡反向在全世界的可使用範圍也在擴大。因此，很難預測未來在中國旅行時信用卡會更加便利。

外國旅行比戰前更加遙不可及

開放海外旅行之初，《朝日新聞》（昭和三十九年〔一九六四年〕四月六日晚報）報導過第一次舉辦的海外觀光旅行團在羽田機場出發的盛況。據報導指出「十七天的日程走遍義大利、瑞士、西德、法國、英國、丹麥六國」，旅行團的費用共計「七十一萬五千日圓」。兩天後出發的夏威夷九天七夜的旅行團每人三十六萬四千日圓。當時大學畢業的新進員工起薪大概是兩萬日圓的程度，所以假設現代大學畢業起薪是它的十倍，二十萬日圓，那麼夏威夷一週之旅照現在的金錢感，等於三百六十四萬日圓，歐洲十七天的旅行價格相當於七百一十五萬圓。若是夫妻一同參加得花一千四百萬日圓以上，等於是「豪華客船環遊世界一圈」的等級了。

攜帶現金的五百美金限制（日幣十八萬日圓），經過同樣的換算，在現代相當於一百八十萬日圓的感覺。所以，最初海外旅行團的價格在現實上還是一大問題。限制一般觀光旅行的外幣額度並未招來不滿，但是，除非有相當的財力，且立場上可以休假半個月以上，否則別說是歐洲，就連夏威夷旅行都只能當作痴人說夢。

另一方面，亞洲，尤其是戰前日本旅客可以抱著身在國內感覺來旅遊的東亞，旅行費用比歐美便宜，但是與現代大學生或年輕社會人隨意幾天往返的規劃還是有很大差距。昭和四十一年（一九六六年）實業之日本社開始發行各地區海外旅遊手冊系列《藍色指南海外版》第一卷《香港・澳門・臺灣》（香港・マカオ・台湾）的初版，書中記載香港兩晚、澳門一晚、臺灣三晚的一週旅行所需要的費用，包含航空票價和在當地的花費，預估最少也要十五萬日圓。書中寫「那個時代北海道或九州環島旅行如果奢華一點，也得花七到八萬日圓。所以說不定有的人認為香港、臺灣的外國旅行，毋寧說算便宜吧。」畢竟那是大學畢業起薪兩萬日圓的時代，從現在的所得水準來看，難怪要破百萬。考慮到古今時代的所得水準，可以說這個時代反而比昭和初期大日本帝國時代更難出國。

旅遊手冊述說的團體旅行主流時代

這裡我們參考開放海外旅行後發行的《藍色指南海外版》，而不採用歷史悠久的《外國旅行導覽》記述是有原因的。《外國旅行導覽》沒有登出實用的按旅行地列出的標準價格。在開放海外旅行之前，本來並沒有團體觀光旅行這種商品，所以當然沒有這類記述。不過打開昭和四十三年（一九六八年）版四冊形式的《第1部　總論》，在「旅程與費用」那一章裡，只有關於交通費、住宿費結構的詳細說明，例如：無法馬上看出到香港、臺灣的一星期旅行大概要花多少錢。《第4部　非洲篇・亞洲篇・大洋洲篇》（第4部　アフリカ篇・アジア篇・大洋州篇），有完整的地區介紹，所以有列出國內交通和主要飯店的價格，但是卻沒有登出戰前《旅程與費用概算》也有刊載的標準行程和費用總額。

話雖如此，《外國旅行導覽》也並非網羅了所有在當地住宿、觀光所需要的實用資訊。從《第4部　非洲篇・亞洲篇・大洋洲篇》共三百四十二頁中，只收了非洲八國、亞洲二十七國、大洋洲五國的資訊就可以知道，各國都只有概略性介紹。很難說這本書的編製可以讓「旅行者自己只要翻開這本書，就能對海外觀光旅行有所幫助」。

我們可以看出這本《外國旅行導覽》與戰前的《旅程與費用概算》一樣，它主要針對的是參加團體旅行者或是法人團體而編撰的書，而不是給純粹個人旅行者看的。價格方面，昭和三十八年（一九六三年）版四冊一套一千五百日圓，同昭和四十三年版一千八百日圓，到了昭和四十七年（一九七二年）版，價格提高到二千五百日圓，不論哪一版都「不可分售」，所以不能只買有亞洲篇的那一分冊。昭和四十一年（一九六六年）出版的《藍色指南海外版　香港・澳門・臺灣》的初版是三百八十日圓（昭和四十七年版也相同價格），所以差別歷歷可見。以現代的感覺大概是一萬五千日圓到兩萬日圓上下。至少，它的對象絕對不是現在努力壓低費用的背包客。

各位以為這本《外國旅行導覽》是否與其他旅遊手冊銷售競爭敗下陣來，所以調整方針或是停刊嗎？其實不然，昭和五十二年（一九七七年）版改名為《世界旅行導覽》，價格三級跳為四千八百日圓，之後也再版了好幾次。這本書既沒有當地具體的鐵路搭乘方法，或介紹廉價美味的小吃店等個人旅行者需要的當地實用資訊，但當時對這麼高價的旅遊手冊確實有一定的需要。這個現象至少說明了從戰前以來，團體到日本列島之外旅行的傳統形式，到昭和四〇年代（一九六五年至一九七四年）以前一直是主流。

巨無霸噴射機出現，船旅消失

制度上雖然自由化，但是海外旅行以庶民的經濟力依然遙不可及，將它變得親民化的一大轉折點，是巨無霸噴射機的出現。這種大型客機在昭和四十五年（一九七〇年）第一次在日本亮相，一架飛機可搭載五百人，所以可以大量運輸，同時由於航空公司增加，如果不提高載客數或使用率，空位就會太多。因此，唯獨對團體旅行，在價格設定上大幅降低航空票價，所以搭飛機到國外的團體旅行急劇降價。進而，一美金對三百六十日圓的固定匯兌行情，自昭和四十六年（一九七一年）起降為一美金對三百〇八日圓。昭和四十八年（一九七

圖 90　《外國旅行導覽》（昭和 38 年〔1963 年〕版）中介紹的飛機之旅。

三年）起改成浮動行情制，日幣開始升值，海外旅行漸漸不再有高貴感。而這也是日本國民所得水準逐步提高的時期。

離開日本列島到國外，還是與大日本帝國時代一樣，必須搭乘船或飛機，戰前的主要「出洋」方法是船，到了昭和時代，飛機雖然已經出現，但是市占率十分有限，如同戰前的《旅程與費用概算》敘述一般。

到了戰後，美國的航空公司在占領下的日本規劃旅客航班，國際航線急速發展起來。《外國旅行導覽》昭和三十四年（一九五九年）版，〈日本對外的國際交通狀況〉一章的開頭就提到「空路」，介紹在東京擁有定期航線的十三家航空公司。當時飛機的航續距離短，所以不只是亞洲，歐美的航空公司東京發抵的班次也都以香港或馬尼拉為中繼站。到了昭和四十三年（一九六八年）版，介紹的航空公司增加到十九家。除了直飛首爾、釜山的大韓航空之外，所有航空公司都擁有從東京到香港、馬尼拉或臺北的班機。

雖然在這個時期，戰前那種前往外國的定期旅客航線還是有不小的地位，該書昭和三十四年版中，「空路」之後的「海路」介紹太平洋航線、歐洲航線、東洋各地、南美及南非航線、澳洲．紐西蘭航線、大西洋航線六項，只要願意，從日本幾乎可以搭定期客船到全世界。只是「日本對外的國際航線大部分都把重點放在貨運，所以，在航線、行程上對船客諸多不便，出入日本的純客船已很少見。」指出了船旅的困難。

其中，前往亞洲各地的客船，靠著太平洋航線或歐洲航線的部分區間補足，但是看不到戰前大連航線和臺灣航線的豪華。從橫濱或神戶經由夏威夷到舊金山，橫越太平洋的客船，或是戰前以來從橫濱繞行印度洋到馬賽的傳統路線，都會在香港與馬尼拉停靠。而屬於這兩段航程一部分的神戶、橫濱—西雅圖、漢堡間的航線，書中記述「日本郵船改裝戰前客船冰川丸，來行駛這兩條路線」，但是「除了日本郵船之外，各家公司清一色是貨運船」，隱隱可看出客船路線開始沒落。而且同年版的該書對於邦交正常化前的韓國或中國大陸，沒有任何具體的旅客航線介紹。

該書昭和四十三年版裡在「海路」章節和按目的地分類的六個項目，都沿用之前的版本。而在「海路」的頁面中，正好插進了彩色印刷的廣告頁。正面是日本航空，背面是大阪商船三井船舶（現為商船三井）的廣告。後者的廣告是一張空拍大型客貨船航行海上的照片，下方的文宣：「搭乘日本的客船海外旅行　大阪商船三井船舶」，上方還收錄了抒情的詩歌，邀請讀者來趟優雅的海外船旅：

「乘船去旅行吧！

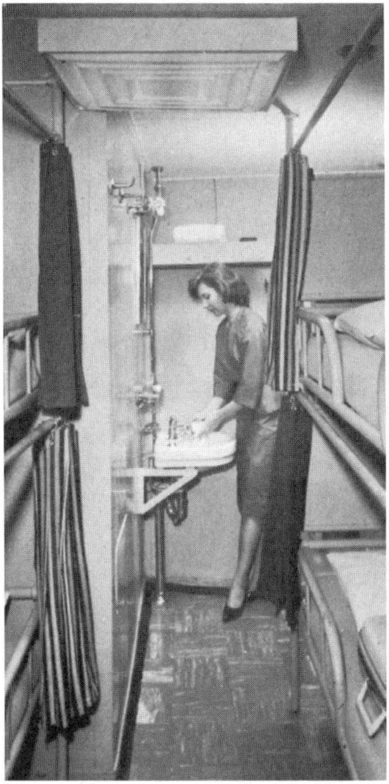

圖 91　到昭和 40 年代為止，國際航線的旅行也曾相當普及（出自《外國旅行導覽》昭和 38 年版）。

在太陽的甲板上，不斷擴大的夢想
青春躍入　海風中的泳池
星影的大廳　無盡的不夜城
連結夢想　月光的小夜曲」

這句「搭乘日本的客船海外旅行」的文宣，經常出現在這段時期大阪商船三井船舶的廣告上。二十一世紀以後，日本的國際客船只剩下到韓國、中國、樺太等部分鄰國的短程定期航班，或是搭乘豪華客船的環遊世界之旅。但是當時，搭船到外國旅行還是一般選項之一。昭和四十八年（一九七三年）單程花費五十天，從神戶・橫濱經洛杉磯到南美布宜諾艾利斯的最後一條南美航線停駛，日本遠洋定期旅客航線的歷史也終於落幕了。

亞洲旅行一度人氣低迷？

終於，自昭和初期之後睽違已久，民眾只要有錢、有時間，就可以自由到日本列島之外的地方旅行了。但是以前曾是大批日本人造訪的東亞舊外地，在昭和四〇年代，不再是旅遊標的的亮點。

開放海外旅行不久就系列發行的《藍色指南海外版》，與日本航空旗下銷售首批團體套裝海外旅行的品牌「JALPAK」連動，由日本航空審閱內容。因而我們可以推論「看看它的出版清單，大致就可以知道海外旅行開放後，日本人想去哪些國家」（前川健一，《異國憧憬——戰後海外旅行外史》〔異国憧憬―戦後海外旅行外史〕JTB，平成十五年〔二〇〇三年〕）。

同系列第一卷是《香港・澳門・臺灣》。接下來全是夏威夷和歐洲各國版，必須等到第十二卷《東南亞之旅》（東南アジアの旅）才以亞洲為主題。總之，剛剛開放自由海外旅行時，日本旅行者的喜好明顯偏向歐洲多過亞洲。《異國憧憬——戰後海外旅行外史》分析原因在於「就算是日本人對本國侵略亞洲的負面歷史心裡有陰影吧，但最重要的是窮困時代的日本人，根本不會有興趣到同樣窮困的亞洲去旅行。這不只是日本人的心理，只要是窮國人，都不會想到別的窮國去觀光。所以，窮困的日本人只有去歐洲旅行後，附帶去亞洲旅行。日本年輕人想到亞洲旅行，沉浸在歐美體驗不到的優越感，是在日本富裕之後的事。」

但是，如果我們按年分看看外務省每年發表的《外交藍皮書》（外交青書，昭和六十一年以前是《我國外交的近況》〔わが外交の近況〕）的「國人海外出國」項目，昭和三十九年（一九六四年）開放自由化的第一年度，以觀光目的發給一般護照的旅行目的地，亞洲占百分之四十四居首，其次是北美百分之二十八、歐洲百分之二十一，去亞洲的觀光客最多。在昭和六十一年（一九八六年）不再將這項統計概括為「亞洲」，而是按國家、地區分類為臺灣、韓國、中國、香港、新加坡，在此之前亞洲旅客的比例一直超越北美和歐洲，獨占鰲頭。

昭和四十五年（一九七〇年）發行的《我國外交的近況》中首次刊出「1969年（曆年）一般護照依目的地、前往地國家（累計人次）統計表」，以實際數字顯示亞洲各國中，旅客去哪個國家最多。表92是將此表與該書昭和四十八年（一九七三年）版刊登的昭和四十七年（一九七二年）的同樣數據並列，比較在觀光目的下各主要國與地區的旅行者人數。

從這份比較表可知，昭和四十四年臺灣、香港、澳門的觀光客，占往亞洲觀光客的近四分之三，占往世界各地的觀光客三分之一以上。到了昭和四十七年，前往澳門的旅行者銳減，推測是計算規則的變化，把人數灌進香港旅客的關係吧。不過更引人注目的是去韓國的旅客比四年前激增了四倍以上，韓國從一九六四年十月，日韓恢復邦交的一年後才開始接納外國觀光客，所以在開放海外旅行當下，韓國等於還是未開發的海外觀光地吧。

此外，該表昭和四十四年的部分，將臺灣標記為「中國（臺）」，這是因為當時日本與中華人民共和國沒有邦交，日本將臺灣的國民黨政權視為正統的中國政府。表中沒有顯示前

表92　昭和44年（1969年）與昭和47年（1972年）年觀光客前往之各主要國、地區的出國者數。

昭和 44 年（1969 年）			昭和 47 年（1972 年）		
目的地	總計（人）	觀光目的（人）	目的地	總計（人）	觀光、訪問、其他個人目的（人）
韓國	41,986	25,614	韓國	142,624	131,956
—			〔北韓〕	876	39
中國（臺）	214,249	126,401	〔臺灣〕	135,722	126,726
香港	206,740	110,372	香港	206,690	196,709
澳門	130,043	92,495	澳門	563	525
菲律賓	57,581	12,117	菲律賓	7,686	5,628
印尼	24,539	4,026	印尼	9,910	5,110
越南	3,324	47	越南	828	193
—			〔北越〕	60	2
柬埔寨	22,213	7,465	柬埔寨	58	28
泰國	94,194	26,123	泰國	28,885	25,380
馬來西亞	47,552	10,078	馬來西亞	1,977	848
緬甸	5,598	780	緬甸	598	379
錫蘭	5,626	1,400	斯里蘭卡	364	209
印度	42,663	9,200	印度	4,945	3,737
巴基斯坦	29,924	5,025	巴基斯坦	242	49
寮國	3,174	347	寮國	76	25
—			尼泊爾	465	421
汶萊	2,470	279	汶萊	132	9
新加坡	54,926	12,906	新加坡	12,650	7,967
—			中國	9,089	1,205
—			蒙古	62	54
其他	4,750	1,132	其他	163	23
亞洲合計	991,534	445,807	亞洲合計	564,665	507,222

往中華人民共和國的旅客數據，反之，昭和四十七年，日中恢復邦交的同時，也與臺灣政府斷交，所以，昭和四十八年製作的該表中，「中國」指中華人民共和國，而不承認是國家的「臺灣」加括號表示地區，予以區分。當時正是文化大革命如火如荼之際，日本人前往中國的全年旅客總數（含觀光和業務），只不過近九千人，是前往臺灣旅客的十五分之一。

由此可知，當海外旅行開放後，日本人觀光客大舉出籠，前往日本附近的東亞部分國家或地區。目的地多為《藍色指南海外版》系列涵蓋的香港、澳門、臺灣和後來開放的韓國。

集中在亞洲特定地區的原因

初期《藍色指南海外版》系列涵蓋的亞洲地區比較少，一方面是旅客的偏好使然，但是也可以認為，亞洲可以讓民眾輕鬆悠然觀光旅行的地方，沒有像歐美國家那麼多吧。

從旅行費用方面來說，離日本較近的亞洲國家的確較能壓低價格。只是在昭和四〇年代到五〇年代中期，中國大陸、越南、寮國、柬埔寨等地，因為社會不穩定、內戰、地區紛爭等因素，不適合觀光旅行，而戰前日本屬地或與日本之間有直達客船的蘇聯遠東地區的樺太、海參崴，都不允許外國入入境。諷刺的是勉強保持平穩的地方，只有戰後仍為殖民地的英屬香港和葡萄牙屬澳門而已。即使是開始接受日本旅行者的臺灣、韓國，都因為國內採取一黨專政或是實施戒嚴令，宛如準戰爭國家，情勢緊繃程度更勝現代。

只不過臺灣、韓國或是英國統治下的香港，在國家方針上都向美國看齊，與共產主義對峙，所以和日本同屬西側，也就是自由主義陣營。《藍色指南海外版 香港・澳門・臺灣》香港觀光的解說頁裡，形容可遙望中國國境的展望臺為「東西的接觸點」。在東西方冷戰尚在現在進行式的時代，屬於西側的日本人來說，從國境前的展望臺看去，屬於東側的共產主義中國是個只敢偷側遠觀的陰森土地，那條國境超越了單純國與國的界線，被賦予了政治對立最前線的意義。

因而，比起信奉共產主義的中國、北韓、蘇聯，對臺灣和韓國而言，日本乃是同盟國，因而，日本人當然比較容易入境旅行。而且，不管政治情勢如何，臺灣和韓國一旦成為安定的自由社會，達到正常接納觀光旅行者的程度，就會積極接納外國觀光客，作為獲取外匯的策略。其中，尤其日本是鄰近各國中，經濟發展得最成功，也允許國民自由出國旅行的國家，所以如果能整頓好本國內的觀光資源與交通途徑，日本旅客將有急速增加的潛力。

特別是韓國，雖與臺灣、香港、澳門等同為日本旅客熱門去處，但卻落後好幾年，到了一九七〇年代，韓國接納日本旅客的數量大增。韓國政府於一九七八年（昭和三十五年）進行的《韓國觀光統計》（交通部、韓國交通公社）顯示，在日本開放海外旅行的首年，即一九六四年入境韓國的日本人只有二千二百八十人，到了一九七一年約有九萬六千人。隔年（一九七二年）遽增為二十一萬七千人。一九七八年更增加到約六十六萬七千人（參照表93）。同表的「結構比」為所有入境外國人國籍比例的數值，可知一九七二年以後，日本人占訪韓外國人的半數以上。表94是同一份統計資料中的「國籍別、目的別外來客入境現況」，一九七八年高達六十六萬人以上的日本人入境目的，八成以上都是觀光。與在政治、軍事上密切合作的美國、和日本同為近鄰的其他亞洲各國的訪韓者相比，一九七〇年代之後，日本觀光客的數量一枝獨秀。

準外國待遇的沖繩旅行

不過，直到昭和四十七年（一九七二年）為止，有個亞洲地區與上述亞洲各國不同，它並不屬於外國，為日本領土，日本人可以居住和觀光旅行，但是入境手續卻不能與日本國內看齊，那就是沖繩。沖繩自戰後開始由美國統治了二十七年，直到同年五月，施政權才回到日本的手上。

關於當時的沖繩旅行，有的書上會說「在美國歸還沖繩前，本土到沖繩時必須持護照」。但是這個說法並不正確，銜接戰前《旅程與費用概算》改名的《全國旅行導覽》（全

表93　日本旅客訪韓人數演進（摘錄自韓國交通部、韓國交通公社《韓國觀光統計1978》的「年度別、地域別外來客入境現況」）。

年度	入境的外國人統計	入境的日本人	
	人員（人）	人員（人）	結構比（%）
1962	15,184	1,825	12.0
1963	22,061	2,169	9.8
1964	24,953	2,280	9.1
1965	33,464	5,110	15.3
1966	67,965	16,873	24.8
1967	84,216	19,740	24.0
1968	102,748	25,219	24.5
1969	126,686	32,181	25.4
1970	173,335	51,711	29.8
1971	232,795	96,531	41.5
1972	370,656	217,287	58.6
1973	679,221	474,773	69.9
1974	517,590	299,756	57.9
1975	632,846	363,879	57.5
1976	834,239	521,128	67.5
1977	949,666	581,525	61.2
1978	1,079,396	667,319	61.8

＊註：「結構比」為入境日本人對所有入境外國人的比例。

表94　1978年韓國「國籍別、目的別外來客入境現況」。日本人占訪韓外國人的六成，大多數為男性（摘錄自韓國交通部、國際觀光公社《韓國觀光統計1978》）。

國籍	計（人）	性別（人）		入境目的（人）				
				觀光	商務	訪問視察	公務	其他
日本	667,319	男	634,514	570,268	54,945	714	1,657	39,735
		女	32,805					
亞洲小計	758,849	男	703,667	614,821	58,178	1,483	4,317	80,050
		女	55,182					
世界總計	1,079,396	男	980,971	701,300	96,489	112,990	40,024	128,593
		女	98,425					

国旅行案內，日本交通公社）的昭和四十五年（一九七〇年）版，有「薩南諸島與琉球」頁，末尾開了一個「前往沖繩的出海手續」項目。開頭的說明如下：

> 「到沖繩旅行，一般稱為『沖繩渡航』，正式名稱為『西南諸島渡航』，因為沖繩是前述特殊地區，所以現在必須持有內閣總理大臣發行的身分證明書，但不需要出國時需要的護照（外務大臣發行）。過境旅客停留時間不滿七十二小時者，不需要身分證明書，只要交付簡單的簽證。沖繩渡航手續除了簽證外，還必須有預防接種證明與兌換外幣的手續。」

後面並且詳述申請身分證明書的具體手續。在居住地或本籍地的縣市政府申請與現在相似（現在是有居民登記的縣市政府），最大的特徵是它必須附上「琉球列島美國民政府」發給的入境許可證，才能成為沖繩渡航的身分證明書。此外，七十二小時內過境（轉航）停留者，可在「東京琉球渡航事務所」或「國外的美國領事館」申請過境簽證就可以入境，條件是需持有沖繩以外的機票或客船船票。這個方法的前提是持有護照，以美國領事館發行的簽證作為入境依據，所以比前者靠身分證明書前往的狀況，更有明顯的外國待遇感。

書中介紹往沖繩的空路途徑，包含東京、大阪出發的日本航空與西北航空（現在與達美航空合併），也述說著往沖繩的班機並不是純粹的日本國內路線。在當地的消費全部以美金標示，那霸市內交通：「計程車：一英里（一六〇〇m）十五美分（小型）、二〇美分（中型）、二五美分（大型）」、「觀光計程車：南部（一〇至一二美金）、北部（二五至三〇美金）、中南部（一七美金）」等。另外，美國統治下的沖繩，計程車與公車等汽車的行駛方向與本土相反，靠右通行。但這一點在回歸本土之後也並未馬上改變，回歸六年後的昭和五十三年（一九七八年），才調整為與本土相同的靠左通行。

日本人亞洲觀的轉變

《外國旅行導覽》看到的中國和臺灣記述的變遷

沖繩在歸還本土後，旅行手續也與日本國內統一。而臺灣因一九七二年日中恢復邦交的關係，與日本斷交，一時間，臺日之間的航空路線全部停飛。國內外不時發生的社會、政治情勢影響，波及應當是娛樂的觀光旅行，這一點與戰前大日本帝國的外地旅行無異。

民間公司發行的旅遊手冊記述中，在這一點上也相同。戰前隨著社會上戰爭氛圍的升高，外地取向的旅遊手冊增加了看似宣揚國威的記述，或是因審查而被刪除了記述，然而戰後的旅遊手冊，發表的內容也反映了國際情勢的變化。只是到了戰後，儘管是面向日本人的旅遊手冊，部分主力旅遊手冊裡看得到的記述，似乎顧慮到某些特定國的政治主義、主張，可以算是這時代旅遊手冊的特色。

最顯著的例子，是《外國旅行導覽》在記述中國與臺灣上的變遷。這幾年海外旅遊手冊的主流形式，是按都市、國家，或者將鄰近國家集結成一冊，但是很少將政治上處於緊張關係的國家收入同一本旅遊手冊中。因為如果帶著這本書到當地時，書中對於對立國家的記述太敏感時，該旅遊手冊很可能會被沒收，以至喪失去書籍本來的用途。現在，去北韓觀光旅行時，在海關若是檢查出行李中有韓國指南的話，一定會遭到波收。反之，若是攜帶了日本朝鮮總聯（在日本朝鮮人總聯合會）相關機構發行，或是北韓本國出版的北韓旅遊手冊，入境韓國時被海關發現的話，也並非沒有被沒收的可能。

但是，《外國旅行導覽》這本書的特色就是網羅全世界所有國家，所以在四本分冊中的《非洲篇．亞洲篇．大洋洲篇》同時收錄了韓國與北韓。同樣，中國本土、香港、澳門、臺灣的旅行資訊也匯集在這本書中。

日本幾乎在《舊金山和平條約》生效的同時（昭和二十七年〔一九五二年〕四月），便與臺灣的國民黨政權（中華民國）簽訂《日華平和條約》，[19]並且日本承認臺灣政府為中國

19 譯註：即《中華民國與日本國間和平條約》，又稱《中日和約》、《臺北和約》。

的正統政權約二十年，直到中日建交（昭和四十七年九月），才反過來認同北京的共產黨政權（中華人民共和國）為中國的正統政權，直至今日。這段變化，對《外國旅行導覽》的記述也有很大的影響。

在該書的昭和四十六年（一九七一年）版（同年二月出版）的內文，是按香港、澳門、中華民國、中華人民共和國的順序介紹。在「中華民國（臺灣）」的開頭，簡述國家或地區概論的「一般常識」中提到「中華民國政府於一九四九年十二月將首都從中國大陸南京遷至臺灣省臺北，目前聯合國過半數承認其為中國的正統政府」。依正確的說法，中華民國的首都直到二十一世紀的現在，都還是在大陸南京，臺北終究還是定位為「臨時首都」，但其他的記述與事實相符。

但是，就在同年十月，聯合國承認中華人民共和國的中國代表權，中華民國政權不服決議，退出聯合國。第二年的昭和四十七年（一九七二年）三月發行的《外國旅行導覽》修訂版觀光指南的頁面，翻轉了中國與臺灣的順序，變成中國在前。而且前一年度用正式名稱「中華人民共和國」的標題，改成單純的「中國」，「中華民國（臺灣）」的標題只剩下「臺灣」。當然，臺灣頁面最前面的「一般常識」裡「目前聯合國過半數承認其為中國的正統政府」這段文字消失，換成不影響展現觀光魅力的文字。

字裡行間處處可見對中國的政治性考量

到這裡為止是記述隨著事實關係的變化而改變，以旅遊手冊的立場來說，並不特別奇怪。但是仔細檢視《外國旅行導覽》和後來的《世界旅行導覽》有關中國的記述，中日建交以後，有關中國關係的記述，文章的字裡行間處處可看見明顯對中國（政府）的顧慮，以及看似自我規範的編集方針偏斜。

該書在介紹各國、地區的觀光景點頁，最前面是「一般常識」，接著分成氣候、歷史、社會各項目簡略說明。其中，我們比較一下昭和四十六年（一九七一年）版中日建交前的《外國旅行導覽》，與昭和五十二年（一九七七年）改名為《世界旅行導覽》中，有關中華人民共和國在第二次世界大戰之後的「歷史」部分（兩段文字的側線都是引用者所劃）：

「（前略）一九四六年七月國民黨再次出兵討伐共產黨，最後發展成大規模的內戰。戰局對國民黨不利，一九四九年十二月蔣介石遂將首都遷至臺灣省臺北。至於中國共產黨則在一九四九年十月一日於北京宣布成立中華人民共和國，由毛澤東出任主席。」（昭和四十六年版《外國旅行導覽》）

「（前略）一九四六年七月國民黨再次出兵鎮壓共產黨，最後發展成大規模的內戰。一九四九年五月，蔣介石終於逃至臺灣省臺北。至於中國共產黨則在一九四九年十月一日於北京，宣布成立中華人民共和國，由毛澤東主席擔任指導者。」（昭和五十二年版《世界旅行導覽》）

比較側線的部分，「討伐共產黨」改成「鎮壓共產黨」，「戰局對國民黨不利」一節刪除，可知它是改成中國共產黨的視角來書寫。但最關鍵之處在於，儘管是歷史上事實的概說，後者卻在「毛澤東」後面刻意修改，加上「毛澤東主席」的敬稱。如果以敬稱稱呼毛澤東，卻對對立的蔣介石未附上「總統」等的敬稱，就很難說得上中立。而且，若是這兩位政治家還在世也就算了，但後者發行的時候，毛澤東與蔣介石都已作古（前者發行時兩人都還在世，但都直呼其名）。

這段文字之後，兩冊在文化大革命進行國內改革的部分，記述幾乎相同，但是昭和四十六年版在更後面處附有「一方面一九六四年十月以來進行了五次核子實驗，成為繼美蘇之後第五個保有核武的國家。」這段提及中國核武器的文字在隔年的昭和四十七年（一九七二年）版中刪除，改成「另一方面，一九七一年十月獲許重回聯合國，在歷史上添加新的一頁。」

除了這個部分，觀光景點介紹文中，昭和四十六年版直稱「毛澤東」的地方，在昭和五十二年版都改成「毛澤東主席」，與毛澤東幾乎同時過世的周恩來，也以「故周恩來總理」來表現。比起全文找不到「故蔣介石總統」幾個字，待遇差別明顯可見。

上海介紹頁中的「歷史」部分，也添加了中國共產黨相關人士會喜歡的內容（側線為引用者所劃）：

「（前略）一九三二年與日本發生所謂的上海事變，三七年日本軍占領上海，四五年在日本投降的同時，歸還國民黨政府。四九年五月，人民解放軍從國民黨手上解放上海，成立上海市人民政府。」（昭和四十六年版《外國旅行導覽》）

「（前略）一九三二年與日本發生所謂的上海事變，一九三七年日本軍占領上海，一九四五年在日本投降的同時，歸還國民黨政府。上海得到解放是在一九四九年五月二十七日。二十五萬解放軍軍紀嚴明，真可讚揚為「神之軍隊」。此外，由於從事地下活動的共產黨員與所指揮的勞動者，組織了武裝工廠防衛隊保護工廠，

所以上海的工業幾乎未受損害，完整由解放軍接收。」（昭和五十二年版《世界旅行導覽》）

當時的共產黨軍是否是「神的軍隊」不得而知，但加上肉麻讚美的後者文字，讓人彷彿回到昭和一〇年代的大日本帝國時代。重點在於它並不是中國政府的公家刊物，而是日本旅行社編輯的旅遊手冊。

昭和五十二年版《世界旅行導覽》中國篇之後是臺灣篇，開頭「一般常識」的總論之外，其他所有國家同樣都有「自然」、「氣候」、「歷史」、「政治」、「社會」、「產業」項目，但《外國旅行導覽》時代臺灣篇中的「歷史」與「政治」項目完全消失。包含日本旅客較會感興趣的日本統治時代，臺灣本身的歷史概論完全被刪除。

臺灣篇的開頭也沒有「Taiwan」或「Republic of China」等英文名字的標識。本書在各國或地區的頁首，都會附上該國、該地區的英文名，只有臺灣沒有，更何況在《外國旅行導覽》時代，明明有清楚的英文名字標示。即使是香港那種非獨立國家的地區，也會附上英文名字，與中國本土作區分，相較之下，本書的臺灣介紹頁面，倒像是前面中華人民共和國地方都市介紹的延續。

最明顯的例子是，臺灣各頁正文上方的書眉，本應是國名的索引，卻變成了「中華人民共和國」，從這一點很明顯可知，編輯方針採取的是「臺灣是中華人民共和國的一部分」。總之，這本旅遊手冊認為「臺灣是中華人民共和國的一部分」這個見解，對到臺灣旅行的日本人而言，是個有用的資訊。

比較該書對韓國與北韓的記述，就能很容易了解它在中國問題處理上的特異之處。該書在韓國的觀光指南後也登載了北韓的介紹，但是北韓頁首的名稱是正式國名「朝鮮民主主義人民共和國」，也沒漏掉英文國名。日本與北韓沒有邦交，而且根據《日韓基本條約》（昭和四十年〔一九六五〕簽訂），日本政府的立場是承認韓國為「朝鮮唯一的合法政府」。如果比照同書中國與臺灣的關係，北韓篇應該列為大韓民國的一部分，否則與理不合。儘管如此，書中的旅行資訊還是把北韓視為不屬於韓國的獨立國家，只能說它是雙重標準。

確實，在中日建交時發出的中日共同聲明中，「日本政府充分理解、尊重」中國政府有關「臺灣是中華人民共和國的一部分」的立場。但是，那畢竟是政府之間的問題，至少，非獨裁國家的日本民間旅行社沒有理由受這種見解的約束。現在，翻開日本書店裡陳列的中國、臺灣的旅行書籍，完全沒有如此向中國方面傾斜的內容。

說實話，想去臺灣旅行的絕大多數日本人，根本不在乎日本政府的官方見解，也不可能去買中國的旅遊手冊，從中尋找臺灣的介紹。旅遊手冊就是這種書，出版商日本交通公社應該不至於不懂這一點。

也就是說，可以合理推測，整篇記述並不是寫給購買的日本觀光客看，而是由於其他理由而刊登的。

從書裡中國的「旅行態勢」記述可以找到線索：

「目前只有日中友好關係團體、各界代表團、使節團等，在獲得中國方面同意的極有限條件下，可以到中國旅行。此外，也不能以所謂觀光為目的去旅行。

現在可以訪問中國的條件，大至分成：

1　有意訪中者及相關團體，得到中國方相關機構直接同意（招聘書）時。

2　透過日本特定旅行社（日本交通公社和其他與中國國際旅行社有業務關係的旅行社），取得中國方承辦機構中國國際旅行社的同意時。（這種條件只限持有一定目的之友好團體，並非針對個人開放，需在半年到一年前向中國提出方案）。」

（側線為引用者所劃）

當時，中國旅行不像現代這樣接受個人自由旅行，與中國方面有堅定管道的「特定旅行社」獨占團體旅行業務。而且該書的出版商日本交通公社，就是報導裡所說，與中國方承辦機構中國國際旅行社有業務關係的「特定旅行社」。

而且，該書出版時，中國文化大革命餘響未絕，也是官方尚未宣布結束的時期。一九六六年（昭和四十一年）到一九七六年（昭和五十一年）秋天毛澤東辭世，這段期間的文化大革命，一般外國人幾乎都不能進入中國，就連新聞記者，除了一直寫親中報導的朝日新聞，日本其他報社的特派員都一一被驅離。日本極難獲得中國國內的客觀資訊。

負責承辦中國旅行業務的該社編輯同仁，當然不會不知道中國對新聞單位的這種態度。因此，有可能是該書編輯組認為，如果按日本人「政治與觀光旅行不相干」的觀感來書寫的話，說不定會在意想不到的地方得罪中國方，而損及本社在營業上「特定旅行社」的獨占利益，也有可能是該社有它高度的經營考量，我們無法確定，只是該書對中國的政治考量，過度到令人不禁感覺「這種營業上的判斷，怎麼會透過文字上的斟酌表現出來呢」的地步。

不過，也可以把它看成該書「將多個國家和地區合為一冊」的特殊宿命。另一本《藍色指南海外版》昭和四十七年版《香港．澳門．臺灣》篇，完全看不到任何考量中國因素，在「看見現代臺灣」一節中，有這樣的記述：

「＊世界情勢下的位置

臺灣無可置疑是反共國家集團中極有力的一員，也很確定如果中共內部發生分裂混亂，臺灣政權將是最積極趁亂反攻者。（以下略）」

該書出版於聯合國的中國代表權由臺灣政府轉移給北京政府的第二年，《外國旅行導覽》從這年修訂版開始有對中國的考量，但沒有出版中國旅遊手冊的《藍色指南海外版》則看不出一絲這種考量，倒不如說從文字中看得出以傾向臺灣的視角來書寫。不管這本書還是《世界旅行導覽》，可以說都是表示「旅遊手冊當然是中立這件事情為一種錯覺」的最佳範例。

中國旅行在文革後，以「社會科參觀」名義重開大門

《外國旅行導覽》（及《世界旅行導覽》）裡一再申明，中國禁止觀光目的的旅行，但在文化大革命結束後，中國旅行條件開始有了變化。昭和五十四年（一九七九年）版的《世界旅行導覽》裡中國「旅行態勢」的記述如下。與本書第274頁引用的昭和五十二年（一九七七年）版相比較，差異不言自明：

圖 95　刊登在昭和 34 年版《外國旅行導覽》裡臺灣的航空公司廣告。「自由中國」是指臺灣，相對於實際統治中國大陸的共產黨政權，主張正統性的稱呼，在廣告中經常出現。此外，「京城」是指韓國的首都首爾。

「直到不久前，只有中日友好關係團體、各界的代表團、使節團等極少獲得中國許可的團體，可以到中國旅行，而且禁止觀光目的的旅行。但是，自一九七八年起，只要是日本特定旅行社（日本交通公社等與中國國際旅行社有業務往來的旅行社）取得中國方斡旋機構的認可，主辦的套裝旅行，即使一般個人也可以參加中國旅行。」

這裡所謂的「套裝旅行」與二十一世紀日本廣告招募的一般國外旅行團稍有不同。另外根據該書的記述：

「有關中國旅行態勢，必須特別理解的是，中國是社會主義國家，旅行事業也帶著社會主義性格。總之，旅行的目的是『藉由交流深化相互理解，增加友好關係』，因而接納的訪問者有限度，並不是無計畫的、大量接納。

旅行的內容不是一般所謂的觀光，主要目的是參觀農村（人民公社）、工廠、教育設施、文化設施、醫院、住宅等中國社會的各個層面，並與各行各業的民眾交流。雖然也會參觀名勝古蹟，不過那只不過是旅行的一部分。」

「如同前面所述，中國旅行並不是觀光旅行、名勝巡禮，而是以農村、工廠、學校住宅等參觀交流為主，不能從事一般的個人旅行。因為是團體旅行，所以訪問城市與旅行內容，也都依照團體的意願，與中國方協商後決定。」

……可知它是近似「社會科參觀」的活動，這不是與日本人戰前到戰後，長期懷抱的「旅行需要正當名義」的想法很相似嗎？即使是現代，北韓開放的外國人觀光旅行也大多類似這種內容，而且舊蘇聯也不允許外國人在國內自由旅行。所以，這裡所寫的中國旅行態勢，可以算是社會主義國家大略共通的內容。

雖然有種種限制和稍嫌艱難，但是反正中國開始接納一般的日本旅客，日本人自戰前以來，終於久違可以選擇中國大陸作為旅行的目的地。同時，透過中國，也能夠親身見聞東亞第一個社會主義國家的樣貌。

不過，中國的國家體制本就不認同遊山玩水的「觀光旅行」，連自己國民有正當名義都不允許，所以謀求旅行便利的交通基礎建設付之闕如，在中國出入境也得忍受不便。

文化大革命剛開始時，昭和四十三年（一九六八年）版的《外國旅行導覽》提到，從北京有開設到莫斯科（蘇聯）、河內（北越）、仰光（緬甸）、平壤（北韓）的國際航空路線，從上海有到喀拉蚩（Karachi，巴基斯坦）、巴黎（法國）的班機。沒有邦交的日本國民，在英國統治下的香港取得簽證，坐火車穿越國境，從深圳入境是唯一前往中國的方法。沒有邦交只表示兩國在對方境內沒有開設大使館或領事館，在有邦交的第三國大使館取得簽證並不違法（但是，當時日本的護照原則上是將無邦交的中華人民共和國（中國大陸）視為除外國，所以，為了在不牴觸日本法令前往中國，必須預先申請將中國大陸列入適用範圍的護照，參照本書第241頁的內容）。現在許多日本人不用簽證就直接入境臺灣，而且即使是北韓，可以在北京或海參崴的北韓大使館、總領事館申請簽證，再入境北韓，不過絕對數量不多就是了。

但是，文化大革命進行時，中國變成近乎鎖國的狀態，國際航空路線的規模反而縮小了。依據《外國旅行導覽》昭和四十七年（一九七二年）版裡提到，全中國發抵的國際航空班機，只有一星期一班飛往蘇聯中部位於西伯利亞的伊爾庫次克（Irkutsk）。雖然北京勉強有國際列車開往莫斯科、平壤、河內等鄰近社會主義國家，可是，進入中國國內本身就有實際上的困難。從日本前往中國產生了比戰前更加不便的倒退現象。到了昭和五十二年版的《世界旅行導覽》，當時文化大革命結束不久，中國與世界各地的國際航空路線網復活，直飛航班的發抵都市當中，出現了東京和大阪的名字。

字裡行間看中國社會價值觀的變化

比較中日建交前的《外國旅行導覽》與《世界旅行導覽》，連各都市介紹前列舉的「旅行上的注意事項」都有些微的不同。從文章記述中，隱約可以觀察到文化大革命中或是改革開放政策初期階段，中國人的價值觀與社會常識的一隅：

「旅行上的注意事項

1 正確稱呼國名。中國的正式名稱是『中華人民共和國』，簡稱為『中國』。『中共』、『支那』等叫法不僅不正確，有時還會被視為侮辱，應特別注意。尤其是兩個中國的觀念，表現上應嚴加謹慎。

2 完全不用給小費。即使給了也不會收，可以輕鬆旅行。贈禮等原則上也不接受。

3 拍照沒有場所限制。不可以拍攝的地點，像是從飛機上空拍、軍事設施、特定機場、工廠、鐵橋等，翻譯員會提醒。

軟片在中國的價格較高，最好預先備好需要分量。尤其是彩色軟片很難取得。

4 購物時，由於經濟結構不同，所以不可能『講價還價』。

5 買伴手禮的竅門，務必到各地外國人專用的友誼商店購買。友誼商店的地點可向旅行社、飯店洽詢。

6 種種禁忌

一 不可提戰前的話題。

二 不得汙損道路和公共場所。當地民眾十分注意街道等的清潔，宣揚『新中國沒有蒼蠅』，所以應努力避免叼香菸，或在路邊丟棄菸頭、紙屑等。

7 不可喝生水。不過到處都會招待茶水。」（昭和四十六年版《外國旅行導覽》）

「旅行上的注意事項

1 前往中國旅行，是為回應中國歡迎的友好旅行，尤其是中日關係的歷史和中國的各種情況應先預習。

2 正確稱呼國名。中國，正確稱呼為中華人民共和國。『中共』雖為中國共產黨的簡稱，並不是中華人民共和國的簡稱。更何況是『支那』這種稱呼，根本沒資格去中國旅行。

3　不可莽撞提及戰中或戰前的事。

4　中國人民絕對不接受小費及對個人的饋贈。若是硬塞給對方，十分失禮。

5　購物絕對不可講價。零錢應點明收下。

6　攝影雖然可自由拍攝，但嚴禁從飛機上攝影。有些人物也禁止攝影，所以無法判斷時，詢問中國方的同行者。尤其拍攝中國人民時，務必取得同意。偷拍很容易衍生問題。

7　服裝不必拘謹死板，但是不得過度奢華。工廠、農村參觀行程多，以便於活動的服裝為佳。

8　丟棄尚可修理使用的廢棄品時，不同於垃圾，應標示「不需要」再丟棄，以免錯認為遺忘物品。

9　生水不可飲用。相對地到處都有茶水招待。」（昭和五十四年版《世界旅行導覽》）

內容雖然大多是明智的建議，但是即使同樣的內容，後者卻較為生硬，一種高高在上的規勸表現。後者的「1」等項甚至令人納悶，這算得上是「旅行上的注意事項」嗎。

後者的文章雖然是在改革開放路線剛開始，中國社會引進市場經濟原理的初期，那時候到訪中國的注意事項，但是「不得過度奢華」還是感受得到文化大革命的餘韻。當時的中國，大多數民眾穿的都是所謂的人民服（中山裝），所以，以日本的觀感打扮華麗的話，肯定會太招搖。

有些記述與現代中國旅遊手冊裡寫的建議完全相反，像是「購物時不可講價」的項目，前者的表現是以「因為經濟結構不同」為理由的委婉勸告，但到了後者，沒有記述任何理由，只以「絕對」的強烈表現，禁止討價還價的行為。然而，十五年後，平成六年（一九九四年）出版的《地球漫步法　旅行會話集⑫中文／英語》（地球の歩き方　旅の会話集⑫中国語／英語，DIAMOND BIG社）中「生存會話——3購物、住宿」篇的一開始就舉出「太貴了！」的詞句，並且強調這是「旅行時必備的用語！」

插一段個人的故事，與這本會話集發行幾乎同一時期，我在大學裡選擇了中文作為第二外國語，記得講師在課堂上閒聊時，提供了這樣的建議（？），說道：「到中國旅行購物的時候，店家看我是外國人就會漫天要價。所以不論價錢多少，一定要先說『太貴了』，向他討價還價才好。」而且，事實上，那門課的期末考結束後，我獨自到中國旅行了一個半月，所到之處一定遵從教誨，用「太貴了」討價還價。當時我深深體會到講師的建議符合當地的民情，十分有幫助。

然而日本大學中文課上教授這種竅門的十五年前，旅遊手冊之所以強調「在中國購物不可講價」，舊版《外國旅行導覽》裡的「經濟結構不同」，比較接近真實。也就是說，純粹的社會主義國家，所有物品的價格都由國家決定。比國家決定的價格便宜購買和高價賣出都不太好，所以在市場經濟原理引進中國前，按一般的價值觀討價還價是不適當的行為。距此十五年後旅遊手冊記載的變化，正是市場經濟原理滲透中國，中國人價值觀變化的表現。同時期大學中文講師教我們的「在中國，外國人很容易被漫天要價」的建議，也許正是切身感受到這種變化所吐露的經驗談。

在中國，將外國人稱為「外賓」（外國的來賓），認為國家或全體社會都應該用心款待。改革開放政策實施後，許多外國人訪問中國，社會服務在很多面向上，都準備了外國人專用的優惠措施，例如：搭乘火車不論在哪個車站，中國人民都得大排長龍，排了好幾小時也買不到車票。但是在外國人專用窗口就能優先買到車票，或像是只有一定等級的高級飯店，才備有外國人可以下榻的設施。

但是，享受優惠措施的代價，就是外國人與中國人接受同樣的服務，卻必須支付外國人資費，金額行情約為中國人的三倍。不論是火車票、飯店的住宿費、觀光設施的入場券，只因為是外國人，付的費用就是中國人的數倍。外國人資費的制度，不只在中國，是整個蘇聯（現為俄羅斯）為首的社會主義國家都廣泛引進的制度。但是在中國這制度漸漸遭到濫用，觀光區或市內餐廳都設定外國人資費，以至於發生同樣的飯菜卻向外國人徵收更高價格的情事。這也是我本人的經驗，與其他日本旅客說著日語走進餐廳，店員發現我們是外國人，便拿出英文菜單，上面的價格高得離譜，所以我要求「請拿寫漢字的中文菜單」，結果中文菜單的價格，全都比英文菜單的同樣菜色便宜。簡言之，整個社會經常會把「外國人是重要的賓客，我們給予特別的服務，所

圖 96　1996 年北京紫禁城（故宮）發行的外國人入場券。以英文印刷，外國人使用費設定為 55 元，是中國人價格的兩倍以上。

以要求相對較高的價格」的想法，切換成「外國人都是有錢人，所以同樣的服務可以要求支付較高的金額」的國籍歧視思想。

把這種思想落實為制度的是一九八〇年（昭和五十五年）開始，中國使用的外匯兌換券。外國旅客在中國將外幣兌換國內貨幣時，得到的不是中國人民日常使用的人民幣，而是外匯兌換券。它的票面雖然與人民幣等值，但是持有外匯兌換券，具有特權性的附加價

圖 97　中國發行的外匯兌換券，背面為英文，讓外國人也很容易理解這種貨幣有別於人民幣。

值，即可以到外國人優惠措施之一的外國人專門商店，這種店陳列著比國營商店更優質的外國商品，所以黑市會以比人民幣高的價格收購。

所以儘管中國原本的物價很便宜，但是旅行所到之處，都必須面對昂貴的外國人資費，故中國觀光旅行與臺灣、韓國不同，具有難以變廉價的特性。因此，一九九〇年代中期，專為個人旅行者編纂的《地球漫步法》的《中國篇》中，堂而皇之的建議，日本人可以利用（？）外貌近似中國人的特性，假扮成中國人用中國人價格低價旅行的技巧。以下是平成七年（一九九五年）發行的《地球漫步法⑥中國96～97》（地球の步き方⑥中国96～97）中〈中國大陸鐵路旅行入門〉一節裡面，「如果想尋求中國人價格的話」的文字。在現代，這個內容可能會在網路上熱議：「旅遊手冊可以推薦在旅行地假冒身分，不付本應支付的費用這種手法嗎？」但是至少在一九九〇年代中期前，日本個人旅行者之間是默許這種有益的旅行資訊，讀者甚至十分歡迎：

「如果想尋求中國人價格的話

尋求中國人價格的第一步，從穿上一般中國人的服裝開始，當然背包和鞋子也要與中國人相同。

其次，錢絕對不要放在錢包裡。中國人絕大多數都沒有錢包這種東西。事先算好車資，不要猶豫不決。

買車票時用中文交談，所以先背下必要事項。其他時候只能沉默，或是依靠自己的語文能力了。例如：想買從上海到烏魯木齊54號次一張，明天的硬座，就說：

『明天的54次，到烏魯木齊的，一張硬座。』

當然要直接去車站，花半天或一天乖乖排隊買票。到這裡為止不要再繼續堅持，只能被動的向老天祈禱「拜託不要用外國人資費」，也許老天看你可憐，說不定會用中國人票價賣給你。

此外，車內驗票時，即使戰戰競競把中國人資費車票拿出來，有的服務員會笑咪咪完成驗票，也有的會發脾氣要你補票。所以，尋求中國人資費的人必須認清，不通過是正常，若是通過則是老天保佑，應該感謝中國人民！」

（*引用者註：「硬座」是中國火車的二等座位，一等座位是軟座。二等臥鋪車叫硬臥，一等臥鋪車叫軟臥。硬座是票價最便宜的等級。）

外匯兌換券在一九九五年（平成七年）起停止使用，實際上中國國內有兩種貨幣在流通的狀況消失。進而，自一九九〇年代中期起，外國人與中國人的鐵路票價和航空票價差額漸漸弭平。

不過，並不是中國政府和中國人本身在觀念上認為這有道德的問題，所以才取消，而是中國加盟了WTO（世界貿易組織），外國人資費違反了WTO追求的國民待遇原則（保障他國的國民和外來製品，享有與本國國民和本國製品同樣的權利），所以有改善的必要。實際上一九九〇年代後期，我第一次到中國旅行時，官方雖然應已廢止外國人資費的制度，但是還是看過好幾次中國國營旅行社賣票給日本旅客時，要求正規價格兩倍到三倍的火車票價。本書第286頁陳述我在餐廳裡看到英文高價菜單的經驗，其實也是二十一世紀以後的事。靠著「向外國人收取較高金額也沒關係」的念頭做生意的觀念，想必需要經過相當時間，才能從中國社會中漸漸淡去吧。

此外，有段時期在中國之外的北韓和軍事政權下的緬甸，也採行過以不同於本國貨幣的外匯兌換券交易的貨幣制度。以北韓來說，在日本人可以用一般護照入境北韓旅行時，日本發行的手冊《朝鮮觀光導覽》（朝鮮観光案內，朝鮮新報社出版事業部，平成二年〔一九九〇年〕）裡，根本就沒有具體外幣匯率記載。修訂版《朝鮮——魅力之旅》（朝鮮—魅力の旅，朝鮮新報社，平成八年〔一九九年〕）中終於列出與日圓的兌換匯率「一圓＝六十日圓左右」，但是卻沒有說明這個「圓」不是一般流通的北韓圓，而是另一種貨幣「外匯兌換券」。表面上它與不能兌換外幣的北韓圓等值，但是，它和中國的外匯兌換券一樣，可以在品項豐富的外幣商店購物，所以北韓國內的黑市上需求量似乎很大。平成九年（一九九七年）我在平壤直接詢問市民時，外匯兌換券在黑市的價值，是北韓圓的八十倍（詳見拙著《鐵馬想奔馳——搭乘南北韓分斷鐵路》〔鉄馬は走りたい——南北朝鮮分断鉄道に乗る，草思社，平成十六年〔二〇〇四年〕〕）。此外，雖然中國人也是外國人，但占有北韓外國觀光客六成的中國旅客，遲至

圖 98　北韓的外匯兌換券，藍色紙鈔兌換資本主義國家的貨幣，另一種紅色設計的兌換券，用來兌換社會主義國家的貨幣。

一九九〇年代中期並不用兌換外匯兌換券，而是直接用中國的人民幣換算成北韓圓使用。所以北韓的外幣兌換券制度實施上並沒有像中國那麼徹底。

在緬甸，個人旅行者入境時會被強制要求兌換兩百美金額度的外匯兌換券。這些外匯券不能再換回美金，在緬甸國外也完全不能使用。這是一種強迫性的外幣獲得策略，向每個訪問本國的外國旅客至少徵收兩百美金。如果不住在高級飯店，即使短距離，也搭乘飛機而非火車的話，是無法在短

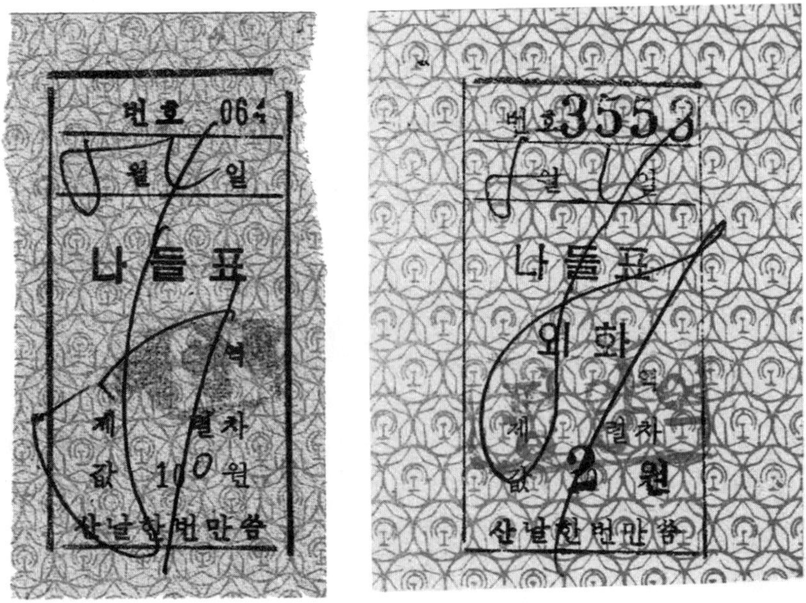

圖 99 平壤車站的月臺票。左邊是一般用（100 北韓圓），右邊是外幣用（印刷為 2 北韓圓，但相當於中國人民幣 1 元）。功能雖然相同，但本國人與外國人價格差異由此可見一斑。

期內用完。《地球漫步法》的《緬甸篇》也批評「這個制度對旅行期間短的人十分麻煩」。

如同上述，外匯兌換券制度，本來是社會主義國家用來控制外幣的制度。現在，轉為文人政權的緬甸雖然廢止了外匯兌換券，國內貨幣單一化，但是面對外國人飯店、觀光區，也有不少要求美金支付的例子。北韓也廢止了外匯兌換券，但原則上，不讓外國旅客使用北韓圓的方針並未改變。外國旅客漸漸可以直接用中國人民幣、歐元，有時是美金或日圓支付。現在還在採用已從亞洲消聲匿跡的外匯兌換券制度的國家，只剩下中美洲的社會主義國家古巴了。

戰後亞洲的旅行會話狀況

戰後的東亞旅行中，發生主角輪替的元素，除了貨幣還有語言。如同第一章詳述的內容，日語在大日本帝國時代廣泛通用於日本海外領土和準領土的權益地等。

第二次世界大戰日本戰敗，位於日本列島外的臺灣、樺太、關東州、朝鮮、南洋群島等海外領土或租借地，全都脫離了日本的掌握。當然，那些地區不再進行日語教育，以各地區的固有民族母語為國語。結果就是不再有跨越多個國家，大範圍共有屬於公共的亞洲固有統一語言。

短期拜訪該地區的觀光客，不可能每次出國就學會不同於母語的當地語言，因此，除了有旅行社服務員隨時陪同的團體旅行另當別論，不論住飯店、吃飯、買火車票都得靠自己與當地人溝通的個人旅行者，為了旅行就必須學會最基礎的外語片語單字或是數數，以備購物時使用。按國家、地區成冊的海外旅遊手冊，一定會在書末附上「旅行簡單會話集」的單元。

日本人最先想到的大概是國際共通語言——英語吧。雖然很多日本人覺得「自己英語很差」是事實，但是，如果有人問，你會不會日本話以外的語言，至少可以打招呼或是從一數到十？大部分的日本人都會記起學校學的英語，這點基礎應該沒問題。另一方面，大多數日本人在法語和西班牙語上，連早午晚的招呼用法和數數都無法表達吧。從這層意義上來說，英語的通用程度，對日本人而言，也成為旅行難易的尺度之一。

但是，昭和四〇年代到平成初期，也就是二十世紀後期，日本旅客頻繁出國旅行時，英語在亞洲旅行時未必是廣泛好用的工具。用英語就能得到旅行上必要資訊，只限於以英語為官方語言或準官方語的地區，如英國殖民地香港、舊英屬新加坡、馬來西亞、印度、巴基斯坦、舊美屬的菲律賓等地。

另一方面，走出亞洲，從全世界的角度來說，法國舊殖民地的地區，在獨立之後，不少國家的法語通用度還是很高。翻開《外國旅行導覽》昭和四十三年（一九六八年）版的越南篇，文中敘述當時日本只與南越有邦交，而且越南正在內戰，不適宜觀光旅行。而關於語言狀態，文中介紹「越南語雖為國語，但是由於曾經是法國領地，所以法語在各地都通用」。而柬埔寨，正處在當時越南侵略、國內政變和波布派（Pol Pot）統治都尚未發生的平穩時期，該書描述「觀光簽證在當地落地後也能於機場簡單取得」的狀態。關於語言環境，書中介紹「可能由於法國長期統治的關係，法語相當普及」。這些國家得等到一九九〇年代以後，以法語接受高等教育的世代減少之後，英語才能成為旅行對話時有用的語言。

至於中國，如同《世界旅行導覽》的記述所顯示，一九七八年開始接納日本觀光客後未久，只接受團體旅行，並有中國方面派遣的口譯兼嚮導同行，個人沒有資格自由在中國旅行。因此，不必死背基礎中文，作為旅行必要語言。而且，一般中國人在日常生活中，完全沒有機會接觸到外國人，全中國的英語通用度明顯低落。不論英語多麼流利的個人旅行者，在中國大陸上只要不懂中文就會坐困愁城。平成七年（一九九五年）修訂的《地球漫步法》的《中國篇》書末附錄的中國話會話集單元，總論的小標為「英語在中國行不通」，半挖苦地評論「高中畢業還是不會說英語的情形（有些地方從小學三年級就開始英語教育），幾與日本無異」。

但是，日本人有一項歐美人難以模仿的技巧，就是靠著在紙上寫漢字筆談，可以與中國人作最基礎的溝通。戰後中國大陸雖然採用與日本漢字不同的簡體字，但是，在臺灣和香港筆談一如戰前般好用。狀況改變的是韓國和北韓。戰後的朝鮮半島，從某個時期開始，就不再實施漢字教育，所以經過半個世紀後，除了老年人外，幾乎無法用漢字筆談來溝通。

戰後東亞旅行最特別的是，在與當地老人溝通時可以用日語溝通。在戰前施行日語教育的舊外地，曾在學校裡學日語的世代，當然在戰後也懂日語。翻開《外國旅行導覽》昭和四十三年版，裡面記述臺灣「三十歲以上的人廣泛使用日語」，韓國也是「三十歲以上的人多會說日語」，而且韓國「中年以上的人都通日語，所以沒有語言上的憂慮」。昭和四十一年（一九六六年）的《藍色指南海外版　香港・澳門・臺灣》中也提到，臺灣的語言環境「三十歲以上的本省人（臺灣人）日語都很流利，所以，完全感受不到語言不方便。就算真的無法溝通時，寫下漢字對方即能了解」。

這些記述隨著時間從「三十歲以上」改成「四十歲以上」，但也由於戰前的日本統治導致日語通用度高，提高了日本旅客的安適感，這個肯定要素使得在昭和末期之前，臺灣、韓國的旅遊手冊一直都有這則訊息。進入平成之後，韓國旅遊手冊看不見這類記述了，不過在《地球漫步法》的《臺灣篇》，平成十一年（一九九九年）發行的修訂版中有寫「臺灣的老人當中，現在仍有人操日語過日子，很多時候，他們會視狀況說話，只在與同世代對話時說日語，與年輕世代則說臺語、國語。」「（火車上）車掌如果是高齡長者，他一定會用日語向你攀談吧。語言環境直接連結到民族態勢。這在了解臺灣，享受旅行上，占據了相當重要的位置。」

到了二十一世紀，例如：該書平成十九年（二〇〇七年）修訂版，也還是有「老人多懂日語」的撰述。臺灣與韓國接受日本教育的世代雖然並沒有年齡層的差異，但只有臺灣的旅遊手冊長年保留這種記述，原因在於韓國與臺灣的對日情感，及對日治時代的社會評價不同，所以編輯對於「日本人可否主動跟受日本教育的世代用日語攀談？」的判斷也有差異。

此外，該書中在介紹臺灣的語言環境時，也介紹「有一部分仍在使用日語」。這裡說的並不是日語世代的老人，而是山岳地帶的村落，少數民族在自己固有語言之外，戰後仍會用日語作為與其他部落的共通語言。當然它的規模無法與以西班牙語為官方語言的南美洲相比。不過，在日本國外，目前在非日裔的社區仍以日語為共通語的國家，臺灣恐怕是絕無僅有的一個吧。

旅遊手冊非公認的日語通用國——伊朗

以上便是從旅遊手冊的記述，看到戰後亞洲旅行會話中日語通用環境的變遷，不過，有些亞洲國家在一九九〇年代以後，當地人之間使用日語機率高得不可思議，雖然這是旅遊手冊沒有出現的非正式實態，但我也想介紹一下。日語高通用度足以擠下臺灣和韓國的亞洲國家，是中東的伊朗。

打開伊朗的旅遊手冊，在語言的項目，通常對通用日語一事隻字不提。伊朗全國並未有特別推動日語教育的時期，但是，實際上到伊朗旅行，遇到中年以上男性會說流暢日語的機率，比起其他周邊國家真的特別高，而且他們並不是在觀光區拉客的小販。

四十歲以上的日本人也許還記得，在剛改元為平成的一九九〇年代初期，每到假日，東京的上野公園和代代木公園，經常聚集了大量伊朗人，這個話題還躍上新聞版面。都市街頭親身遇過伊朗人在賣電話卡，或出聲搭訕的人應該也不少才對（我在國中時也看過）。手機普及以前，每個人都擁有公共電話用的電話卡。他們在路上賣的電話卡，很多是拿額度用完的卡加工，可以重覆使用，或者大幅增加使用額度的違法偽卡，也變成社會問題。當然並非所有伊朗人都涉險犯法，但是這就是當時在日本伊朗人的普遍形象，即使過了四分之一個世紀以上，很遺憾的，現在還是不少人一提到伊朗人，便會與偽造電話卡相連結。

依據法務省公布的「出入境管理統計」中「各國入境外國人」的數據（表100），到昭和五十八年（一九八三年）為止，入境日本的伊朗人每年大都約近五千人。但是昭和五十九年（一九八四年）約有一萬人，到了第二年（昭和六十年〔一九八五年〕）遽增為二萬四千人左右。之後的五年內，以每年一萬四千人到二萬人左右的程度發展。到了平成二年（一九九〇年）約三萬二千人，平成三年（一九九一年）也約有四萬八千人訪日。兩年後的平成五年（一九九三年）遽減至不到四千四百人，相當於十分之一以下。由此知道只有平成二年與三年之間，訪日伊朗人爆發性的增加。

原因在於伊朗與日本之間簽訂了互相免除入境簽證的協定。表101列舉了昭和五十四年（一九七九年）版《世界旅行導覽》中，日本人無需簽證短期停留的國家。沒有簽證連香港都只能停留七天，在日本人到臺灣、韓國觀光短期旅行都必須要簽證的時期，去伊朗停留三個月以內卻不需要簽證，拿了護照就能出發。反過來說，伊朗人也可以不持簽證到日本，而且全世界幾乎沒有一個國家與伊朗簽訂互相免除入境簽證協定，先進國家中只有日本。

因此，兩伊戰爭一九八八年休戰後，伊朗國內經濟蕭條，因而大量伊朗人到日本來討生活。其中很多據說是服完兵役，但在伊朗找不到工作的二十多歲男性，以至無簽證超過短期

表100　訪日伊朗人的變遷（節錄自法務省「出入境管理統計」的「各國入境外國人」欄）。

年次		伊朗人入境人數
1964	昭和39年	649
1965	40年	471
1966	41年	602
1967	42年	644
1968	43年	706
1969	44年	966
1970	45年	1,989
1971	46年	1,369
1972	47年	1,382
1973	48年	1,856
1974	49年	2,357
1975	50年	3,490
1976	51年	4,639
1977	52年	4,916
1978	53年	5,172
1979	54年	3,368
1980	55年	4,145
1981	56年	1,367
1982	57年	1,627
1983	58年	4,190
1984	59年	10,559
1985	60年	23,949
1986	61年	16,404
1987	62年	20,325
1988	63年	14,693
1989	平成元年	17,050
1990	2年	32,125
1991	3年	47,976
1992	4年	15,415
1993	5年	4,389
1994	6年	3,658
1995	7年	3,124
1996	8年	3,400
1997	9年	4,288
1998	10年	4,871
1999	11年	4,958
2000	12年	5,334
2001	13年	5,301
2002	14年	5,666
2003	15年	6,038
2004	16年	6,342
2005	17年	6,534

表101　日本國民三個月內居留免簽證的國家、地區（出自《世界旅行導覽》昭和54年版）。

北美洲	加拿大
中美洲	哥斯大黎加、薩爾瓦多、瓜地馬拉、宏都拉斯、墨西哥（只限觀光，必須有 180 天旅行卡）
南美洲	阿根廷、智利、哥倫比亞、烏拉圭、秘魯
加勒比海各國	多明尼加
西歐	奧地利、比利時、丹麥、芬蘭、法國、西德、希臘、愛爾蘭、冰島、義大利、列支敦斯登、盧森堡、馬爾他、荷蘭、挪威、葡萄牙、聖馬利諾、西班牙、瑞士、英國
北歐	瑞典
東歐	保加利亞（只限觀光）、南斯拉夫
亞洲	新加坡、巴基斯坦、孟加拉、以色列、土耳其、賽普勒斯、伊朗、斯里蘭卡（1 個月）、菲律賓（21 天）、印度（28 天，只限觀光）、香港（7 天）、泰國（15 天）、馬來西亞（14 天）
大洋洲	斐濟、紐西蘭（30 天）
非洲	摩洛哥、突尼西亞

居留期限的非法伊朗居民大增。按法務省「國籍（出身地）別、性別之非法居留者人數變遷」統計，平成二年七月一日當時，伊朗非法居留者有七百六十四人，次年（平成三年）五月一日當時，暴增到一萬〇九百一十五人，再次年（平成四年（一九九二年））更膨脹到四萬〇一人（參照表102）。

政府很重視這種事態，平成四年四月，暫時中止日本伊朗互相免簽協定。次年（平成五年）訪日伊朗人大量減少便是因為這個緣故。

表102　從國籍（出身地）別、性別看非法居留者人數的演進（摘自法務省入境管理局「關於本國非法居留者人數（平成13年1月1日為止）」）。

國籍（出身地）		平成2年	平成3年	平成4年	平成5年	平成6年	平成7年
		7月1日為止	5月1日為止	5月1日為止	5月1日為止	5月1日為止	5月1日為止
總數		106,497	159,828	278,892	298,646	293,800	286,704
	男	66,851	106,518	190,996	192,114	180,060	168,532
	女	39,646	53,310	87,896	106,532	113,740	118,172
伊朗		764	10,915	40,001	28,437	20,757	16,252
	男	645	10,578	38,898	27,630	20,151	15,762
	女	119	337	1,103	807	606	490

國籍（出身地）		平成8年	平成9年	平成10年	平成11年	平成12年	平成13年
		5月1日為止	1月1日為止	1月1日為止	1月1日為止	1月1日為止	1月1日現為止
總數		284,500	282,986	276,810	271,048	251,697	232,121
	男	160,836	155,939	149,828	145,225	134,082	123,825
	女	123,664	127,047	126,982	125,823	117,615	108,296
伊朗		13,241	11,303	9,186	7,304	5,824	4,335
	男	12,853	10,964	8,883	7,024	5,569	4,158
	女	388	339	303	280	255	177

＊註1：本表的非法居留者人數，為受理外國人提出之入境紀錄、出境紀錄等所得到的數字，很難說能正確表示實際的非法居留者人數，只顯示非法居留者的概數（推測數）。

＊註2：日本與伊朗之間互相免簽證協定於平成4年4月15日起執行暫停措施。

二十年後的現在，伊朗有許多中年男子曾到日本工作過，著名觀光區有人用日語拉客是世界共通的現象，但在伊朗，即使只是走在馬路上，或是坐火車，不時會遇到用討生活時代學會的流利日語打招呼的人。即使自己沒去過日本，但親戚朋友當中至少有一個人在日本工作過的例子，也並不罕見。而且，他們在日本從事什麼工作另當別論，總體上對在日本居留期間的印象都很不錯，這種經驗談一再向周圍傳播，也是伊朗親日情感較強的原因之一。

伊朗的旅遊手冊中並未記載「在日本工作過的中年以上男性，現在也能通日語」，也許是因為過去伊朗人在日本的狀況，現在還在日本人心中留著負面印象吧。但是，在臺灣、韓國等大日本帝國時代的日語世代，隨著高齡而逐漸凋零的現在，我認為世界上還能用日語與短期日本旅客溝通的非日系一般民眾，應該是非伊朗人莫屬了。

旅遊手冊閱讀層的變化

面向個人旅行者的資訊篇幅增加

旅遊手冊關心國外旅行地的語言環境，甚至編輯旅行需要的當地口語會話特集，都是因為需要這類資訊的讀者，也就是有意獨自出國旅行的日本人增加的關係。其中許多都是雖有時間但資金欠奉的年輕世代。開放國外旅行之初高不可攀的旅行費用漸漸降低，成為一般民眾稍微努力一下，就能搆得到的休閒活動，因此日本社會悠久傳統（？）的「正當名義團體旅行」的爭議，也失去了實質的意義。即使沒有誇張的正當名義和經濟能力，也能隨意去國外旅行時，不接受團體旅行框架、好奇心旺盛的個人旅行者便穩健成長了。

戰後日本人國外旅行大眾化過程，《異國憧憬——戰後海外旅行外史》這樣描述的：

「首先是六四年的自由化，之後是七〇年代初期，購入巨無霸客機導致旅行費用降低。七〇年代後期，市面上開始出現廉價機票。《地球漫步法》自七九年開始出版，八五年《廣場協議》（Plaza Accord）後，日幣大幅升值，開始了泡沫經濟。這一連串的事件，使得旅行者擴展到年輕層，同時，也從團體旅行轉變為個人旅行。旅行費用降低，出國旅行也不必再特別費心了。幹二十天日薪八百日圓的兼差，就能到泰國旅行一個月，所以不需要堅定的決心。現在看看報紙的廣告，會發現歐美的來回機票比東京鹿兒島來往機票還便宜。這種時代已經來臨了。以前如果沒有相當的決心，很難忍耐得了籌措旅費的艱辛，但是那種時代已經過去了。」

「過去與現在最大的差異在於，航空票價與旅行地點的物價。自從日幣升值之後，世界上大多數國家的物價，都比日本便宜。日幣的價值和過去不可同日而語。」

一如這兩段內容所述，這套直到今日仍在發行的國外旅遊手冊系列《地球漫步法》的初版，在昭和五十四年（一九七九年）上市，最早只有歐洲篇與美國篇兩種。昭和五十六年

（一九八一年）第三冊印度篇發行，是第一本亞洲版。有看法認為「有大量運用手繪地圖和插圖呈現的當地資訊，密密麻麻的地方介紹和投稿報導，光是閱讀便充滿樂趣，印度篇奠定了《地球漫步法》在旅遊手冊領域的評價」（山口誠，《日本的海外旅行——年輕人與觀光媒體50年史》〔ニッポンの海外旅行——若者と観光メディアの50年史〕筑摩新書，平成二十二年〔二〇一〇年〕）。

前書分析《地球漫步法》最具劃時代的意義在於「著力於提供旅行者從火車站或公車總站，到青年旅館等旅行者住宿地點的交通途徑，換句話說，它提供了不用與當地人交談，就能單身旅行的方法」。也就是說「《地球漫步法》把目標放在一個人也能順利地、盡可能獨自走天下的旅行，減少向語言不通的外國人問路場面，它的上市對日本旅行者而言，具有劃時代的意義。」推崇「不用與當地人交談的旅行方法」，與旅遊手冊裡附錄當地語言的旅行會話集似乎是矛盾的，但是旅遊手冊刊載的會話集，介紹的是旅行中必要的交通、住宿、購物場面時必備的對話，其他文化交流或交友的內容只是附帶。這表示只要打開會話集，即便不曾認真學習當地語言，也沒有口譯或服務員在旁邊，也能獨自進行必要的溝通。反過來說，這也引導出不需要更多會話的結論。思考到這一點，可以說旅遊手冊的當地語言旅行會話集，才正是迎合了從事個人旅行的讀者需求。

個人旅行者若想完成旅行，所有流程都得自己去跑，即使是第一次造訪的地方，也得盡可能事前收集到出入境審查、匯兌、機場到市區的交通方式等資訊，期望有效率順利到達住宿地點的傾向比較強。關於這一點，海外旅行自由化未久出版的《藍色指南海外版 香港・澳門・臺灣》篇，一翻開書就按順序詳述了香港機場落地後的出入境手續、海關檢查、匯兌、機場到市區的交通方式等。機場、飯店、市內匯兌所的匯率高低，投宿飯店各種零碎注意事項、公共交通工具的使用法等，介紹觀光景點之前屬於旅行訣竅的記述多達二十頁以上。該書與日本航空旗下販賣海外團體旅行團的「JALPAK」連動，編輯時雖然多考慮到傳統團體旅行的參加客人，但是其內容卻是戰前《旅程與費用概算》與戰後《外國旅行導覽》所沒有的結構，而且與後來的《地球漫步法》等個人旅行取向的旅遊手冊頗有相通之處。

如同《異國憧憬——戰後海外旅行外史》指出，支撐個人旅行客增加的一大因素，是廉價國外機票的普及，所謂的廉價機票，原先是將大幅折扣團體用機票打散零售賣給個人客的非法機票，所以與航空公司或大型旅行社所賣的正規機票相比，最初總帶著「某種不可靠性」（前述《日本的海外旅行——年輕人與觀光媒體50年史》）。

昭和五十二年（一九七七年）更名再出發的《世界旅行導覽》中，將《外國旅行導覽》的〈總論〉篇的「旅程與費用」大幅修改，重新以「旅行計畫與費用」項目出現。其中有一頁「團體旅行與個人旅行」，以日本交通公社暱稱「Look」販賣的套裝旅行為例，解說個人旅行與有服務員隨行的團體旅行的差異。這可以說是個人旅行形態開始普及的象徵，但是個人旅行上最大的問題，即高價機票的籌措方法上，在次節「旅費」項目下的「航空票價」的解說，只提到正規的一般票價與周遊折扣票價、團體折扣，並沒有任何相當於現代廉價機票的票券資訊。

廉價機票受到民眾廣泛的認識，漸漸取得世人認同，是在「泡沫之後」（前述《異國憧憬——戰後海外旅行外史》）。H. I. S.等新興旅行社的興起，對廉價機票的非法印象消失後，廉價機票作為出國旅行時主要選項，成了旅遊手冊必備的記述。平成七年（一九九五年）《地球漫步法》的《中國篇》中，列舉了日本到中國主要都市的官方票價一覽表。內文提到「與從前相比，正規票價也相當便宜了，儘管如此，現實中我們取得的廉價機票是（～）」，顯示該書一開始就設定大半讀者以會使用廉價機票的個人旅行者為主，繞著圈子批評正規機票的使用「不現實」。

面向女性的海外旅行資訊姍姍來遲

昭和三十九年（一九六四年）開放海外旅行帶來的效應，包括了海外旅行者從過去清一色的男性，第一次有一般女性加入。

當然，在自由化之前，並沒有限制只有男性才有出國旅行的資格。只是，自由化之前，有本書第232頁以下內容介紹的種種出國限制，若非資助國家利益，或是在有辦法賺取外匯的公司上班的人，事實上是不可能到外國去。所以，在昭和三〇年代以前的日本，雖然GHQ占領時代施行「解放婦女」改革，以及經濟成長促成女性走入社會，因而工作的女性不斷增加，但是企業內，男員工與女員工在薪資、升等待遇設有等差，要求女性結婚便離職的例子更是時有所聞。昭和五十六年（一九八一年），才有法院判定女子青年退休制（女性退休早於男性）違法、無效的最高裁判例（日產汽車事件）出現；昭和六十一年（一九八六年）施行《男女雇用機會均等法》，所以在海外旅行自由化當時的社會環境，能突破規定渡航限制的勞動女性明顯極少，有其不得已的苦衷。

資助國家利益等出國限制的取消，意味著沒有社會性職業的家庭主婦或農家等從事自營業的婦女，又或是結婚前的勞動女性（「OL」一詞流行是在昭和四〇年代後期）等，有了海外旅行的機會。但是，海外旅遊手冊的記述，即使在自由化後還是沒有納入女性旅行者的觀點。

最典型的例子便是有關生理用品資訊的缺乏。昭和四十三年（一九六八年）《外國旅行導覽》中，「有關男性」的服裝方面，連「夏季褲子（薄家常褲）在日本以外的地方就買不到了，最好先準備」這種層次的建議都有記載，但「其他的攜帶品」卻沒有提到生理用品。昭和四十一年（一九六六年）《藍色指南海外版 香港．澳門．臺灣》書末「旅行必備的攜帶品」部分，狀況也相同。

最近《地球漫步法》的《中國篇》裡，將生理用品與其他一般藥品並列，簡潔記述「先準備適合自己的用品比較放心」，重要性比「必備」低一個層級，定位為「有帶的話較方便」。平成七年（一九九五年）的《地球漫步法》的《中國篇》裡，「旅行用品清單」中列舉的「必備品」有「生理用品」一項。一九九〇年中期，在中國當地很難置辦與日本同等級品質的生理用品吧，該書還附上具體的註記：「都市有賣衛生棉，衛生棉條可在大都市外商超市買到。」與這篇記述相比較，不管是二十年前還是三十年前，既然女性身體構造沒有改變，書裡對生理用品的存在隻字未提，只能說太過不自然。

昭和二十三年（一九四八年）起擔任《旅》月刊第一任總編輯的戶塚文子，是開放海外旅行前極少數達成出國旅行的日本女性之一，她就出國旅行時收集旅遊手冊資訊的經驗，為唯獨缺少當地生理用品資訊感嘆道：

「因為工作的關係，我以前讀過相當多外國旅行的旅遊手冊。在下次旅程前先翻閱二、三本新出版的書。雖然書中鉅細靡遺慇勤的指導，但是有關女性特有的煩惱，卻找不到任何指南。連阻街女郎的價碼都能一一報導，但卻隻字不提壓縮棉的自動販賣和設置。可能有關盥洗方面的題材是禁忌吧。因此，婦女旅客必須攜帶大量用品，以備數個月的旅途上使用。如果是一般的脫脂棉，非常占空間，會影響行李箱的容納量。」（引自戶塚文子，〈關於海外旅行的10章〉〔海外旅行についての10章〕，收錄在桑原武夫、阿川弘之編，《世界之旅1　日本出發》〔世界の旅1　日本出発〕中央公論社，昭和三十六年〔一九六一年〕）

《異國憧憬——戰後海外旅行外史》對旅遊手冊有關生理用品十分冷淡的戰後史（？），如此推測：「如果是四十年前，『國外旅行者絕大多數都是男性』這個理由可以成立。但是現在已有很多出國觀光旅行的女性，為什麼還是食古不化呢？可能是撰寫者或編輯認為『自己身為男人，談論這個問題很古怪』，所以不願意吧。」本來照正常來說，男性對生理用品的了解，不如一般女性多，可能因而不了解女性對它的需求性，甚至也無法獲得外國各地生理用品的取得方法，和品質相關的正確資訊吧。

女性本身在公開場合對生理期難以啟齒的狀態，直到現代也沒有太大改變。二〇一六年舉行里約奧運時，中國的女子游泳選手在訪談中自己回答：「比賽前一天生理期來了，體能狀態不理想」，BBC等媒體以「打破了生理期與運動的禁忌」向全世界報導，一時蔚為話題。現代運動已靠著最尖端的科學來支持選手的體能管理，但是即使是世界頂級選手之間，女子選手對自己的生理期都有難以啟齒的禁忌，所以半世紀前，向日本淑女積極詢問海外旅行中生理用品置辦的資訊，可以想像不論編輯是男是女應該都很難吧。

即使是前面提到的戶塚文子文章裡，從頭到尾也看不到「生理用品」這個詞，而委婉地說「女性專用的壓縮棉」，多使用「這方面」或是「女性特有的煩惱」等表現，而不敢光明正大地說「生理期」或「月經」等字眼。不知是作者自己避諱直接的表達，還是編輯在編輯階段刪改掉了。只是，戶塚文子在昭和三十六年的感慨，在開放海外旅行之後，這種狀態還是維持原狀。

推崇穿和服去外國旅行

相反地，當時旅遊手冊裡在面向女性的旅行資訊上，建議可以穿著和服作為旅行的服裝，這倒是現在很少見的記述。

開放海外旅行之前，《外國旅行導覽》裡刊登的「服裝」記述，只提及男性的服裝，如西裝、領帶、燕尾服等，根本沒有關於女性服裝的記述。不只是生理用品，在服裝方面，該書表現出根本沒有設想到女性旅客的存在。

打開該書昭和四十三年（一九六八年）的同一項目，海外旅行開放前同一欄的內容，幾乎原文照搬來放進「男性」的小項目，同時新設了「女性」小項目與之並列。總論對於女性海外旅行時的服裝，有以下的建議：

「洋裝雖然有利活動，比較方便，但是如果穿和服亮相的話，就不用在意外地的流行，而且就算不是高級衣料也相當體面，所以經濟又實惠。如果旅行時間較短，穿和服或洋裝則可按各自的喜好決定。」

在總論之後，首先列舉穿和服時需要攜帶的衣物，接著再列出洋裝的資訊，和服放在洋裝前面。「如果帶一件高級浴衣，到東南亞等炎熱地帶較為方便。」或是「名古屋帶可帶三條。其中一條作為腰帶」，而這條說明在昭和五十二年（一九七七年）的《世界旅行導覽》裡也原封不動引用。

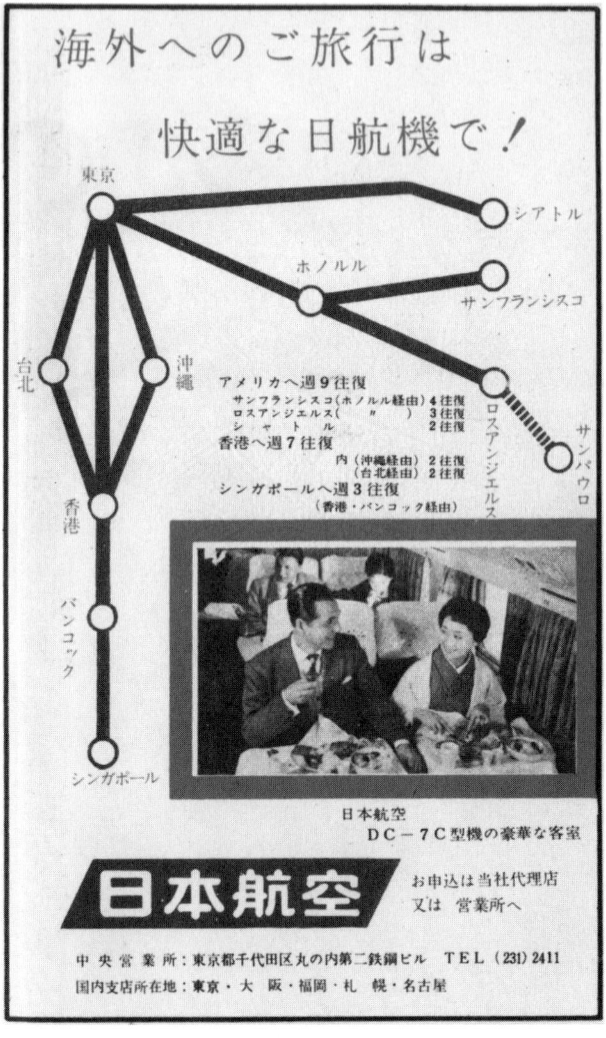

圖 103　昭和 34 年版《外國旅行導覽》中登出的日本航空廣告，女乘客為和服打扮。

《外國旅行導覽》推崇和服作為女性旅客的服裝，一方面可能是昭和三〇年代到四〇年代（一九五五年至一九七四年）之間，還有不少女性把和服當成日常服裝的關係。尤其是「外出」的服裝，大多是和服。「外出」，也就是非日常出門時，打扮得比一般正式的習慣，在出遠門外宿的遊樂旅行時也一樣。男性也相同，不論是《外國旅行導覽》或《藍色指南海外版》裡，男性衣著最先舉出的是西裝，領帶和白襯衫也是必要元素。現在各種海外旅遊手冊裡，在攜帶物清單上，不論男女大多都不包含這類「外出」用衣物，但也視去處而定。

此外，建議女性帶和服到國外旅行，也表現出《外國旅行導覽》和《世界旅行導覽》的編輯都沒有設想到，女性旅客不是參加團體旅行，而是自己帶著大包小包、踏著輕快腳步去旅行。穿和服草鞋的女士通常不會自己提又重又大的行李箱或背包，也不會一手拿著旅遊手冊，帥氣走在大街上。雖說女性到國外旅行容易得多，同時個人旅行者也增加了，即使如此，從這些書的字裡行間感受不到它們作為旅遊手冊，積極支援女性個人旅行者的意圖。

其編輯方針中隱約可見當時日本人的傳統意識：「旅行本來就是屬於男性的行為。」即使是國內旅行，過去的時代的確會把女子單身旅行視為不尋常，彷彿那是她有什麼煩惱之後的行為。社會用那種眼光看待女子旅行，況且還是獨自或是幾個閨密靠自己，而非參加團體，到海外觀光旅行，昭和五〇年代（一九七五年至一九八四年）前的海外旅遊手冊編輯也許很難預測得到，這將會成為稀鬆平常的事。

標明「女子價格」的香港舞廳介紹

最能表現出海外旅遊手冊以男性視角撰寫的例子，就是當地夜生活的描述。有的旅遊手冊，詳細列出戶塚文子在昭和三十六年（一九六一年）所寫的〈關於海外旅行的10章〉裡指出的「阻街女郎的價碼」，另一些旅遊手冊則以曖昧表現的觀光指南文章或酒店小姐的照片，吸引男性讀者一探五光十色的歡樂城。雖然並非一竿子打翻，但是可以看出當時前往亞洲的男性旅行者，大多傾向在當地感受一下有什麼夜生活。而且，市售的旅遊手冊散見這類記述，隱約可見社會常識容許這種遊興作為旅行的小樂趣之一，已是大眾默許而廣泛存在的普遍意識。

昭和四十七年（一九七二年）發行的《藍色指南海外版　香港・澳門・臺灣》中談到香港和臺灣兩地的夜生活情形。首先，我們翻開〈香港的夜與晝〉這一頁，以下是該頁「夜之娛樂」一節中「舞廳」的介紹文：

「＊舞廳（Ball Room）

香港的舞廳與日本不同在於不提供酒，只能喝中國茶、果汁類的輕飲料，還有名為『瓜子兒』的西瓜籽。舞廳的價碼當然從高到低都有，按時間制，一曲約15分鐘，每一名舞女最高八．八〇港元，其次是六．六〇、四．四〇、二．二〇，最低價是一．一〇港元。晚上八點前的午茶時間，稍有折扣，旅客看得上的等級至少四．四〇港元，以下的三、四流舞女最好別選。

一流的舞小姐美女如雲，就算帶銀座都能豔驚四座，甚至有大學畢業、生不逢時……等來頭不小的人物，渾身散發著貴氣。也有不少能操外語的女子。坐進客席後，小弟就會拿來舞小姐們的名冊，請客人點選。名冊上寫著名字和會說的語言。廣東話、上海話、國語（北京話）、美國語、英語、日語……等，點選合意的小姐，再交給小弟就行了。

跳完舞，也可帶小姐出場吃晚飯，或是去夜總會，但是必須支付打烊（凌晨一點）前的坐檯費。好意提醒您，太早帶出場會被收取幾小時以上的費用，可是如果想省錢，在打烊不久前入廳，則都是別人挑剩的舞女，所以晚上十點到十點半左右前往最為適當。」

較晚時間尚未被指名的舞小姐，用「別人挑剩」來形容，在現代的話，這部分應該會引發問題吧。但是《藍色指南海外版》的記述還算是保守的。關於舞廳，得到國泰航空及香港觀光協會等協助，同樣於昭和四十七年初次出版的《香港・澳門之旅》（香港・マカオの旅，World Photo Press）指南，對於同類型酒店有以下的介紹：

「舞廳

香港的舞廳約有五十間左右，等級從一流到四流都有，但觀光客可以玩的，充其量不下於二流等級。

三流、四流不叫舞廳，而是掛著『舞苑』或『舞院』的招牌，這種地方最好別去。

這裡的舞廳不像日本是可以帶女性進去的地方。廳裡會有女子等待顧客上門，這些女子與其稱為舞女，更像是酒店小姐。

一就座，首先小弟會拿來menu（名冊）。

這並不是酒單，而是舞女的芳名錄。第一，這裡不提供酒，只有中國茶、果汁類配上西瓜籽（瓜子兒）。

女性名冊中寫著芳名與會說的語言。

廣東話、上海話、北京話，然後是英語、美國語、日語等。挑選合意的女性就行了。

如果是第一次出遊，不擅英語的話，可以指名會說日語的小姐（舞女），就算是說話吞吞吐吐，但能夠以親切的日語交談也很不錯。

不過小姐既然會說日語，表示她和日本人多有接觸，所以，若認為都已經來到外國來了，不必與日本人分享友愛，不妨避開。不如以積極的態度，隨身帶著中國話的書，抱著學習的態度，拿書上前請教也是一途。這種狀況下，如果好奇毛澤東的話就說北京語，如果想學習香港歷史的人選廣東話。如果是有點年紀，想懷念從前去過的上海，就叫會說上海話的小姐，全都沒有問題。

每小時收費（不過真正的時間只有十五分鐘左右），一流的行情七到十港元。來到這裡的主要目的，就是把心儀的小姐帶出場。出場費就是支付到一點打烊時間的坐檯費。

晚上十點後帶出場較有效益，大略的行程是從夜總會到您的床上。價格在一百五到兩百港元。其中也有女子拒絕那方面，至多只能營造出情侶的氣氛。」

香港除了舞廳之外，還有夜總會，不論是《藍色指南海外版》或是World Photo Press版的《香港・澳門之旅》，都異口同聲地介紹，這個地方是可以闔家同歡的健全晚間表演場。前者對夜生活的介紹到此為止，但後者繼續再舉出第三種夜生活的地方「招待所」，撰寫了下面的解說文。其內容令人懷疑如果發生在現代，會不會衍生為社會問題，甚至國際問題。相較於《藍色指南海外版》對重要（？）資訊含糊帶過，《香港・澳門之旅》在某種意義上，也許可以說十分老實而直白來回應當時讀者的需要：

「走在街頭上，常常可以看到這種招牌，那是位於大廈的六樓或十樓等高樓層的簡易旅館。

話雖如此，那裡並不是讓人獨自入住單純睡覺，也不像日本挽著女友的手來這兒開房間。

直接了當地說，那是可以與女子親熱的場所。故香港號稱男人天國其來有自。

走進這種招待所，領班搓著手出來相迎，分為有女子駐店和應召服務兩種，應召的案子比較多。

先談價碼。有等級之分，最便宜的六十港元，高級的有到三百港元。

三百港元約等於一萬八千日圓，而且這個價格是一節二十分鐘的價錢。來的是什麼樣的等級呢？香港電影的女明星。她們簽的合約有數量限制，沒有工作就沒錢賺，所以才來這裡兼差。

的確是令人摒息的美人。

即使是六十港元的等級，只要按自己的喜好提出要求，與我等的審美觀不會差太遠。

此外，香港號稱國際都市，確實沒有錯，入夜之後只要點檯，不論是美國妞、倫敦妹、黑美人、俄國女應有盡有，令人嘆服。

某位英國女子長程旅行途中，繞道來看看祖國的殖民地，著迷於美麗夜景與麻將，最後為了賺取麻將的賭資，自己投石問路找上了應召女郎（香港稱為家庭女郎）的組織。金髮女子的價碼比香港女星稍低，約為兩百五十港元的程度。英國女子的故事是真人實事，畢竟香港這個地方，這種故事一點也不稀奇，神祕懸疑的故事滿地都是。女子大都十分親切，不過說來說去還是應酬話，想要追求真心，也許只能說是一種奢望。」

附帶一提，關於這種招待所，到了昭和五十年（一九七五年）出版的《藍色指南海外版 香港・澳門之旅》，終於提到它的存在：「這是個奇妙的處所，具備某種程度組織化的秩序，各有各的吧檯，有女子駐店。」這段語焉不詳的記述，可見於小標「挑明了說，香港的探險？」之下。也許是別家旅遊手冊詳加介紹，所以不得不提，但是又不敢明目張膽去介紹……從字裡行間可以看出《藍色指南海外版》執行編輯的苦惱。

臺灣傳承下來的溫泉藝妓與客房宴會

昭和四十七年（一九七二年）版《藍色指南海外版 香港・澳門・臺灣》中，有關臺灣夜生活的記述，看得出男性視角比香港部分更濃厚。

在臺灣，原本臺北近郊的溫泉區——新北投溫泉等一直遺留著日本統治時代的風貌，備有榻榻米房間和浴衣的溫泉旅館也一直在營業，戰前日本人開闢的溫泉鄉在戰後也繼續延用。泡過溫泉後，換上浴衣，回到自己的和室吃飯，可以招呼相當於藝妓的侍應生（女侍）飲酒作樂，與日本的溫泉旅館並沒有什麼不同。

該書對新北投溫泉的特色如此介紹：「此地的風景和房舍與日本相似，但沒有名產店，更沒看過晚上穿著浴衣在溫泉街頭散步的情景。是個完全待在飯店裡盡情歡樂的地方，而且店內準備了無微不至、賓至如歸的服務，哪有閒工夫去散步呢。」所謂「無微不至、賓至如歸」是什麼樣的服務，從後面的報導就能理解，這篇文章並非出現在夜生活特集，而是一般觀光區介紹，便透露出這個溫泉區的特性：

> 「她們穿著性感的中國服裝稱為『旗袍』，以現在日本已不得見的溫婉禮儀態度靠近客人，便值得一驚。而且興之所至，她們也會在別間房換上道地的浴衣，表演日本的民謠歌舞，之後便是行天道自然、順理成章之事。不過，若想得到她們奉獻般溫暖純真的情感，來一段《高唐賦》中的『巫山之夢』的話，還是應該待之以禮，視之對等才是紳士之道。女性旅客也可召來女侍觀察風俗，亦相當有趣。」

最後還寫到「女性旅客也……」，目的可能是對女性讀者的顧慮，看起來這句話卻是愈描愈黑。召來房間的女侍換上日本式的浴衣表演歌舞，明明寫了「之後便是行天道自然、順理成章之事」，又奉勸「紳士之道」……只能算是直率的個人意見。

這種優柔寡斷，一點也不紳士的記述態度，在進入介紹夜生活的「臺北夜的歡樂鄉」頁面時，漸漸變得坦白。

以「在臺灣旅行，現在尋歡作樂的元素所占的比例相當大，這麼說一點也不誇張」為開場白的這一頁，介紹「酒家」是「餐廳與酒店合而為一的地方」，並提到「夜總會與香港同樣沒有女性，所以會把這裡的女侍帶出場。出場費三百到五百元。若要帶到其他地方，就看談不談得來。如果彼此情投意合的話，也可以有個在臺灣旅行時的嚮導兼伴遊。價錢私下商量，看個人本事」，說明了帶女子出場與價碼的行情。「舞廳」的介紹文中則補充「舞女與酒家小姐不同，多為良家婦女，有某種自尊心，即使連續捧個兩三天場，恐怕還是很難來電。因而若有望共偕羽化登仙之夢者，行情不甚清楚。大略的標準為一萬日圓上下。」不管是談個戀愛還是共偕羽化登仙之夢都沒關係，總之結果需要一萬日圓上下的對價。

接下來的「咖啡廳（咖啡店）」更加單刀直入，「這美人吃茶為臺灣特有的產業，市內約有三百餘家，店內幽暗漆黑，無一例外。在北海岸地區的基隆，這裡是妓女的聚集地，臺北也大同小異。」由於直言「妓女」，某種意義上也簡單明瞭。「喝著散發茉莉花香的高級香片茶，吃著小姐幫你嗑的瓜子肉，就能明白臺灣女子如何順從、惹人憐愛。」這麼色香並茂的口吻，百分之百是針對男性讀者。

該書對於在種種娛樂設施遇見的臺灣女性，全都盛讚「清純可愛」、「香港難以相比」。下一頁的對開頁面刊載的「『男性天國』臺灣的桃源鄉」現場報導，更強烈地傳達出（撰寫者的）愉悅，或者說竊喜的心情。「旅行家」頭銜的男性（報導有署名，此處不表），將造訪臺北酒家與新北投溫泉時的體驗紀錄，以旅遊手冊少見的筆調赤裸裸寫出來。

尤其是在新北投溫泉的體驗報導，內容露骨連閱讀者都感到害臊。他寫的是作者「與招待者」一同去溫泉，並不是自己瞞著眾人偷偷前往，完全沒有一絲愧疚之感。正文以「烏黑的眼眸與豐滿的身材充滿魅力　新北投的年輕侍應生」為標題，還附上穿著旗袍側躺的女子照片：

> 「北投自戰前就是臺灣第一流的溫泉歡樂鄉，外國只有這裡能穿上浴衣休息放鬆。從飯店眺望沿山路成群的飯店燈火，酒菜擺滿桌面，正是舉杯暢飲的時刻。不久，藝妓們上場，彎下腰完全遵循日本的古禮。吃吃喝喝，高談闊論，對唱酒家歌曲和比酒量，喝得酒酣耳熱。
>
> 最令我大感新鮮的是，歌曲到一半唱不下去時，她們臉上泛起紅暈，表現出小女兒般的羞怯。玩遊戲時也留意讓客人贏。酒宴開始杯盤狼籍之時，她們從中國服裝換成浴衣，如同《金瓶梅》的月娘一般，楚楚動人地在我們身邊服侍。
>
> 招待主與一位亮麗的美人說了些什麼，突然間桃花源的祕境在我眼前展開。她

們姿態曼妙地起身，將羽衣全部褪下。然後一點也不膽怯地露出盈盈笑臉，開始跳起舞來。

那種明朗健康的感覺，與北歐三國的女子有共通之處，不過並不會產生對肉體邪惡陰鬱的愧疚感，也完全沒有惺惺作態的不自然感。話雖如此，倒也不是無動於衷，心如死水的感覺。如同白雪般柔軟搖曳的胴體雕像，而連接身體的手腳與頭則充滿千變萬化的光影交錯……。

終於懂了，這果真是男性天堂的極致啊。我忘了夜已深沉，埋沒於這非現實的仙境之中。」

發表這種報導與照片的同時，卻也不忘垂示的口吻，提醒讀者「尋歡作樂適量就好，盼望各位時刻勿忘身為日本人的體面」，或是「隨時隨地以紳士態度，不可忘了尊重他人，否則不久後惹得臺灣女性皺眉不滿，對日本人產生不信任感，甚至會影響到社會普遍的對日情感。」現在讀來，我想恐怕讀完這篇文章已經引起日本女性的不滿了吧。本書發行當時，香港和臺灣當地，至少娼嫖並不是違反法令的行為。

日本在昭和三十三年（一九五八年）實施《賣春防止法》，廢止了所謂的赤線地帶，但香港自昔至今，一般並未禁止賣春，只是對拉客行為的狀況有一定的限制。臺灣在一九七九年以前，新北投溫泉都還有公娼存在。臺灣廢止公娼區是在二〇〇一年，後來地方上保留了政府公認的賣春寮（二〇一一年施行特定地區性交易行為有條件合法化的法律）。

而且，昭和四〇年代到五〇年代（一九六五年至一九八四年）的日本成年男士，都十分熟悉在警察正當管理下的遊廓或赤線地帶。出生於昭和六年（一九三一年）的喜劇明星碇矢長介在自傳《那可不行》（だめだこりゃ，新潮社，平成十三年〔二〇〇一年〕）中寫道，國中畢業在靜岡縣內造紙工廠開始工作時，戰爭剛結束不久，父親和工廠的老手曾帶他到赤線地帶去。而作家吉行淳之介在昭和二十六年（一九五一年）發表、後來入圍芥川獎的小說《原色之街》（原色の街），主角是東京向島赤線地帶「鴿子街」的妓女。對實際走過那個時代的世代而言，娼嫖行為的道德觀，明顯與二十一世紀的日本人不同。再加上「出門在外不怕丟臉」這句給自己開脫的話，香港、臺灣的旅遊手冊才會一再刊登這種有如情色情報誌的現場實錄，以作為喚起日本（男性）讀者旅行意願的話題。

男性視角旅行的象徵——妓生觀光

而亞洲鄰近國家買春旅行之最，便是韓國的「妓生觀光」。

妓生是韓國傳統的藝妓，日本統治時代也提供賣春服務，接待地方居民和觀光客，這在本書第215頁引用《朝日新聞》登載當地妓生遊的親身報導已經談過。戰後的韓國雖然一度廢除公娼制度，但是實質上在韓戰之後還是存在，主要是面向駐韓美軍士兵的賣春業。

尤其值得一提的是，一九六一年，根據韓國政府制定的觀光事業振興法，為因應大量外國人來韓參加國內各種活動，在韓國全境設置百餘處日本所謂的赤線地帶，在區域內一切娼嫖合法化。總之，戰後韓國面向外國觀光客提供的賣春服務，也是一種振興觀光事業、賺取外匯的經濟政策。這也帶動了一九七〇年代，吸引大量日本觀光客到韓國的妓生觀光。

藉著這種世界史上無可類比、前所未聞的賣春觀光推動政策，韓國各地「妓生屋」旗下的酌婦（觀光妓生）數量，在一九七〇年代初期到達了四萬人。從一九八〇年在韓國進行妓生觀光實情調查的結果報告書中，以下的記述可以一窺讓觀光妓生向外國觀光客賣春，幫國家賺取外匯的現象：

「到達飯店的女子們，有時為了尋找對象所在的房間，而顯得驚惶失措。因為飯店不讓妓生們隨意進入。在這裡需要『接客員證明書』，它既是飯店的通行證，也是對外國人賣身也不違法的許可證。至於接客員證明書的發給過程，此證是國際觀光協會料亭課發給到料亭上班的妓生，發行接客員證之前，必須備齊本人年齡、容貌、家庭環境、學力（最低初中畢業以上，原本為高中畢業）、身分保證書、戶口謄本等身家調查書。此外，還必須參加名為『素養教育』的修養課程，修養課程為觀光協會料亭課主辦，觀光協會與國際觀光公社贊助，或採後援的形式。這種修養課程每季舉行一次，一年舉行兩次以上，在首爾的話主要借文化體育館作為會場使用。

聽受過教育的妓生們說，教育內容融合了名人或教授上場說明妓生們賺取的外匯，將會如何慎重地用於我國經濟發展的內容，引用外國的例子介紹待客禮儀（？），同時解說戰後日本如何靠著女子賣身賺取的美金，實現日本經濟建設的內容，還有反共教育，以及為了賺取外匯的聖戰，不論多大的犧牲也必須甘心承受，最後導向對外國男人賣身的行為，並不是賣春，而是愛國行為的展現，應心懷驕傲的結論。

釜山觀光協會的某相關人員解釋，實施這種教育的目的是『為了解決觀光從業員（妓生）身分上的問題』。結束一天或兩天這種教育後，發給證明書，女子們就有了觀光人員或從業員的名銜，這就是『執照（許可證）』。」（山口明子譯，《亞

洲問題系列③妓生觀光實情報告書》（アジア問題シリーズ③キーセン觀光 態報告書）NCC基督教亞洲資料中心，昭和五十九年（一九八四年）

而韓國舉國接受、以買春為目的的外國觀光客，幾乎全部是鄰國的日本人。如本書第263到264頁的表93與表94所見，一九七〇年代訪韓外國人有半數以上根本都是日本人，八成以上都是為觀光目的入境。而且從日本入境者九成以上是男性。與二〇〇〇年代初期韓流電視劇大流行後，日本女性大舉訪韓相比較，男女比例令人難以置信。

當時的男性旅客是抱著什麼樣的預備常識訪韓呢？我們可以從昭和四十九年（一九七四年）發行的《藍色指南海外版　韓國之旅》（ブルーガイド海外版　韓国の旅）的記述來尋找線索。

該書〈韓國夜生活〉的特集篇，一開始便以「點綴韓國之夜的樂趣，首推妓生派對」切入，提到「現在已成為韓國代表性的觀光亮點之一，不論哪一家旅行社招募的團體行程，幾乎是一定會加入妓生派對」。這份特集報導用四頁篇幅來表現它的魅力。而且，第二年的修訂版中，雖然將這篇報導的「妓生派對」一詞修改成「韓式宴會」，但內容幾乎沒動。

當時韓國對國土全境發布宵禁令，晚上十二點到清晨四點不得外出。因此，妓生派對一般會從晚上七點左右開始，以便讓妓生十二點前回到住處。接待時原則上每一名妓生只服侍一名客人，從該報導可知之後的發展如下：

「三個半小時前後的派對期間，妓生的服務無微不至，客人想吃什麼菜，不用自己動手，妓生會用筷子夾著送到客人嘴邊，想抽菸也會立刻幫忙點火。疲倦的話，會幫你按摩肩膀和腳，所以，男性很難不沉醉於這種大爺氣氛中。韓國酒席上有回敬的習慣，妓生會等著用客人喝完的酒杯回敬，所以，一個杯子就這麼來來去去，熱鬧的嬉笑聲在座席間飛躍。（中略）宴會結束後，只要夫人點頭，就可帶著中意的妓生出外散步。與妓生一同駕車在南山等車道看首爾夜景也是一趣。」

最後一段「只要夫人點頭，就可帶著中意的妓生出外散步」，事實上可以這句話解讀為客人可以把妓生帶回自己下榻的飯店房間，歡度良宵的意思吧。因為在有禁宵令的韓國，宴會結束後，根本不可能去兜風看夜景啊。

不管韓國本身如何把鼓勵外國觀光客買春當作國家政策，但是日本不可能積極推薦這種國外買春旅行。反倒是這種海外旅客的「不健康」行徑屢屢被大眾媒體揭發批評，運輸省

（現為國土交通省）站在監督旅行業者的立場，一再出言警告，在國會上也多次遭受責難。

不過，即使如此，這一類夜生活資訊並沒有立刻從亞洲鄰近地區的海外旅遊手冊中消失，以這則妓生派對的記述來說，《藍色指南海外版》一直刊登到一九八〇年代末期，也許可以說，這是旅遊手冊以男性視角撰寫時代的最後身影。

不久，這類旅行資訊轉移到收集地下資訊的書籍或網路上，漸漸消失在一般旅遊手冊的篇幅，直到現在。如今打開韓國方面的旅遊手冊，內容全部是令許多日本婦女傾倒的韓劇相關當地資訊，以往年妓生派對為代表的性交易資訊，幾乎完全看不見了。

只是以「旅遊手冊不提供違法或不健全的旅行資訊」這個理由並不足以說明，因為到了一九九〇年代，買春旅行資訊從版面消失之後，《地球漫步法》的《中國篇》裡還在建議避免支付外國人資費的方法，或是刊載外國人假冒身分到未開放地區旅行的體驗談，並沒有修正調整。而且只刊登場面話的旅遊手冊，往往在實踐層面上幫助不大。

也就是說，不只是日本社會整體的價值觀和意識的變化，最重要的是，前往亞洲地區的女性旅客增加這個單純的事實，才是夜生活資訊變化最大的主因。從開放海外旅行經過了三十多年，面向亞洲的旅遊手冊終於不能再忽略女性讀者層的視角。夜生活資訊方面質的變化，不正可以說是典型的表現嗎。

女性讀者增加，裝幀美觀度也提升

旅遊手冊的女性讀者增加，讓版面使用了更多彩色照片，為書籍外形帶來了變化。

戰前自不用說，即使在戰後，昭和三〇年代到四〇年代以前，「照片」通常並不是指彩色照片。昭和四十三年（一九六八年）的《外國旅行導覽》中，關於在旅行中攜帶的照相機附加說明：「盡量帶兩台相機，以便黑白照片與彩色照片都能拍攝。」另一頁的照片拍攝注意事項中，雖有「在彩色軟片發達的現在」的說法，但是同一項目內的建議卻是「尤其只要不是偏僻的地方，都能沖洗黑白照片」，暗示著在海外，彩色軟片沖洗機會還是有限。

該書也介紹日本航空與富士軟片異業合作的「富士彩色照片空輸服務」，利用這個獨特的服務來排除上述的問題。內容提到「紐約、舊金山、洛杉磯、巴黎、倫敦、羅馬、哥本哈根、杜塞爾多夫（Düsseldorf）、漢堡、香港等各日航營業所都設有信箱，只要將拍攝完的軟片投進信箱，就會提供直送日本，沖洗好後郵寄家中的服務。所需天數為投遞後約兩星期，費用為每支軟片35mm、6×6尺寸為150日圓，8mm為170日圓，可在日本事後付款。」這項服務據說從開放海外旅行的昭和三十九年（一九六四年）實施到昭和五十年（一九七五年）。

那個時代的旅遊手冊即使刊出照片，通常也是黑白照，彩色照片只有書前彩圖和廣告。

夾帶彩色照片的話，書的單價會提高，所以當然用黑白照。全文字頁的篇幅也多，尤其是《外國旅行導覽》和晚一年的《世界旅行導覽》，都與戰前的《旅程與費用概算》一樣，以文字資訊為中心。平成初期（一九九〇年代中期）前的《地球漫步法》和出過多本橫越亞洲、絲路等大範圍手冊，以背包客為主要訴求的《旅行人筆記》（旅行人ノート，旅行人）系列也是類似的作品。

但是，近年的海外旅遊手冊，儘管只是住宿設施介紹等，過去以文字敘述的項目，現在也

圖 104　1989 年發行《藍色指南情報版 No.128 臺北／臺灣》（ブルーガイド情報版 No.128 台北／台湾）內頁刊登的日本亞細亞航空的臺灣旅行廣告。文案寫著「想把臺灣現在的動能傳遞給日本女性」、「它是女性的天堂哦」，感受得到希望增加女性旅客前往臺灣的意圖。

多使用彩色照片，甚至常態性的全彩化。一般來說，雖然現在已經是彩色照片主流的時代，但是，照理說書籍中刊登的照片，絕對不可能不在意選用彩色或黑白對單價造成的影響，但即使如此還是選用彩色照片，原因無他，應該是有不少讀者如此期望的關係。

前面提過的《異國憧憬——戰後海外旅行外史》將這種現象評為「從陽剛粗曠的旅遊手冊轉為女性雜誌化」。《an・an》、《non-no》等女性雜誌製作海外旅行特集時，不但有觀光名勝的經典照片，還會大量陳列在當地非買不可的商品、食物照片，甚至連同插畫地圖來介紹價格、店家地址等詳細情報，所以讓習慣這種旅行資訊的女性觀光客來選擇旅遊手冊的話，像《外國旅行導覽》那種以文字敘述為主、只有少數黑白照片，而且全部是觀光名勝概說、傳統團體旅客導向的旅遊手冊，自然是不受青睞。女性海外旅客大幅增加，已到了旅遊手冊無法不正視的地步，因此整本書的裝幀也改變了。

亞洲旅行急速簡便化

亞洲方面的女性旅客增加，意味著在這些國家、地區，夜生活之外的觀光元素魅力增加，而且旅行也變得更加簡便。

如本書第260頁提到的，海外旅行開放之初的《藍色指南海外版》只介紹日本鄰近的亞洲地區，如香港、澳門、臺灣，以及稍晚的韓國。因為日本周邊各國當中，除了這些地區之外，都不是日本人能夠安穩、簡便觀光旅行的環境。中南半島各國因為內戰、國境糾紛頻仍，根本談不上旅行，而且中國和蘇聯正處於鐵幕般的共產主義體制下，嚴格限制了自由旅行。

但是，當各國國情穩定下來後，即使是共產主義體制的國家，也開始為了經濟性的因素，漸漸接受資本主義國家的外國觀光客。戰後連幾乎完全不接受日本旅客進入的樺太（薩哈林〔Sakhalin〕），也都在蘇聯瓦解後，從北海道開設直飛航班或船班，甚至還販售薩哈林專門的旅遊手冊。現在，完全不接受外國觀光客在本國內自由旅行的國家，只剩下北韓而已（但即使是北韓也有出版旅遊手冊，接受包含日本人在內的外國觀光客）。

曾經比西歐更難穿越的中國周邊國，其國境也漸漸對觀光客開放，連東南亞各國都開放觀光客自由來回穿梭。尤其是對日本旅客而言，觀光目的入境的免簽證國家大幅增加，旅行前需要的手續明顯簡化。

開放海外旅行前，昭和三十八年（一九六三年）的《外國旅行導覽》上說，短期停留的日本觀光客，可以免簽證入境的亞洲國家只有巴基斯坦（當時也包含現在的孟加拉，屬於東巴基斯坦）。申請護照本身就十分困難，但即使排除萬難取得護照，連去香港和澳門的時候，都必須事前一一取得各個地區的入境簽證。

經過五十多年，平成三十一年（二〇一九年）一月的現在，日本觀光客有義務事前取得簽證的亞洲國家（到達機場或國境時即時發給簽證，實質上不需要事前手續的國家除外），東南亞一國也沒有，東北亞只剩北韓，南亞有不丹、印度、巴基斯坦。中東有阿富汗、伊朗、伊拉克、沙烏地阿拉伯、葉門。脫離舊蘇聯獨立的中亞及高加索各國中，現在經常要求日本旅客事前取得簽證的國家只有塔吉克和土庫曼。在遠東地區擁有領土的俄羅斯，唯獨舊日本屬地的薩哈林（樺太，包含北半部，非舊日本屬地），短期停留的日本旅客可免簽證，二〇一七年八月起，對前往海參崴和伯力（Khabarovsk）等遠東地區的觀光客開放網路申請電子簽證，這個方式的適用範圍正逐漸擴大中。只要在家裡操作電腦，就能輕鬆完成手續，不需要將護照交付大使館或領事館再取回。實質上可以說是極度接近免簽證的方法（澳洲也已經

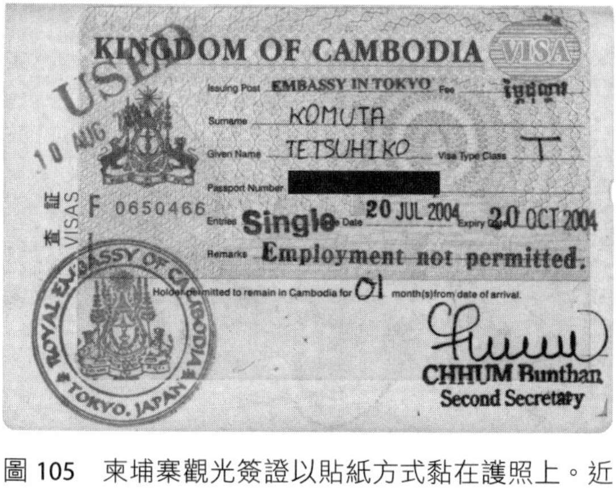

圖 105　柬埔寨觀光簽證以貼紙方式黏在護照上。近年在亞洲，需要觀光簽證的國家不斷減少。

引進這種做法）。

由此可見，在現在的亞洲，要找到日本觀光客必須事前取得入境簽證的國家或地區，反而比較難。一九九〇年代到二〇〇〇年代初期，亞洲需要簽證的國家比歐洲更多，旅遊手冊中申請簽證的資訊是重要記述，但是近年各地區的旅遊手冊中，有關簽證取得的旅行資訊都已大幅簡化了。

尾聲——從旅遊手冊變遷看見的事

大日本帝國時代，不論是語言、交通工具，日本的標準形式席捲全東亞，使得東亞的旅行彷彿是國內旅行的延伸，而戰後的日本人將包含舊日本領地在內的亞洲鄰國，明確理解為「外國」，在了解與日本之間種種差異的前提下，以不同於戰前時代的形式，自由輕鬆地旅行。旅行者的行動範圍和玩樂方式漸漸擴大，變得多樣化。

比較各時代的旅遊手冊，便能體會到這種緩慢變遷的過程。旅遊手冊具有一種與一般書籍不同的特性，儘管封面和內容章節等基本結構大致相同，但是記述的細節每年都有著緩慢的變化。而且重金買下的旅遊手冊，大致上都當成消耗品在使用。旅行結束後，很少有機會再打開同一頁，即使選擇舊地重遊，大多數人會再重新買下最新版的旅遊手冊。觀光導覽的敘述雖然可以挪用，但是當地所需花費的金額和交通資訊等，若沒有最新版，反而會給自己在旅行中造成不便。

尤其是東亞各地在戰前就是日本人輕鬆暢遊的地方，戰後開放海外旅行後的早期階段，也是很容易來往的近鄰，所以各地區旅遊手冊的歷史悠久，容易長期比較它的變動。因而「閱讀幾年份同一地區的手冊進行比較」的工作也很容易。進行這項作業後，發現記述的變化不只發生在目的地的實用資訊，也涉及發行時期一般旅客兼讀者的日常生活習慣和價值觀。所謂的「一般旅客」，既然是日文旅遊手冊，指的當然是日本人。

如同書中的報導從時下日本內外的國際情勢，到服裝、金錢支付形態、通訊方法等生活層次的社會環境，進而介紹戰地遺跡和夜生活等相關見聞，版面上的變化反映了每個時代價值觀的不同。雖然也有些像伊朗普遍說日語的現象，這種不能出現在版面中的資訊，但是由於發行目的只是單純希望「讀者能享受真實的旅行」，不論戰前或戰後，從字裡行間可以領略到不受政府官方見解和死板形式主義左右的旅行者，即當代標準日本人的頑強和心聲。

尤其是東亞與日本距離近，因此比起歐美，更多日本人較容易體驗到短期的國外旅行，所以試圖更具實用性的旅遊手冊也更會強烈表現出這種傾向。不僅是夾帶編輯主觀的解說文、專欄，連公式化的當地資訊羅列都能看得出這一點。

近年，愈來愈多旅行者運用網路來收集旅行資訊，即使手上沒有旅遊手冊，只要帶著手機或平板，也能順利在國外旅行，不會感受任何不便。這麼說來，全世界的紙本旅遊手冊是否都將面臨停刊的危機呢？但至少在現在的日本，並沒有這麼嚴重。《藍色指南海外版》和《地球漫步法》等歷史悠久的海外旅行系列，還是正常推出實體書，據說也有新系列銷售額還在不斷上升。

尤其是亞洲方面的旅遊手冊，旅客人數多，就成為需求量大小的前提，較容易支持裝訂、市售紙本書的生存。去非洲或南美洲的日本旅客比亞洲少，並不是因為那些地方還是觀光處女地，而是距離日本太遠，從時間和經濟上考量，都很難作為觀光旅行的目標。非洲對歐洲來說算是近鄰，南美洲對北美來說是近鄰，所以當地的旅行者便很多，絕對不是客觀缺乏觀光元素使然。所以東亞有著「距離日本近，容易來回」的立地條件，暫且不管該地觀光魅力的高低，至少日本人在選擇旅行目標時容易提高優先度，這可以說是現實上去亞洲旅行者大增，最單純明快的重要因素。

今後只要這個因素不變，即使是網路或社群媒體全盛期下，介紹日本鄰近東亞國家的旅遊手冊，發行紙本媒體的現狀，與亞洲以外的地方相比，應該不會那麼急速改變吧。從明治到平成，東亞方面的旅遊手冊一直是傳統上愛好旅行的日本旅客，他們重要的海外旅行資訊來源，也一直反映著每個時代的世態，在接續平成的令和時代以後，我認為它也將與電子媒體的旅行資訊適度共存，繼續裝訂成書，排列在書店海外旅行的書架上。

後記

從十九歲第一次單身出國旅行以來，旅行中總是攜帶著旅遊手冊，回國後也從不丟棄，一直收藏在自家的書架上，也還保留著兒時用零用錢買的時刻表和鐵路雜誌，所以我從來沒有「舊的實用資訊沒有用」的感覺。

經過了二十年，收藏的同地區旅遊手冊有好幾冊，只有發行年份不同的例子愈來愈多，將它們對照閱讀之下，發現除了旅行地的實用資訊外，記述也有了變化，同系列的手冊即使介紹同一個觀光地點，介紹的方式也會因發行年的不同而有相當大的差異。二十世紀末既沒有智慧型手機，在外地也沒有接觸電腦的機會，所以一旦在國外想念日文印刷品時，儘管沒有需求，也會反覆閱讀手邊的旅遊手冊。也許因為這個因素，旅遊手冊的內容，包含拉拉雜雜的專欄文章，我都能記憶猶新，幾年後再訪同一地區，購買同系列的新旅遊手冊時，很容易就會發現與舊版的不同。

於是我想到一個點子，不如把這種對照閱讀，擴大到明治以來的東亞各地怎麼樣？隨後把分析的結果，於平成二十五年（二〇一三年）整理成「從旅行史看亞洲」，在文化廳支援的一般財團法人霞山會上的公開講座上發表；隔年的平成二十六年（二〇一四年），也在中央大學文學部中國語言文化系主辦的演講會，演說「旅遊手冊述說的中國旅行歷史」。本書便是在這兩場演講的激勵下，再三進行史料分析而完成的作品。藉本書出版之際，再次向給我珍貴發表機會的霞山會文化事業部課長齋藤真苗女士，及中央大學文學部教授榎本泰子，以及聆聽敝人兩次演講的聽眾們再次表示感謝。

在兩次演講中，我特別著眼於將分析對象放在旅行自由受到保障、且近代大眾交通工具發達的時代或社會中，許多平民可以體驗的遊樂旅行實態，並且實際展示過時的旅遊手冊頁面，示範如何慎重追索經年記述的變化。如同百餘年旅遊手冊的充實歷史所印證，明治以來，許多日本人超越了時代、社會體制，以及個人的思想、信條的差異，會在休假時到遠地遊樂旅行。他們當中許多人在旅行中攜帶的旅遊手冊，字裡行間隱含著發行當時，一個標準日本人具備的生活習慣和價值觀，如果現代的我們不受種種成見束縛，站在當時的視角，從這些與艱澀思想、信條無關的實用旅遊手冊中解讀這些資訊，便能接觸到生活在近代過去，當時日本人的真實面貌和日本社會的一面。試著向讀者提示如何享受這個與眾不同的歷史觀察，這種精神就是貫穿本書的基本立場。

雖然，本書是在兩場講演的基礎下開始書寫，但之後的文獻的收集閱讀卻花了相當長的時間。分析作業的深入雖是原因之一，但是還有過去旅遊手冊取得困難的窘境。旅遊手冊這類書籍不像報紙或月刊雜誌，公立圖書館並不會每年度都一冊不漏的收藏保存，所以，比自己這二十年讀過更早時期的旅遊手冊，即使是戰後的發行物，都很難找齊所有年度的版本。總是不定期的出現某天突然找到某時期的手冊，有了全新的發現便隨時修改內文的循環，因此脫稿時間比原定計畫大幅延遲。對強力推動本書出版的草思社編輯部增田敦子女士、執行編輯木谷東男先生，與一手包辦本書整體的版型到裝幀，回應我繁瑣要求的設計師板谷成雄先生，致上遲稿的歉意外，也就種種照顧表達衷心的感謝。

令和元年（二〇一九）五月　作者

主要參考文獻一覽

＊1　發行年的標明遵照該書籍發行當時發行地的公用曆轉換為西曆。

＊2　JTB（日本交通公社）時刻表等定期刊物、《地球漫步法》等不定期更新的旅遊手冊，到現在還在發行的出版品、《rurubu》之類的雜誌，從一覽表中省略（參照正文中引用的部分）。

統監府鉄道管理局編，《韓国鉄道線路案內》統監府鉄道管理局，一九〇八年
南滿洲鉄道編，《南滿洲鉄道案內》南滿洲鉄道，一九〇九年
朝鮮総督府鉄道局編，《朝鮮鉄道線路案內》朝鮮総督府鉄道局，一九一一年
南滿洲鉄道編，《南滿洲鉄道旅行案內》南滿洲鉄道，一九一七年
鉄道院編，《朝鮮滿洲支那案內》鉄道院，一九一九年
南滿洲鉄道編，《南滿洲鉄道株式会社十年史》南滿洲鉄道，一九一九年

南満洲鉄道大連管理局営業課編，《満鮮観光旅程》南満洲鉄道大連管理局営業課，一九二〇年
ジャパン・ツーリスト・ビューロー編，《旅程と費用概算》ジャパン・ツーリスト・ビューロー，一九二〇年
青島守備軍民政部・鉄道部編，《山東鉄道旅行案內》青島守備軍民政部・鉄道部，一九二一年
南満洲鉄道編，《南満洲鉄道旅行案內》南満洲鉄道，一九二四年
台湾総督府鉄道部編，《台湾鉄道旅行案內》台湾総督府鉄道部，一九二四年
外務省通商局編，《上海事情（在上海帝国総領事館調査）》外務省通商局，一九二四年
台湾総督府交通局鉄道部編，《台湾鉄道旅行案內》台湾総督府交通局鉄道部，一九二七年
朝鮮総督府鉄道局編，《朝鮮之風光》朝鮮総督府鉄道局，一九二七年
南満洲鉄道編，《南満洲鉄道株式会社第二次十年史》南満洲鉄道，一九二八年
樺太庁鉄道事務所編，《樺太の鉄道旅行案內》樺太庁鉄道事務所，一九二八年
朝鮮総督府鉄道局編，《釜山案內》朝鮮総督府鉄道局，一九二九年
朝鮮総督府鉄道局編，《京城案內》朝鮮総督府鉄道局，一九二九年

朝鮮総督府鉄道局編，《平壌案內》朝鮮総督府鉄道局，一九二九年
朝鮮総督府鉄道局編，《朝鮮旅行案內記》朝鮮総督府鉄道局，一九二九年
糸乗紫雲，《樺太案內旅行記》福田精舍，一九二九年
台湾総督府交通局鉄道部編，《台湾鉄道旅行案內》台湾総督府交通局鉄道部，一九三〇年
仲摩照久編，《日本地理風俗大系　第14巻　北海道及び樺太篇》新光社，一九三〇年
仲摩照久編，《日本地理風俗大系　第16巻　朝鮮篇（上）》新光社，一九三〇年
仲摩照久編，《日本地理風俗大系　第17巻　朝鮮篇（下）》新光社，一九三〇年
日本遊覧社編，《全国遊廓案內》日本遊覧社，一九三〇年
改造社編，《日本地理大系　第10巻　北海道・樺太篇》改造社，一九三〇年
改造社編，《日本地理大系　第11巻　台湾篇》改造社，一九三〇年
改造社編，《日本地理大系　第12巻　朝鮮篇》改造社，一九三〇年
改造社編，《日本地理大系　満洲及南洋篇》改造社，一九三〇年
改造社編，《日本地理大系　別巻第4　海外発展地篇下巻』改造社，一九三一年
ジャパン・ツーリスト・ビューロー編，《旅程と費用概算》博文館，一九三一年
仲摩照久編，《日本地理風俗大系　第15巻　台湾篇》新光社，一九三一年

ジャパン・ツーリスト・ビューロー編，《旅程と費用概算》博文館，一九三三年
朝鮮総督府鉄道局編，《朝鮮旅行案内記》朝鮮総督府鉄道局，一九三四年
ジャパン・ツーリスト・ビューロー編，《旅程と費用概算》博文館，一九三五年
台湾総督府交通局鉄道部編，《台湾鉄道旅行案内》台湾総督府交通局鉄道部，一九三五年
東京府小笠原支庁編，《南洋群島産業視察概要》東京府，一九三五年
京城観光協会編，《京城案內　近郊、温泉》京城観光協会，一九三五年
三省堂旅行案内部編，《朝鮮滿洲旅行案內》三省堂，一九三六年
內藤英雄編，《Taiwan: a unique colonial record》国際日本協会，一九三七年
南滿洲鉄道株式会社総裁室弘報課編，《南滿洲鉄道株式会社三十年略史》南滿洲鉄道，一九三七年
松本豊三編，《滿洲概観》南滿洲鉄道、滿州文化協会，一九三七年
朝鮮総督府鉄道局編，《半島の近影》朝鮮総督府鉄道局，一九三七年
室生犀星，《駱駝行》竹村書房，一九三七年
ジャパン・ツーリスト・ビューロー編，《旅程と費用概算》ジャパン・ツーリスト・ビューロー，一九三八年

三平將晴，《南洋群島移住案內》大日本海外青年会，一九三八年
南滿洲鉄道編，《簡易滿洲案內記　昭和十三年版》南滿洲鉄道，一九三八年
滿鉄鮮滿案內所編，《朝鮮滿洲旅の栞》南滿洲鉄道東京支社，一九三八年
滿洲帝国政府特設滿洲事情案內所編，《滿洲戦跡巡礼》三省堂，一九三九年
ジャパン・ツーリスト・ビューロー編，《旅程と費用概算》ジャパン・ツーリスト・ビューロー，一九三九年
奉天交通編，《奉天観光案內》奉天交通，一九三九年
哈爾濱観光協会編，《哈爾濱ノ観光》哈爾濱観光協会，一九三九年
大宜味朝德，《南洋群島案內》海外研究所，一九三九年
今井晴夫編，《朝鮮之観光》朝鮮之観光社，一九三九年
金剛山電気鉄道編，《金剛山電気鉄道株式会社二十年史》金剛山電気鉄道，一九三九年
東文雄，《鮮滿支大陸視察旅行案內》東学社，一九三九年
台湾総督府交通局鉄道部編，《台湾鉄道旅行案內》台湾総督府交通局鉄道部，一九四〇年
ジャパン・ツーリスト・ビューロー編，《旅程と費用概算》ジャパン・ツーリスト・ビューロー，一九四〇年

ジャパン・ツーリスト・ビューロー満洲支部編，《満支旅行年鑑》博文館，一九四一年
美濃部正好，《華中鉄道沿線案內》華中鉄道，一九四一年
華中鉄道編，《呉楚風物》華中鉄道，一九四二年
華中鉄道編，《華中鉄道と中支那》華中鉄道東京支社，一九四三年
朝日新聞社編，《南方の拠点・台湾写真報道》朝日新聞社，一九四四年
日本交通公社編，《外国旅行案內》日本交通公社，一九五二年
日本交通公社編，《外国旅行案內》日本交通公社，一九五九年
日本交通公社編，《外国旅行案內》日本交通公社，一九六〇年
日本交通公社編，《外国旅行案內》日本交通公社，一九六三年
桑原武夫、阿川弘之編，《世界の旅1　日本出発》中央公論社，一九六一年
日本交通公社編，《外国旅行案內》日本交通公社，一九六六年
日本航空・実業之日本社ブルーガイド編集部編・監，《ブルーガイド海外版　ＪＡＬシリーズ1　香港・マカオ・台湾》実業之日本社，一九六六年
日本交通公社編，《外国旅行案內》日本交通公社，一九六八年
日本交通公社編，《全国旅行案內》日本交通公社，一九七〇年

日本交通公社編，《外国旅行案内》日本交通公社，一九七一年
日本航空・ブルーガイド編集部編・監，《ブルーガイド海外版　ＪＡＬシリーズ１　香港・マカオ・台湾》実業之日本社，一九七二年
日本交通公社編，《外国旅行案内》日本交通公社，一九七二年
本多勝一，《冒険と日本人》実業之日本社，一九七二年
ワールドフォトプレス編，《香港・マカオの旅》ワールドフォトプレス，一九七二年
ブルー・ガイドブックス編集部編，《ブルーガイド海外版　ＪＡＬシリーズ17　韓国の旅》実業之日本社，一九七四年
金重紘，《ブルーガイド海外版　ＪＡＬシリーズ１　香港・マカオの旅』実業之日本社，一九七五年
大韓民国交通部観光局編，《統計資料 TOURISM STATISTICS》大韓民国交通部観光局，一九七五年
須藤郁，《ブルーガイド海外版　台湾の旅》実業之日本社，一九七六年
日本交通公社出版事業局編，《世界旅行案内》日本交通公社出版事業局，一九七七年
大韓民国交通部、国際観光公社編，《韓国観光統計》大韓民国交通部、国際観光公社，一

九七八年
日本交通公社出版事業局編，《海外ガイド④　香港・マカオ・台湾》日本交通公社出版事業局，一九七八年
日本交通公社出版事業局編，《世界旅行案内》日本交通公社出版事業局，一九七九年
ブルー・ガイドブックス編集部編，《韓国》実業之日本社，一九八〇年
ブルーガイドパック編集部編，《ブルーガイド　パック・ワールド02台湾》実業之日本社，一九八一年
平壌教区史編纂委員会編，《天主教平壌教区史》プンド出版社，一九八一年
駒場孝雄、清水尾佐虫，《台湾旅行術》文潮出版，一九八二年
吉行淳之介，《吉行淳之介全集　第1巻（原色の街・驟雨）》講談社，一九八三年
韓国教会女性連合会編、山口明子譯，《アジア問題シリーズ③キーセン観光実態報告書》NCCキリスト教アジア資料センター，一九八四年
鮮交会編，《朝鮮交通史》三信図書，一九八六年
南満洲鉄道株式会社総裁室弘報課編，《思い出の写真帖　満洲概観（下）》国書刊行会，一九八七年

B・H・チェンバレン、W・B・メーソン著，楠家重敏譯，《チェンバレンの明治旅行案内─横浜・東京編─》新人物往来社，一九八八年
朝鮮観光案内編集部編，《朝鮮観光案内》朝鮮新報社出版事業部，一九九〇年
西川俊作、山本有造編，《日本経済史5　産業化の時代下》岩波書店，一九九〇年
朝鮮総督府，《朝鮮総督府帝国議会説明資料　第10巻》不二出版，一九九四年
秋山和歩，《戦後日本人海外旅行物語　巨いなる旅の時代の証言》実業之日本社，一九九五年
白幡洋三郎，《旅行ノススメ》中公新書，一九九六年
朝鮮新報社出版局編，《朝鮮─魅力の旅》朝鮮新報社，一九九六年
アーネスト・サトウ著，庄田元男譯，《明治日本旅行案内〈上巻〉　カルチャー編》平凡社，一九九六年
アーネスト・サトウ著，庄田元男譯，《明治日本旅行案内〈下巻〉　ルート編Ⅱ》平凡社，一九九六年
杉原薫，《アジア間貿易の形成と構造》ミネルヴァ書房，一九九六年
宮脇俊三，《増補版時刻表昭和史》角川書店，一九九七年

いかりや長介，《だめだこりゃ》新潮社，二〇〇一年
佐藤一一，《日本民間航空通史》国書刊行会，二〇〇三年
前川健一，《異国憧憬―戦後海外旅行外史》ＪＴＢ，二〇〇三年
小牟田哲彦，《鉄馬は走りたい――南北朝鮮分断鉄道に乗る》草思社，二〇〇四年
山室信一，《キメラ――満洲国の肖像増補版》中公新書，二〇〇四年
酒井直行、牧野洋編，《外地鉄道古写真帖》新人物往来社，二〇〇五年
小島英俊，《文豪たちの大陸横断鉄道》新潮新書，二〇〇八年
曽我誉旨生，《時刻表世界史　時代を読み解く陸海空１４３路線》社会評論社，二〇〇八年
今尾恵介、原武史監修，《日本鉄道旅行地図帳　歴史編成　満洲樺太》新潮社，二〇〇九年
今尾恵介、原武史監修，《日本鉄道旅行地図帳　歴史編成　朝鮮台湾》新潮社，二〇〇九年
高木宏之，《写真に見る満洲鉄道》光人社，二〇一〇年
福沢諭吉著，土橋俊一校訂・校注，《福翁自伝》講談社学術文庫，二〇一〇年
平塚柾緒著，太平洋戦争研究会編，《図説　写真で見る満州全史》河出書房新社，二〇一〇年
山口誠，《ニッポンの海外旅行――若者と観光メディアの50年史》ちくま新書，二〇一〇年

小牟田哲彦監修，《旧日本領の鉄道100年の軌跡》講談社，二〇一一年
高木宏之，《満洲鉄道発達史》潮書房光人社，二〇一二年
前間孝則，《満州航空の全貌1932～1945：大陸を翔けた双貌の翼》草思社，二〇一三年
高木宏之，《満洲鉄道写真集》潮書房光人社，二〇一三年
小牟田哲彦，《大日本帝国の海外鉄道》東京堂出版，二〇一五年
片倉佳史，《古写真が語る台湾　日本統治時代の50年　1895―1945》祥伝社，二〇一五年
喜多由浩，《満洲文化物語――ユートピアを目指した日本人》集広舎，二〇一七年

歷史・世界史

跨越世紀的亞洲觀光：
明治・大正・昭和，日本旅遊手冊中的世界

旅行ガイドブックから読み解く　明治・大正・昭和
日本人のアジア観光

作　　者：小牟田哲彥
譯　　者：陳嫻若
發 行 人：王春申
審書顧問：林桶法、陳建守
總 編 輯：張曉蕊
責任編輯：徐　鉞
封面設計：萬勝安
版型設計：菩薩蠻電腦科技有限公司
行　　銷：張家舜
業　　務：王建棠
影　　音：謝宜華
出版發行：臺灣商務印書館股份有限公司
231023 新北市新店區民權路 108-3 號 5 樓（同門市地址）
電話：(02)8667-3712 傳真：(02)8667-3709
讀者服務專線：0800056196
郵　　撥：0000165-1
E-mail：ecptw@cptw.com.tw
網路書店網址：www.cptw.com.tw
Facebook：facebook.com.tw/ecptw

局版北市業字第 993 號
初　　版：2022 年 03 月
初　　版：2022 年 05 月 1.5 刷
印　　刷：鴻霖印刷傳媒股份有限公司
定　　價：新台幣 450 元
法律顧問：何一芃律師事務所

國家圖書館出版品預行編目 (CIP) 資料

跨越世紀的亞洲觀光：明治.大正.昭和,日本旅遊手冊中的世界 / 小牟田哲彥著 ; 陳嫻若譯. -- 初版. -- 新北市 : 臺灣商務印書館股份有限公司, 2022.03
面； 公分. -- (歷史.世界史)
譯自：旅行ガイドブックから読み解く明治.大正.昭和日本人のアジア観光

ISBN 978-957-05-3393-4(平裝)

1.CST: 旅遊 2.CST: 日本史 3.CST: 亞洲

731.1 110022640